Otto Färber *Gott der Scherbenflicker*

Otto Färber

GOTT
der Scherbenflicker

Erkenntnisse
und Bekenntnisse

Peter Färber
«Eiben-Verlag» Leutkirch

CIP-Kurztitelaufnahme der Deutschen Bibliothek

Färber, Otto:
Gott der Scherbenflicker:
Erkenntnisse u. Bekenntnisse / Otto Färber.
Leutkirch: Färber, «Eiben-Verlag», 1983.
ISBN 3-924134-00-6

Umschlagentwurf: Achim Köppel
Layout: Peter Färber
Satz: Hubert Ruderer, Grünkraut
Gesetzt: aus der Life-Antiqua
Druck: Himmer, Augsburg
Bindearbeiten: Göttermann, Aßling
Printed in Germany

4 3 2 1 86 85 84 83

ISBN 3-924134-00-6

Wir danken für die freundliche Genehmigung der Übernahme folgender Abbildungen:

Herrn Pfarrer Hans Dinkelacker (II. Evangelisches Pfarramt, Marbach/Neckar, für die Fotos auf den Seiten: 18, 19, 21 und 259

Herrn Pfarrer Walter Elser, Marbach/Neckar (Pfarrkirche zur Heiligen Familie) für den Abdruck auf der Seite 153 aus der 25-Jahr-Broschur (Seite 7) der Katholischen Pfarrei.

Dem Kulturamt der Stadt Urach für das Foto auf der Seite 15

Dem Katholischen Pfarramt St. Martin, Bad Cannstatt für die Fotos auf den Seiten: 38 und 39

Reinhard Mosch für das Foto auf der Seite 13

Die übrigen Fotos auf den Seiten: 33, 52, 142, 145, 243 und 253 wurden vom Autor und dem Verlag beigetragen.

Inhalt

10 Vorwort
12 Konstanz
14 Urach
16 Marbach a. N.
23 Überlingen
26 Zehn Jahre in Cannstatt
28 Sünde und Tod
40 Reifeprüfung
43 Quo vadis?
50 Der große Tag
53 Wien 1912
58 Weltflucht?
66 Weltkrieg I
69 Heiligkreuz
71 Vogesenkämpfe
73 Sieben Monate im Lazarett
76 Kriegsverwendungsfähig
79 Ein Bismarckhering und seine Folgen
80 Die Entscheidung
82 Eine andere Luft
84 Der Erntearbeiter
87 Atamanskoje Lesnitschestwo
90 Der Heilige Abend
95 »Liebe« liebt Dunkelheit
96 Ein Buch änderte alles
101 Erster Fluchtversuch
107 Der zweite Fluchtversuch
113 Kriegsgericht und Todesurteil
116 Der dritte Fluchtversuch
122 Leningrad 1918
123 Zurück über die Grenze

126 Urlaub und Doktorat
127 Zurück nach Rußland
134 Beruf und Eheschließung
141 Die Hochzeit
143 Die Hochzeitsreise
147 Eine Semmel kostet eine Billion
149 »Sterne und Blumen«
151 Das Schillerheim
154 Das innere Exil
155 Trübe Aussichten! - Nach Österreich!
156 Brixlegg - Klagenfurt
161 Innsbruck
169 »Die Arbeit wird Euch frei machen«
170 Der Zigeunerbub
171 Die »Dampfwalze«
171 Der Arzt als Retter
172 »Taufe im Jordan«
172 Kiesgrube
173 Ein kommunistischer Freund
174 Der »Todesengel« vom »Berg Sinai«
174 Ein Bundesminister »kommt« ins KZ
175 Ein Bekenner?
176 Ein Nachbar in Innsbruck
177 Der Lebensmüde
178 Ein heißer Tag
178 Tag der Freiheit?
181 Das Wiedersehen
183 Preis der Freiheit
190 Der verhängnisvolle Junitag
191 Vormarsch
193 Moskau?
195 Krank nach Hause
199 Massensterben in Villach

201 Zurück nach Glasenbach
202 Die Gögginger Zeit
204 Zurück zum Beruf
212 Meine Reisen
212 Moskau - Adenauer - Marusa
217 Zweimal Amerika
220 Abschied von New York
221 Chikago
223 Nach Westen
225 Zwei Tage Denver
227 Los Angeles
229 Albuquerque
230 El Paso
233 Adieu Amerika!
234 14 Tage Brasilien
244 Österreichischer Konsul
248 Lösung von Stuttgart
249 In Bairbach, Marktgemeinde Telfs
254 Rückblick auf mein Leben
255 Konversion
262 Ökumene, ein Wort zum Schluß
264 Das Theater ist aus

Vorwort

Die Mehrzahl der Menschen macht sich wenig Gedanken über die Tatsache, daß sie in eine Umwelt hineingeboren wurde, die ihre Lebensart bestimmt. Glaube oder Unglaube, Bekenntnis oder Gleichgültigkeit, Tugend oder Laster sind die Mitgift der Erdgeborenen.

Manche Katholiken beruhigen sich mit dem Gedanken, daß die Kirche ihrer Zahl nach die anderen Glaubensgemeinschaften übertrifft als ob das ein ausreichender Beweis für die Wahrheit wäre. Wie groß aber ist der Anteil der Katholiken, die eben in die Kirche hineingeboren wurden ohne sich ihrer Glücksmöglichkeiten und ihrer Pflichten bewußt zu werden! Reiche, die bettelarm dahinleben. Verdurstende, die die frische Quelle neben sich nicht erreichen.

Ein Bekenner seiner Schuld, der durch eigene Einsicht und Interesse an Kirchengeschichte, mehr noch durch Gottes Eingreifen und Führung aus einem evangelischen Pfarrhaus zur katholischen Kirche fand, schreibt dieses Buch. Er erfüllt damit auch vielfache Wünsche seiner Angehörigen und Bekannten. Er ist 91 Jahre alt und steht an der Schwelle einer anderen Welt, wo ihn das Urteil über seine Lebensbilanz erwartet. Er blickt auf eine lange geschenkte Lebenszeit zurück. Er durchlebt noch einmal die Kindheit, das Heranwachsen und die Wahl seines religiösen Standortes. Die Gegenwart erspart ihm nicht Versuchungen und quälende Fragen. Hat er recht gehandelt? Hätte er angesichts der ökumenischen Fragestellungen nicht beim väterlichen Bekenntnis bleiben sollen? War er gar das Opfer von Erlebnissen und Eindrücken im Elternhaus, die Psychoanalytiker so gerne heranziehen?

Heute weiß er, daß Gott in sein Leben eingegriffen hat, daß die Mutter Jesu Christi ihm immer wieder Führerin war. Das 1912 in der Gnadenkapelle von Beuron abgelegte Glaubensbekenntnis

nimmt er mit ins Grab. Er wiederholt freudig was er damals bekannt hat.
Der folgende Bericht will Verwandte und Bekannte nicht verurteilen. Jeder lebt sein Leben und ist für die Talente verantwortlich, die ihm Gott geschenkt hat. Der Konvertit, der kein Renegat ist, will nicht als Sieger über Nichtkatholiken triumphieren. Er bekennt nicht nur das Glück, katholisch zu sein, er bekennt auch die eigene Undankbarkeit gegen den Schöpfer und Erlöser, seine oftmalige Rebellion gegen Den, der ihn mit so viel Liebe führte und mit reichen Gnadengaben überschüttete.
Was Katholischsein heißt, erfuhr er in vielen Jahrzehnten des Kampfes mit Sünde und menschlicher Trägheit. Mit dem Dank an Gott und die Mutter Jesu Christi verbindet er das Gebet: »Erbarme Dich meiner, erbarme Dich der kranken Welt!«

Dr. Otto Färber

Konstanz

Ehe ich, am 22. Februar 1892, geboren wurde, lebte ich kurze Sommerwochen in Konstanz. Was sich damals zwischen Gott und meiner guten Mutter zutrug, habe ich erst viel später kurz vor ihrem Tode erfahren.
Der Sommer 1891 muß sehr heiß gewesen sein. Die Frau, die mich als siebtes Kind unter ihrem Herzen trug, flüchtete vor der Sonne in die Kühle des Gotteshauses. Ihr Platz war gegenüber dem heiligen Sakrament, dem Brot des Lebens. Was sie gerade hierher geführt hat, muß mehr gewesen sein als die Hitze des Sommertages und gesundheitliche Beschwerden. Sorgen in der Ehe, Sorgen der Mutter von sechs Kindern, die das siebte erwartete, aber noch mehr. Das Gebet meiner Mutter in Konstanz verrät mehr. Sie flehte zu Gott: »Laß dieses Kind die Wahrheit erkennen!« Meine späteren Wahrnehmungen in Familie, der inneren und äußeren Verhältnisse eines »evangelischen« Pfarrhauses und seiner Umwelt deuten auf schwere Glaubensschwierigkeiten, auf ein Ringen um Wahrheit in der Mutterseele hin. Damals in Konstanz. »Ich danke Dir, liebe Mutter, die Du um mein Leben von Anfang an wußtest und sorgtest. Vorallem aber Gott, der das Gebet der Mutter erhört hat.«

Der Thomasaltar aus schwarzem Marmor und Stuck von 1682 zeigt im unteren Teil Schnitzarbeiten des Konstanzer Bildhauers Christoph Daniel Schenk. 1779 wurde der Altar umgestaltet und durch den Bildhauer Carlo Pozzi aus Como im zentralen Bereich durch die neue Thomasfigur in Stuck bereichert. – Am Thomasaltar, gegenüber dem damaligen Tabernakel, flehte meine Mutter, die mich unter ihrem Herzen trug, zu Gott: »Laß dieses Kind die Wahrheit erkennen!«

Urach

Im Laufe meiner über 90 Jahre habe ich die Herzogstadt an der Ems vielemale besucht. Vieles ist geblieben, vieles dazugekommen. Mein Geburtshaus, das alte Schloß, die Amanduskirche, die Feste Hohenurach sind am alten Platz. Das Neue verschönert das Alte nicht. Im Innern des Alten aber rumorte es. Mein Geburtszimmer im Schloßturm hat nicht mehr den rissigen Dielenboden, der einst mit Putzsand gescheuert wurde. Es ist fast ein Fürstenzimmer mit spiegelglattem Parkettboden. Da mein Vater schon drei Jahre nach meiner Geburt in die Schillerstadt am Neckar versetzt wurde, habe ich nur wenige Erinnerungen an das Damals. An meine Entdeckergänge im wuchernden Huflattichgestrüpp eines Hinterhofes. Die Freude am Entdecken von Neuland mag dort ihre Wurzel haben, Liebe für Geographie und Geschichte blieben mir immer treu. Dann erinnere ich mich wieder an das Kätzchen Flora, das uns auf einem Ausflug vom Florianberg nach Urach unverdrossen auf den Füßen folgte. Es war ein treues, vielgeliebtes Kätzchen, dessen kurzes Leben ein eifersüchtiger Kater zerrissen hat. Unvergessen bleibt auch die rußige Gestalt des Lokomotivführers, der mich immer wieder zu seinem Platz vor dem qualmenden Kesselfeuer emporhob und meinen Wunsch hörte. »Ich will später einmal ein Lokomotivführer werden und von Urach nach Metzingen fahren.« Wie oft lächelte meine Mutter über diesen heißen Wunsch des Dreijährigen. Unvergessen ist noch ein Picknick auf der Feste Hohenurach. Der Überfall eines Schwarmes fliegender Ameisen machte unserer Mittagsfreude ein jähes Ende.

Im alten Glanz präsentiert sich heute nach achtjähriger Renovierung das 1443 erbaute Uracher Residenzschloß, ein Kleinod Württembergischer Geschichte. Das Geburtszimmer des Autors befand sich im rechten Schloßturm des alten Schlosses. Im Rahmen der Renovierung wurden auch die 1828 eingebauten Pfarrwohnungen herausgerissen.

Die Angst vor dem Untier, das jeden beim Eintreten in das Schloß anfiel, löste sich bald auf. Der ausgestopfte Rieseneber, der auf Schienen dem Schloßbesucher entgegenraste, wurde durchschaut. Weiter als es sein Mechanismus erlaubte, konnte er ja nicht, und so verlor der Hausbewohner auch den Respekt vor der greulichen, toten Automatik. Die Amanduskirche spielte erst viel später eine gewisse Rolle. Als ich nämlich 1912 in die katholische Kirche aufgenommen wurde, war die Frage, ob meine Taufe in Urach als gültig angesehen werden könne, sehr akut. Der christliche Glaube in der lutherischen Landeskirche war damals so suspekt geworden, daß man es nicht ausschließen konnte, ein ungläubiger Pfarrer habe mir keine gültige Taufe erteilen können. Ich wurde also »sub conditione«, d. h. bedingungsweise getauft. Das war der Ausweg aus einem begreiflichen Dilemma.

Marbach a. N.

Rückschauend erkenne ich die zehn Jahre meiner Jugend (1894 – 1904) als die Zeit der Vorbereitung zur Heimkehr in die katholische Kirche. Vieles war damals noch unbewußt; vieles war Einbruch der göttlichen Gnade in mein Herz. Meine stets wache Beobachtung in Familie, Umwelt, mein Interesse an Logik, Geschichte, Büchern, dazu frühe Erlebnisse ließen mich das unverfälschte Bild der Kirche Jesu Christi immer klarer erkennen. Einer Kirche, die nicht von Menschenhand geschaffen ist, in ihrem Wesen also keiner »Reformation« bedarf.
Es ist hier zunächst der Platz für ein Bild des Elternhauses. Mein Vater ist mir in der Erinnerung ein strenggläubiges Oberhaupt der Familie. Er war ein erfolgreicher Absolvent des im ehemaligen Kloster Maulbronn eingerichteten evangelischen Seminars, hervorragender Hebraist und Graezist. Sein Jähzorn gegen das Böse, oft nur vermutete Böse, war gefürchtet. Mit etwa fünf Jah-

ren mußte ich auch – im Schlafzimmer der Eltern stand damals mein Bett – die Spannungen zwischen den Eltern erfahren. Der Grund für die mich quälenden Streitigkeiten war zweifellos eine übersteigerte Eifersucht des Vaters, die ihren Höhepunkt erreichte, wenn am Sitze des Dekanes einige Dutzend »Vikare« versammelt waren, die ihre Probepredigten in der Stadtkirche absolvierten. Meine Mutter hatte und nutzte die Gelegenheit, mit musikbegabten Amtsanwärtern vierhändig Klavier zu spielen. Wie ihre Schwester war auch die Mutter eine hervorragende Pianistin, die oft Wohltätigkeitskonzerte gab. In einer Nacht, die mich durch die Eifersucht des Vaters mit lärmenden Streit der Eltern quälte, hörte ich den verzweifelten Ruf der Mutter: »Wenn Du nicht endlich aufhörst, bringe ich mich um!« Sie verließ das gemeinsame Schlafzimmer. Ich war tief erschrocken, verkroch mich in die Kissen und schlief ein. Am Morgen lief das friedliche Zusammensein wie gewöhnlich weiter.
In seiner Amtsführung als Dekan und Oberamtsschulinspektor war mein Vater stets pfichtgetreu und eifrig. Er gründete in Marbach eine »höhere Töchterschule«, die auch ich als einziges männliches Wesen ein Jahr lang besuchte. Der Schulraum war zuerst das Elternhaus. Einen eigentlichen Religionsunterricht gab es nicht. Der Vater las uns täglich ein Kapitel aus der Bibel, meist aus dem alten Testament vor. Es war ermüdend und für Kinder oft verwunderlich.

Das Bild auf Seite 18 zeigt das alte evangelische Marbacher Dekanatshaus, Strohgasse 13, wo der Vater des Autors pflichtgetreu und eifrig sein Amt führte. Hier erlebte der Verfasser des Buches seine Kindheit vom vierten bis zum zwölften Lebensjahr.

Bild Seite 19: Über dem Eingang des Dekanatshauses befindet sich ein sehr schönes alt-württembergisches Wappen.

Farbe nahm unser religiöses Leben in den frühen Marbacher Jahren an durch die Verbindung meines Vaters mit pietistischen Kreisen. Ich wurde öfters in Betstunden außerhalb der Kirche mitgenommen, wo die Liebe zu Jesus Christus voll Gefühl, Inbrunst und Glauben gepflegt wurde. Heute weiß ich, daß diese »nebenamtliche« Religiosität der »Karriere« meines Vaters beim landeskirchlichen Konsistorium hinderlich war. Verstärkt wurden die Verdächtigungen aber durch den Anschluß der Eltern und der Familie an eine Sekte, die aus England herüber kam. Es handelte sich um die »Apostolische Kirche« eines gewissen Irving. Sie gab sich als Gemeinde der Endzeit, hatte zwölf Apostel erwählt. Die Ankunft des Herrn sollte erfolgen, ehe ihr letzter Apostel starb (deshalb spalteten sich später die »Neuapostolischen« ab). Wir wurden mit einem Propagandisten der Sekte früh bekannt. Wenn der Herr W. uns besuchte, las er die neuesten Sendschreiben an die Großstädte der Welt vor. Im Stil der Offenbarung des Apostels Johannes angepaßt, waren es dunkle Mahnungen und Prophezeiungen. Sie machten auf mich keinen Eindruck. Manchmal wurden wir Kinder auch in die Kapelle der »Apostolischen« in der Gutenbergstraße in Stuttgart mitgenommen.

Die Gottesdienste waren prächtig durch farbig abgestufte liturgische Gewänder; die dauerten für uns zu lange und wurden mir verdächtig durch orgiastisches Dazwischenreden derer, die mit der »Gabe des Zungenredners« ausgezeichnet waren. Der Zungenredner wurde von besonderen Gemeindegliedern gedeutet. Der Zwang, unsere Verbindung zur Sekte geheimzuhalten, war nicht dazu angetan, meinen Verdacht zu beseitigen, daß das Gan-

Die Alexanderkirche steht außerhalb des Bereichs, der von der alten Stadtmauer umschlossen war, die auch heute noch größtenteils den Stadtkern Marbachs umgibt. Siehe auch Seite 259.

ze ungesund und unkirchlich war. Ich verlangte nach einer Wahrheit, die frei bekannt und verteidigt werden konnte.
Was ich in den zehn Jahren am Neckar beobachtete und erfuhr, mehrte sich wie ein Schatz, dessen Wert ich kaum kannte. In der Schule war ich ein guter Kamerad. Stets froh zu den Bubenstreichen aufgelegt. Eifrig im Kampf der Volksschulen mit den Lateinschülern und umgekeht. Durch ein Gedicht über den Herbst, fiel ich dem Präzeptor auf, der einen Aufsatz über das Thema: »Welche Jahreszeit gefällt Dir am besten?«, verlangt hatte. Er las der Klasse die Verse vor, in denen ich die Reife der Früchte pries.
Unter den Mitschülern reizten zwei meine Aufmerksamkeit besonders. Der einzige Katholik, der ständig als »Kreuzkopf« gehänselt wurde, der andere, mein steter Konkurrent um den ersten Platz in der Klasse, war Methodist. Fand der Katholik als Minderheit meine Zuneigung, wurde der Methodist interessant, weil seine Religionsgemeinschaft in Marbach fast feindseliger Zurückhaltung begegnete. M. lud mich einmal in den Betsaal der Sekte ein. Ich war erschrocken über den unaufgeräumten Raum mit den vielen Posaunen und Trompeten. Leer, alles leer.
Die stärkste Wirkung übte auf mich die gotische Alexanderkirche außerhalb der Stadt aus. Die Jahreszahl über dem Portal konfrontierte mich unmittelbar mit dem Problem Kirche. Die Frage tauchte in mir auf: »Was war die Kirche vor Luther? War das Werk Christi nicht dauerhaft, nicht ewig? Was war und ist das Dauernde, das Ewige an der Kirche?« Das so stabil scheinende Gebäude der lutherischen Staatskirche brach in mir zusammen. Die Sekten, die Glaubensunsicherheiten im Umkeis, der angemaßte, durch nichts begründete Lehranspruch romfreier, ja häßlich romfeindlicher Lehrer und Apostel wurden damals Gegenstand meines Nachdenkens und Werdens. Die Grabinschriften im Fußboden der Alexanderkirche zeigten eine insich gefestigte, klare Religiosität aus der Zeit vor dem Verbrechen der fürstlich gelenkten Kirchentrennung. Unruhig geworden suchte ich die

Ruhe in Gott. Ehe ich den vollen Anschluß an die katholische Kirche fand, reifte mein Verständnis: Kirche ist Bewahrerin der Wahrheit, Gefäß der Sakramente in apostolischer Nachfolge.

Überlingen

War die Existenz der katholischen Kirche bis dahin, für uns so gut wie unbekannt, so brachte ein Sommerurlaub in der alten Reichsstadt den Elfjährigen erstmals mit der neuen Welt der katholischen Kirche in schicksalhafte Verbindung. Auf der Reise zum Bodensee sollte damals nur meine Schwester Johanna die Eltern begleiten. Ich war unglücklich, daß ich zurückbleiben sollte. Unermüdlich bat ich die Eltern, mich mitzunehmen. Ihre Gegengründe waren vermutlich finanzieller Natur. Meine Schuhe waren nicht gedoppelt und genagelt. Ich bestürmte den Handwerker nicht ohne Erfolg. Gleichzeitig arbeitete ich mit Kameraden an einem Flugzeug, das die Eltern einholen sollte. Kindische Versuche. Der Sturz mit dem Flugdrachen von der Stadtmauer, brach mir zwar kein Bein, aber das »eisige« Nein der Eltern. Ich durfte mit! Während der Fahrt mit dem qualmenden Raddampfer »König Wilhelm II.« von Friedrichshafen nach Überlingen verwandelte die Sommersonne das Wasser des Schwäbischen Meeres in eine Flut flüssigen Goldes. Johanna und ich waren glückselig.
In der Wohnung eines protestantischen Polizeibeamten fanden wir für ein paar Wochen Quartier. Bootsfahrten, Ausflüge (zu Fuß ohne Autobegegnung) belebten den Alltag. Die nüchternen Gottesdienste (Zwinglis Einfluß) im Kirchensaal der Überlinger Minderheit stießen mich ab, ließen gähnende Leere in mir zurück. Wo war Wahrheit? Da gab es aber drei Ereignisse, die mich nicht mehr los ließen. Einmal mußte der Kurgast ja wohl das Münster besuchen. Mein Vater führte mich ziemlich eilig quer durch das Kirchenschiff, ohne viel auf die gotische Kunst zu achten. In der

Mitte sprach mich ein Kaplan an: »Nimm Deine Mütze vom Kopf, Du bist an einem heiligen Ort«. Ich folgte rasch und beschämt darüber, daß mich mein Vater auf die Anstandspflicht nicht aufmerksam gemacht hatte.
Ein anderes Mal führte uns auf der Nordseite der Stadt oberhalb der Stadtmauer, eine Wanderung an einer großen Pietagruppe vorbei. Ich blieb kurz stehen. Da traf mich der Blick der Gottesmutter tief und brennend ins Herz. Ich kann diesen Blick nicht vergessen. Er sprach mich eindringlich an: »Meide das Böse, sei rein, liebe Gott.« Es gab also Sünde und es gab Tugend. Darüber hatte ich mir vorher kaum Gedanken gemacht. Wie oft sollte der werdende Katholik untreu werden; und wie oft hat ihn der ernste, traurige und mahnende Blick Marias zu Gott zurückgeführt.
Einmal führte uns der Weg in die Höhen über dem Westende des Sees in ein einfaches Gasthaus (heute ein Großgasthaus). Im Gespräch mit den Wirtsleuten erfuhren wir, daß während eines Sturmes ihr Sohn in Seenot geraten war und schon als verloren galt. Nach einer angstvollen Nacht hätten sie einer hl. Messe beigewohnt, bei der der Priester für den Sohn gebetet habe. Dann sei der Sohn glücklich wieder heimgekommen. Das Meßopfer trat damals in mein Bewußtsein.
Die eindrucksvollen Ferienwochen gingen schnell zu Ende. Die Rückreise in den Marbacher Alltag war gekommen. Die ganze Wahrheit rückte näher.
Es entsprach meiner Lust am Wandern, daß mein Vater mich oft als Briefträger in die Ortschaften des Marbacher Oberamtes schickte. Damals war die Luft noch rein und die Umwelt sauber. Wieviele Entdeckungen machte ich damals! Zwei alte zweckentfremdete Kapellen, eine bei Mundelsheim und eine bei Oberstenfeld hinterließen unvergeßliche Eindrücke. Die Gotik fesselte mich. Immer wieder kam die bohrende Frage: Was ist mit den deutschen Landen geschehen, als die Reformation den Schlußstrich unter die kirchliche Einheit zog. Die Erkenntnis, daß Zer-

störung und Bruderkriege großen Ausmaßes dem Abfall von der Einheit folgten, verstärkte sich in mir immer mehr. Überall fand ich Spuren der Bilderstürmerei, Spuren der Verödung, der Entfremdung der Gotteshäuser, ihre fühlbare Leere. Das Sakramentale vermißte der Suchende auf Schritt und Tritt. Unter den Büchern, die ich aufmerksam las, war das Werk eines nichtkatholischen Autors über die Kulturarbeit der Benediktiner und Zisterzienser, ohne die eine deutsche Nation und deutsche Kulturarbeit einfach undenkbar ist. Darüber an anderer Stelle. Eigentlich im Widerspruch mit Luthers Abwertung der »guten Werke« entfaltete sich im späteren Protestantismus die Pflege von Wohltätigkeit und Mission. Bedeutete die protestantische Mission unter Nichtchristen eine weltweite Ausbreitung der Glaubensspaltung, so war die Liebestätigkeit die unverkennbare Auswirkung der christlichen Nächstenliebe, ein untrügliches Zeichen der anima naturalite Christiana-catholica.
Meine gute Mutter, eine gebürtige Augsburgerin, war caritativ rege tätig. Sie sorgte sich sehr für die Armen, deren es in der Schillerstadt viele gab. Sie pflanzte mir die Liebe für die Ärmsten ins jugendliche Herz.
Viele Streifen des Gedächtnisfilms sind mir gegenwärtig. So besuchte ich als Sendbote des mütterlichen Herzens einmal das Armenhaus, in dem nur eine sterbenskranke alte Frau einsam dahinsiechte. Ich sollte Lebensmittel und Kaffee überbringen. Das Armenhaus am Rande der Stadt war ein kleines zerfallenes Bauwerk. Das Zimmer, in das ich zaghaft eintrat, war dunkel, voll von Unrat und Spinnweben. Die Sterbende lag auf einem schmutzigen Bett, das aus lauter Fetzen bestand. Nur zögernd näherte ich mich einer verrunzelten, sterbenden Menschenruine. Aus verlöschenden Augen stahl sich ein schwaches Lächeln, als ich voll Mitleid die kalte Hand berührte. Ich weilte längere Zeit an dem Lager der verwahrlosten Frau, bis ich spürte, daß kein Leben mehr atmete. Mein Gebet hatte sie hinüber begleitet. Die

Marbacher Jahre endeten mit der Versetzung meines Vaters nach Cannstatt, der größeren Neckarstadt.
Die Jahre des Beobachtens, des Sammelns von Erkenntnissen waren zu Ende. Es begann ein Jahrzehnt der Kämpfe.

Zehn Jahre in Cannstatt

Etwa 25 km oberhalb der Schillerstadt wurde Cannstatt unser neuer Wohnort. Wir blieben dem Neckar treu. Sein Wasser war damals noch klar, und die 15 km in die Residenz waren reine, stille Natur.
Mein Vater war erster Stadtpfarrer an der neuen Lutherkirche geworden.
In einer geräumigen Mietwohnung mit dem Blick auf den Kursaal und das Grün seiner Parkanlagen fanden wir zuerst Platz. Ein kurzer Spaziergang führte zum Gymnasium, an dem ich die Reifeprüfung ablegen sollte.
Der um ein halbes Jahr verschiedene Schulschluß stellte mich vor die Wahl: Ein halbes Jahr zurück oder um ein halbes Jahr vor. Mit der Wahl der zweiten Möglichkeit kam ich zwar dem Abschluß näher, handelte mir dafür arge Schulnöte ein. Ich hatte in Mathematik, Latein und dazu griechische Sprache eine Menge aufzuholen. Der Marbacher Primus rutschte unter die Letzten.
Der Streß zu Beginn des Gymnasialhalbjahres, die neue Umgebung, neue Straßen und Bekannte nahmen mich so in Anspruch, daß die Marbacher Zeit zunächst wie ausgelöscht war. Nach einigen Wochen aber wurden die religiösen Probleme wieder wach. Der Schatz der Erfahrungen brachte sich in Erinnerung.
Einen meiner neuen Mitschüler lernte ich zuerst im Krankenhaus kennen. Ein Professor bat uns, den beim Spiel verunglückten P. H. zu besuchen. Es sei Christenpflicht. Ich habe mich sofort gemeldet. Der Patient, nach dem Unfall operiert und fürs ganze

Leben invalid, freute sich sehr und wir blieben bis ins Alter Freunde. Ich brachte ihm den neuen Lehrstoff und die Schulaufgaben; er wiederum half mir beim Nachholen. P. H. war Katholik. Nie wollte er mich katholisch machen. Als späterer Richter vertrat er den Standpunkt: »Religion ist gut für das Volk, damit es dem Staat gehorcht.«
Nach seiner Genesung bekam ich aber durch ihn Zugang zu Büchern, die ich ohne ihn nie kennengelernt hätte. Sein Vater war Vorstand eines katholischen Lehrervereins und besaß eine große Bibliothek, eine Fundgrube neuer Kenntnisse und Aufschlüsse über die Kirche, die für uns daheim eine *terra incognita* war. Bald nahm ich in der hintersten Bank am katholischen Religionsunterricht teil, der sich von dem protestantischen durch Klarheit und Toleranz wesentlich unterschied. Der für mich »zuständige« Religionslehrer war zweiter Stadtpfarrer an der Lutherkirche, durch seinen »Liberalismus«, besser gesagt Unglauben, in steter Gegnerschaft zu meinem Vater. Sein unsachlicher Spott über die Katholiken, die damals die große Liebfrauenkirche erbauten, offenbarten mir die Unwahrhaftigkeit und gehässige Lieblosigkeit der sogenannten Tübinger Schule. So wurde der Stadtpfarrer Pfl. eher zu einem Beförderer meiner Hinneigung zur katholischen Kirche. Seine Predigten in der Lutherkirche waren voll von Ironie und Hochmut gegen seinen »Vorgesetzten«, meinen Vater. Ostern war ihm ein Frühlingsfest, die Auferstehung der Natur. Es gibt Leute (d. i. mein Vater), die noch an die Auferstehung Christi glauben, »lehrte« er einmal von der Kanzel.
Zehn Jahre in Cannstatt lagen vor mir. Es waren entscheidende Jahre meines langen Lebens.
Am 1. Mai 1912 wurde ich in der Gnaden-Kapelle von Beuron »Vollmitglied« der einen katholischen Kirche und durfte, nach einer ersten Lebensbeichte die erste heilige Kommunion, die ich so sehr erwartet hatte, empfangen. Es war der glückliche Tag erfüllter Sehnsucht, zugleich der Tag meiner Rettung.

Doch, was für Jahre des Kampfes mit und in mir, mußten überstanden werden. Es kämpfte eine starke Natur mit der Übernatur, Gott und das Böse, Zweifel und Versuchung zum völligen Unglauben. Mein Drang nach Freiheit vom Irrglauben; es kämpfte die Sünde mit jenem Höherstreben im Guten, das mir meine Begegnung mit Gott und Maria eingepflanzt hatte. Die Vorbilder der Heiligen und die Verführung durch jene Mitmenschen, die mir in der Sünde das höchste Erdenglück verhießen. Heute erscheint mir gerade auch die Sünde als eine der besten Anwälte des Glaubens der Nachfolge Christi. Ich erfuhr diese Tatsache durch die Vernebelung des Weges zu Gott und zum Guten, als Feind auch der körperlichen Leistung und höheren Strebens. Meine Leser müssen entschuldigen, wenn ich meine Irrwege offen bekenne. Der Jugend von heute ist vielfach der Begriff der Sünde abhanden gekommen. Sie löst die Probleme des Reifens auf die bequemste Art, indem sie das Schlechte gutheißt und den Kampf um die Keuschheit lächerlich findet. Die Folgen sind bekannt. Sie bedrohen – zur Sucht geworden – die Zukunft. Man kennt die vielen kurzen, unglücklichen Ehen, die wachsende Zahl ausbrechender Kinder und deren Unglück. Und die Alten? Die Frauen werden wertlos, des Vertrauens unwürdig; die Männer aber unmännlicher. »Der sündige junge Mensch trägt seinen Wintermantel im Frühling auf.«

Sünde und Tod

So endete meine Kindheit!
Der Frühlingstag 1905 war trüb, naß und windig. In der Wohnung herrschte lautlose Unrast. Unser Hausarzt hatte meinen todkranken Bruder Georg ein letztes Mal besucht. Als er ging, weinte meine Mutter. Aber niemand sprach. Wir waren alle stumm und traurig. Als das Tageslicht erlosch, wurden die Ge-

schwister in das Wohnzimmer gerufen. Die gute Mutter saß am Klavier. Ihr blasses Gesicht war von den beiden Kerzen beleuchtet. In stummer Erwartung standen wir um sie herum. Mein sterbender Bruder wurde auf einem Fahrstuhl hereingeführt. Uns schien, als lächle er. Jetzt begann unsere Mutter ihr Spiel. Es war eine Chopinsche Nokturne, die wir die Regentropfenmelodie nannten. Ein Lieblingsstück Georgs. Ein stummes Weinen stand im Zimmer. Georg wurde wieder in sein Zimmer gefahren. Dankbarkeit und Tränen, zugleich eine fast himmlische Freude zeichnete sein tränennasses Antlitz. Mutter hieß uns ins Bett gehen. Was aber ging mit mir vor? Vor mir stand plötzlich das Bild des gleichaltrigen Mädchens, einer Pfarrerstochter aus dem Oberamt Marbach. Sie hatte bei uns Aufnahme gefunden, um die höheren Schulen zu besuchen.
Seitdem mein Bruder vom Krankenhaus zum Sterben ins Elternhaus geholt worden war, mußte ich, um Georg ein eigenes Zimmer einzuräumen, in die Dachkammer umziehen, gegenüber der Schlafkammer I's. Seit einigen Tagen lernten wir uns bei Unterhaltung und kindlicher Spielerei näher kennen. I. war ein rassiger, leicht zigeunerhafter Typ. Auch an jenem Abend, da ich den Bruder zum letzten Mal lebend gesehen hatte, trieb es mich in I.'s offene Kammer. Eine bis dahin unbekannte Leidenschaft verwischte den Anblick des Sterbens. Wie verzaubert umfaßten wir uns im Dunkel, tanzten und jubelten. Gierig wollte ich das Mädchen auf ihr Lager werfen. Da war nicht mehr der Blick der Gottesmutter. Urplötzlich erinnerte ich mich an den gewöhnlichen, auf der Straße aufgefangenen Vers über die Zeugung von Kindern, den mir meine Schwester beigebracht hatte. Das war damals die kaum beachtete erste Sexualaufklärung für mich. In jenem Augenblick erschrak ich, riß mich los und verließ ohne Gutenachtgruß die Kammer. Aber die geweckte Leidenschaft war nicht tot. Mein ganzer Leib verlangte nach Befreiung von dem ungestillten Verlangen.

Mir war, als ob alles Glück im Himmel und auf Erden nichts wäre gegen die Wollust, von der ich mich befreite. Und dann? Tiefdunkle Nacht, ein jämmerliches Alleinsein, ein Schuldgefühl, das mich in einen Abgrund stieß: Ich wollte nichts mehr sehen und hören von allem, was mich früher vor Sünde und Untreue gegen Gott gewarnt hatte. Ich sank in einen bleiernen Schlaf. Noch ehe der Tag anbrach, kam mein Vater in die Kammer, hieß mich ankleiden und nach unten zu folgen. Ich erblickte im Halbdunkel meinen toten Bruder, um ihn die stumm weinende Mutter und Geschwister. Aus dem Munde des Toten quoll noch Blut, am Gesicht und Bettzeug waren Blut und die letzten ausgehusteten Reste der zerstörten Lunge. Wie lange ich, der ich die Wollust der Sünde und das furchtbare Antlitz des Todes innerhalb so kurzer Zeit erlebte, dastand, weiß ich nicht mehr. Ich erinnere mich nur mehr an den Auftrag des Vaters, ins Krankenhaus zu gehen und der Krankenschwester Pauline das Ableben des Bruders mitzuteilen. Diese treue Schwester hatte meinen Bruder mehrere Wochen hindurch gepflegt. Ich ging wie ein Nachtwandler.

Schuldgefühl und Trauer um den Lieblingsbruder quälten mich, während ich durch die kaum belebten Straßen ging. Ich wollte weinen und konnte es nicht. Ich fühlte mich grenzenlos einsam. Meine Seele war tot.

Zu Georgs Beerdigung waren eine Menge seiner Bundesbrüder und Freunde unserer Familie gekommen. Ich sah die Zeremonie wie ein Theaterkritiker. Was war all das Reden und Händedrükken? Fast schadenfroh erlebte ich das Rednerfiasko des Chargierten. Blieb er stecken aus Trauer oder weil er eben ein schlechter Redner war? Konnte Verlassenheit größer sein als die des seelisch Toten, der ich war? Ein Gedanke schreckte mich: Mußte Georg sterben, weil er einmal in einer zornigen Auseinandersetzung mit unserem Vater einen Revolver aus der Tasche gezogen hatte? Er war doch erkrankt, als die Explosion im Labor seine Lunge vergiftete. Wirkte meine offene Neigung zur katholischen

Kirche auf den Vater nicht wie eine gezückte Waffe? Nein; man mußte ja Gott mehr gehorchen als dem leiblichen Vater. Viele Gedanken begannen mich zu quälen. Aber der Alltag ging rasch weiter. Das Leben ging weiter. Ich blieb verschlossen und – einsam. Psychoanalytiker gehen fehl, wenn sie die Härte meines Vaters gegen mich als Grund meiner späteren Konversion deuten.
Wie hart mein Vater gegen mich war, wenn sein Jähzorn aufbrauste! Einmal wollte er mich zum Geständnis und zum Weinen bringen, als ich eine vom jüngeren Bruder ausgesprochene Verdächtigung (es ging nur um das Abhandenkommen eines Radiergummis) von mir wies. So schwer war die ungerechte Mißhandlung, daß mich der Bademeister im Schwimmbad aufforderte, das Schwimmbecken zu verlassen, da mein ganzer Rücken offenes, blutendes Fleisch war. Ein Grund für mich katholisch zu werden? Nein! Ich versuchte meinen Vater zu verstehen. Er haßte das Böse, die Sünde. Durchaus möglich scheint es mir, daß er meine schlechte Neigung erkannte und sie mir ausprügeln wollte. Daß er meinen Zustand kannte, hatte ich zuvor aus seiner Unterredung mit einem Pfarrer aus dem Badischen, der auch zu der Apostolischen Sekte gehörte, erlauscht: »Otto gleicht einer Pflaume, von der der zarte Hauch abgewischt ist.« Aber helfen konnte mir keiner. Keine Hilfe durch Aufklärung, Arzt oder – Beichtvater. Ich brachte mehr: die Lossprechung von meinen Sünden. Ein einziges Mal forderte mich der Vater überraschend auf, mit ihm gemeinsam um Erlösung von dem Übel zu beten. Ich tat es eher widerwillig; denn ich sah den Weg.

Viele Monate nach meiner Begegnung mit Sünde und Tod, fing ich an, ruhiger über das Geschehene nachzudenken. Ich erkannte, daß Passivität nutzlos war. Einer der Hauptirrtümer Luthers vom unfreien Willen und von der angeblich durch Christus verbürgten »automatischen« Sündenvergebung erkannte ich in meinem Fall ganz klar. Was mir für einen Neuanfang fehlte, war die vom Erlöser verlangte Reue, Beichte und die Lossprechung durch einen Priester. Katholisch werden war für mich ein Anruf Gottes: Um Reinheit und Tugend kämpfen, nie mehr aber zu kapitulieren vor meinen Sünden. Meine siegreichen Kampftage kerbte ich in ein Holzstück und war glücklich, wenn ich einen Monat lang durchhielt. Aber der Wille allein genügte bei meiner Natur nicht. Ich entbehrte das sakramentale Leben als Gnadenhilfe Gottes in meinem Bemühen. Damals war ich theoretisch voll und ganz katholisch. Das Wesen der Kirche Christi war mir völlig klar. Ich wußte um ihre Merkmale, wie Heilige hervorzubringen, die Sakramente, unabhängig von menschlichen Schwachheiten der »Amtsträger« zu spenden, die Wahrheit auf dem Weg durch die Zeiten zu hüten, zu erklären und zu verkünden. Die Kirche zeigte sich mir als das unzerbrechliche Gefäß der Wahrheit und der Sakramente. Wie hätte sonst der mystische Leib Christi die zwei Jahrtausende bestehen können. Die Unfehlbarkeit des Papstes als der letztlich entscheidenden Instanz in Fragen des Glaubens und der Sitte, also das Petrusamt war mir logischerweise ganz klar. Unerschütterlich war mein Glaube seit jenen Jugendtagen. Doch die verstandesmäßige Erkenntnis verlangte nach einem neuen Leben.

Als die sogenannte Konfirmation in der Lutherkirche bevorstand, war ich fest entschlossen, innerlich das Bekenntnis im Sinne der königlichen Landeskirche nicht abzulegen. Die Umstände zwangen mich aber bei diesem Akt, der ja kein Sakrament sein konnte, sondern eine im 18. Jahrhundert vom Staat eingeführte Verpflichtung, zu schweigen. Ich wollte vor Gott nicht lügen.

Das Bild zeigt die Lutherkirche, Bad Cannstatt. Hier lehnte ich innerlich das Bekenntnis zur Landeskirche (Konfirmation) und den »Sakramentenempfang« ab.

Im Laufe der Zeit verlegte sich mein Interesse stark auf das Gebiet der Geschichte und Politik. Großen Gefallen fand ich an Versammlungen der Zentrumspartei, die mir das brüderliche Beisammensein katholischer Staatsbürger, nahe brachte. Zweifellos war die Zentrumspartei damals ein starker Hort für die Vertretung christlich-sozialer Ideen im politischen Leben des Bismarckreiches. Auch als Verteidigerin der Rechte des vom Staat und »evangelischen« Verbänden angegriffenen katholischen Volksteils war diese Partei unentbehrlich.
Bevorstehende Sommerferien in dem Haus des oben erwähnten badischen Pfarrers von Nußbaum bei Pforzheim, bereitete ich auf eigene Art und Weise vor. Scheu vor einer fortgesetzten Bespitzelung meiner Entwicklung, betrat ich den Laden unseres Schulbuchhändlers und fragte zum Erstaunen des Inhabers nach einem katholischen Gebetbuch. Er holte aus einem versteckten Regal das kleine Büchlein »Glocke der Andacht« hervor. Als ich es hatte, war ich glücklich; denn katholisch zu beten, war mein Wunsch. Ich nahm das Gebetbuch mit nach Hause. Das Nachbeten der Worte bewirkte in mir wieder die lange vernachlässigte Verbindung mit Maria, der Mutter Gottes, der die Protestanten damals geflissentlich aus dem Wege gingen. Ich nahm die »Glokke der Andacht« dann auch mit nach Nußbaum. Dort traf ich außer der Pfarrersfamilie einen Tübinger Theologiestudenten und seinen kalvinischen Studienkollegen aus Paris. Mit letzterem fand ich bald gute Kontakte. Wir redeten mehr über Politik als über Religion. Gesprächsthemen waren Vergleiche zwischen den Rechten der Bürger Frankreichs und den Untertanen im Obrigkeitsstaat von 1870. Coulon meinte auch, daß Elsaß-Lothringen wieder zu Frankreich zurückkehren würde, da das nie satturierte Bismarckreich in absehbarer Zeit wieder einen Krieg entfachen würde. In religiöser Hinsicht war C. viel objektiver als sein brutaler Tübinger Kollege. Dieser hatte es bald auf uns abgesehen. Besonders mir galten seine Schikanen. Ich lernte damals beten. Die

»Glocke der Andacht« öffnete mir sozusagen den Himmel, half zum Verständnis des Lebens nach dem Tode, über das der damalige Protestantismus nur unklare Aussagen machte. Ich lernte aus dem unscheinbaren Büchlein das direkte Gespräch mit Gott, der Gottesmutter Maria und den Heiligen der katholischen Kirche. Der Tübinger beobachtete mich an einem frühen Morgen, wie ich das Magnifikat fast singend im Pfarrgarten rezitierte. Er rief mir zu: »Schon so fromm am Morgen?« Dann kam jener Tag, an dem Gott wieder deutlich in mein Leben eingegriffen hat und mich direkt auf den Kernpunkt des religiösen Lebens, nämlich das Heilige Sakrament des Altars hinwies, ja hinzwang.

Wir ungleichen Drei beschlossen eine Radtour nach Iffezheim zu den dortigen Pferderennen und nach Baden-Baden. Der weite Weg führte aus dem Bereich des protestantischen Herrschaftsgebietes, der badischen Zähringer, in den durch die Treue der katholischen Linie des Hauses katholisch gebliebenen. An den Straßen standen immer wieder Kreuze. Der Tübinger – er war der Älteste von uns, ich der Jüngste – nahm jedes Kreuz zur Zielscheibe seiner gewöhnlichen Spöttereien und Schimpfreden. »Wegzeiger können die ja nicht aufstellen, diese rückständigen, abergläubischen Katholiken.« Das wiederholte sich oft, bis wir in Iffezheim waren.

Das Gasthaus, in dem wir übernachteten, war – so glaube ich – die »Sonne«. In der Gaststube verzehrten wir ein karges Vesperbrot. An der Wand hingen einfache religiöse Bilder. Kitsch würde man heute sagen. Ich sah aber hinter dem Kitsch wirkliche Wahrheit. Hier ereiferte sich unser »Ältester« wieder. Er nannte »sie« primitiv, bigottisch und hätte die Bilder am liebsten abgerissen. Um einen Wirtstisch saß eine Gesellschaft von Bürgern und Bauern. Sie spielten Karten. Der Pfarrer des Ortes spielte mit. Als die Aveglocke läutete, standen die Kartenspieler auf und beteten gemeinsam den Englischen Gruß, den ich aus der »Glocke der Andacht« gelernt hatte. Unbekümmert um die Andacht der Einheimischen erregte sich der Tübinger, fing an zu toben und ließ laut hörbar seine Verwünschungen hören. »So ein scheinheiliges Volk, Kartenspielen und beten, da sieht man's.« Ich schämte mich für ihn, sagte kurz gute Nacht und ging in mein Zimmer. Da ich nicht gleich schlafen wollte, holte ich mir von dem Kleiderschrank eines der dort aufgestellten Gebets- oder Gesangbücher und las darin. Nach all den häßlichen Szenen dieses Tages stand in mir der Entschluß fest: »Du mußt katholisch werden!« Ich nahm eine Feder und schrieb auf einen Zettel die Worte: »Hiermit verspreche ich vor Gott, daß ich so bald als möglich zur katholischen Kirche heimkehren will.« Ich barg den Zettel in das Buch und warf es hinter den Kasten, vielleicht, um es einst wieder hervorzuholen. Dann ging ich zu Bett und schlief ein.

Kurz vor dem Morgengrauen wurde ich wie von einem Befehl geweckt und zum Fenster gezogen. Auf der Straße erblickte ich den Ortspfarrer, begleitet von Ministranten mit Kerzen und Glöckchen. Der Priester trug das hl. Sakrament. Mich aber zwang eine unsichtbare Kraft in die Knie zur Anbetung. Es war die Antwort auf mein Gelöbnis am Vorabend.

Die Heimfahrt verlief ungestörter. M., der Tübinger, unterließ seine Schmähungen und wir fanden gemeinsame Freude an der Natur. Man denke über das nächtliche Erlebnis wie man will, für mich war es ein Fingerzeig Gottes. Ich hatte meinen Weg erkannt. Doch es war ein weiter Weg und ich ging noch viele Irrwege. Gott aber ließ seinen Gefangenen nicht frei.

Wiederholt durfte ich es erleben, daß mich meine ausgedehnten Spaziergänge in eine unscheinbare Diasporakirche führten. Das Allerheiligste zog mich mächtig dorthin. Ich liebe die zu Gottes Ehren errichteten prächtigen Dome und Gotteshäuser. Aber immer zog mich Jesus Christus an sich, auch wenn er in ärmlichen Notkirchen wohnte.

Der erste katholische Priester, mit dem ich persönliche Verbindung aufnahm, war der Cannstatter Stadtpfarrer Rombold. Er war es, der mir die »Weltgeschichte« von Weiß auslieh. Mein Vater war es, der einen ihrer Bände wütend auf den Boden warf, wobei er sagte: »diese Kerle wollen Schwarz weiß und Weiß schwarz machen.« Rombold selbst stand meinem sehnlichsten Wunsch bald katholisch zu werden eher skeptisch gegenüber. Meinem Freund gegenüber sprach er von einem »jugendlichen Strohfeuer.« Als er nach Rottweil versetzt wurde, empfahl er mich dem Stadtpfarrer von St. Nikolaus in Stuttgart, dem späteren Rottenburger Domkapitular Aigeltinger. An ihn wandte ich mich bald nach dem Pforzheimer Erlebnis in meiner seelischen Not. Er empfahl mir Sport mit Maß und Ziel, und kaltes Wasser, was auch mein unausgesetztes Bemühen unterstützte. Damals war freilich die »Badezimmerkultur« noch unterentwickelt.

Die Abbildung zeigt die katholische Kirche St. Martin, Bad Cannstatt vor dem Zweiten Weltkrieg. Hier erfuhr ich eine erste Begegnung mit Jesus Christus in der Anbetung des Altarsakramentes.

Bild Seite 39 veranschaulicht die heutige St. Martinskirche.

Reifeprüfung

Die letzten Jahre vor der Reifeprüfung erscheinen mir im Rückblick weniger als ein Prozeß des Reifens. Das Examen, das den Zugang zum freien Studium öffnen sollte, war ein Ziel um der Freiheit willen, über die ich keine rechte Vorstellung hatte. Die Vorbereitung geschah mit wenig Eifer. Ich wollte eben die Hürde nehmen.

In religiöser Hinsicht machte ich eher Rückschritte. Ich betete weniger und der Zutritt zu den Sakramenten war mir noch verwehrt. Ich erfuhr in einer Art von Dumpfheit das, was auch der geborene Katholik unweigerlich erfährt: Nicht praktizierter Glaube läßt die Seele verknöchern. Wie aber hätte ich bei meiner völligen Abhängigkeit vom Elternhaus den Übertritt wagen können?

Die erzwungenen Besuche in der Sekten-Kapelle wurden damals seltener; mir schien als ob auch mein Vater sich innerlich von der »altapostolischen« Gemeinschaft distanzierte. Einige Male wich ich in die St. Elisabeth-Kirche aus, was mich immer tröstete, ja beglückte. Aber es fehlte die Festigkeit.

Einer der protestantischen Professoren unseres Gymnasiums hatte damals einen Bibelkreis gebildet. Aus Interesse und Verehrung für Professor K. nahm ich an Bibelstunden in seinem Hause teil. Die trockene Exegese von Bibeltexten konnte mich nicht lange fesseln.

Mein Vater hatte mich wegen meiner geringen Fortschritte in Latein und Griechisch vom Turnunterricht dispensieren lassen. Zwar wurde ich ein ziemlich guter »Lateiner«, im Griechischen aber ging es nicht recht vorwärts. Ich betrachte heute den Verzicht auf die körperliche Ertüchtigung als einen schwerwiegenden Fehler, den ich durch Rudern, Schwimmen und Radfahren etwas ausgleichen konnte.

Mein Taschengeld mußte ich mir durch Stundengeben selbst verdienen. Dabei fand ich Eingang in das Haus eines reichen Fabrikanten und erlebte eine schwere Familientragödie. Der Vater meines Schülers trennte sich von seiner Frau, die durch ihre Erfindung den großen finanziellen Aufstieg der Firma erst ermöglicht hatte. Diese Frau lebte im Dachstock der Villa mit ihrer Mutter und mußte es erleben, daß ihr Mann eine reiche Schweizerin – an die ich nur mit Widerwillen denke – geheiratet hat. Die Ehescheidung führte im evangelischen Pfarramt zu großen Auseinandersetzungen. Mein Vater verweigerte die Trauung und fand damit meine volle Billigung. Der »Liberale« vollzog an seiner Stelle die Trauung. Wo blieb die Autorität? Die Folge der geldgierigen Karriere des Fabrikanten war tief traurig. Der ältere Bruder meines Schülers fuhr auf der Via mala in der Schweiz freiwillig in den Tod. Das Auto, das ihm der Vater geschenkt hatte – eines der ersten in Cannstatt – konnte ihm über die Behandlung seiner Mutter nicht hinwegtrösten.

Mit meinem Schüler machte ich viele Spaziergänge, bei denen das Lateinische praktisch gelehrt und gelernt werden konnte.

Die schönsten Unterbrechungen des damals grauen Alltags waren immer die Ferienwochen, die wir stets in einem kleinen Schwarzwalddorf zubrachten. Die ganze Familie war in einem nicht gerade komfortablen Bauernhaus untergebracht. Von hier aus machten wir große Wanderungen in die Umgebung, die noch nicht vom Fremdenverkehr verschandelt war.

Unser Leben war einfach. Milch und Brot, einmal in der Woche warme Laugenbrezeln. In Freudenstadt gab es manchmal Schweizerkäs und ein kleines Bier. Im Murgtal sah ich das erste Auto in meinem Leben. Es war ein französisches, ein Wunderwerk. Für uns waren Fahrten mit einem Einspänner das schönste Erlebnis.

Meine Begeisterung für die von Lärm und Schmutz unberührte Natur verbarg mir in jenen Jahren die Gefahren, die auf mich lauerten. Die Welt wurde mein Besitz: Mir gehörte allein die

Schönheit der idyllischen Schwarzwaldlandschaft. Ungeordnete, sinnliche Liebe zum Schönen, der Duft des lieblichen Tals verdrängte lange Zeit meine religiösen Neigungen. Ich betete wenig oder fast nicht mehr, konnte keine Kirche mit dem Sakrament mehr besuchen. Das Zusammensein mit der großen Familie, kaum gestört durch wiederholte Zwiste meiner Eltern, brachte viel Freude und Abwechslung. Dann aber fing ich an, mich abzusondern und ganz allein die Natur – »anzubeten«. So wurde ich wieder das Opfer meiner Sinneslust. Ich verfiel wieder der heimlichen Sünde.

Abermals erlebte ich den Sturz aus der Wollust in die nächtliche Einsamkeit der Enttäuschung. Die Ferienfreude war erloschen. Daheim in Cannstatt begann der unfrohe Streß vor der Reifeprüfung. Ein Besuch in Beuron mit meinem Freund H. vermittelte mir die Bekanntschaft mit P. Maurus Ladenburger. Ihm vertraute ich meine Seelenlage an. In den Gesprächen erkannte ich meine Pflichtvergessenheit gegen Gott und die Notwendigkeit, Rettung in der katholischen Kirche zu suchen. Das Verlangen nach Sündenvergebung und gültiger Kommunion mit Christus, nahm wieder zu.

Aber zuerst mußte die Reifeprüfung bestanden sein. Ich erinnerte mich an einen Brief des Abtes von Stams, der meinen jugendlichen Wunsch nach Eintritt in das Stift im Inntal damit beantwortete: »Zuerst die Reifeprüfung im wahren Sinne des Wortes.« Wie ich auf Stams kam? Meine Lektüre hatte in mir die Neugierde erweckt, ob es wohl noch Klöster gäbe. So unwissend war man damals, was die katholische Kirche betraf. Ich erfuhr erst durch eine Anfrage bei einer Nürnberger Zeitschrift die Existenz katholischer Klöster.

Mit Zittern stieg ich in das zukunftweisende Examen. Ich war der Jüngste meiner Klasse und fühlte mich gar nicht reif. Unter den Letzten hatte ich das Ziel erreicht, das mir den Weg in eine ungeahnte Freiheit öffnete. Mir und meinen Eltern war ein schwerer

Stein vom Herzen gefallen. Habe ich damals Gott gedankt, in dessen Plan das Ereignis eingefügt ist? Ich glaube kaum. Stärker war meine eigene Freude. Mit H. zusammen verbrannte ich auf einer Kiesinsel im Neckar die Schulbücher und feierte auf »Urdeutsche« Art das Ende der Pennälerzeit.
Es dauerte auch nicht lange, bis die Angehörigen verschiedener akademischer Verbindungen die neuen Maturanten umschwärmten und uns zu »keilen« versuchten. Das geschah unter Ausgelassenheit und viel Alkohol. Ich dachte aber nicht an eine Verbindung. Vor mir stand die große Frage: Was nun? Was und wofür studieren? Ziel, Beruf? Darüber gab es daheim lange Diskussionen. Meine Begabung war ja nicht einseitig.

Quo vadis?

Die Reifeprüfung lag also hinter mir; aber kein Zukunftsplan war gereift. Meine vielseitigen Interessen erschwerten die Wahl. Eine objektive Berufsberatung stand mir nicht zur Seite. Die Eltern sprachen ein Veto gegen eine auswärtige Hochschule aus. Man fürchtete stärkere katholische Einflüsse. Wie gerne wäre ich nach München mit meinem Freund H. Die Rechtswissenschaften zogen mich sehr stark an, vor allem Rechtsgeschichte. Als Berufsziel schwebte mir der Rechtsanwalt vor. Nicht weniger war seit früher Jugend mein Interesse an der Geschichtswissenschaft. Die Jugenderfahrungen hatten meine Aufmerksamkeit auf manipulierte Geschichtsschreibung geweckt und mir die Entlarvung von Geschichtslügen, Hofhistorikern und falschen Ideologien in der Geschichtsschreibung nahe gelegt.
Die Eltern hatten den stärkeren Hebel an der Hand. Das liebe Geld. Sie verlangten, daß ich in Stuttgart bleibe und Architektur studiere. Weil vier ältere Brüder technische Berufe mit Erfolg erwählt hatten, glaubte man auch bei mir technische Begabung zu

wecken und gleichzeitig den Aufenthalt im katholischen München verhindern zu können. Ich mußte mich fügen. Reißbrett, Bleistift, Tusche und Feder, Winkel und Lineale wurden meine Handwerkzeuge. Das viel Konzentration verlangende Bauzeichnen ging mir gar nicht von der Hand. Beckstein-Verbände konnte ich mir besser vorstellen als sie fein und korrekt zu zeichnen. Angezogen hat mich in den paar Stuttgarter Semestern die Baumaterialienlehre und die Geologie.

Wie oben schon angedeutet, rissen sich viele Korporationen um den studentischen Nachwuchs. Ich selbst suchte Anschluß, konnte mich aber zu keiner Verbindung entschließen. Als einzige Möglichkeit bot sich eine protestantische Verbindung an, der auch die Eltern zustimmten.

Mein Verhältnis zu den nicht von mir erwählten Bundesbrüdern entsprach etwa dem zum aufgedrungenen Fachstudium. Bei der damaligen Tendenz im Protestantismus mußte ich meine Ansichten für mich behalten. Es verblieb mir nur das studentische Getriebe mitzumachen. Der sogenannte Komment war beim W. der übliche und ich, auf Entspannung und gesunde Lebensfreude angewiesen, hoffte, durch laute Umtriebigkeit im »Fuchsenstall« meine seelische Trauer und Heimatlosigkeit zu überwinden. Der schlimmste Sturz aber stand mir bevor.

Einer der Bundesbrüder nahm sich meiner auf seine Art an. Es war ein Pfarrerssohn aus der Nähe von Böblingen. Hatte er meine innere Not bemerkt, aber falsch gedeutet? Ich weiß nur, daß er mich in eine Richtung zog, die weg von Gott führte. Er war sozusagen ein Agent des Bösen, der aufs Ganze ging. Für ihn waren die »Prinzipien« der Verbindung Scheinheiligkeit und Unsinn. »Was zählt, ist der Lebensgenuß«, sagte er, Das weibliche Geschlecht ist wie das männliche auf lustvolle, tierische Vereinigung aus. Die muß man suchen, wo immer möglich, so lange man jung ist. Religion ist scheinheilige Maskerade. Dann erzählte er von seinen Heldentaten. »Vor mir war keine sicher und alle wollten

sie das Gleiche.« In seinem Elternhaus habe er mit allen Mädchen geschlafen. Auch die Diakonissin habe sich ihm wollüstig hingegeben.
»Sei nicht dumm, nütze jede Gelegenheit, laß Dich nicht von religiösen Skrupeln plagen .... Es gibt keinen Gott!«
In der Nacht seiner gottlosen Verführung betrank ich mich sinnlos in der »Kneipe«. Am anderen Tag wollte ich mit religiösen »Halbheiten« Schluß machen. Ich lehnte mich gegen Gott auf in dem Wahn, dem Sinn meines Lebens ohne Ihn näher zu kommen. Gott erschien mir nicht als die unendlich große, wahre Liebe, sondern als ein Phantom, als Sklavenhalter. Frei sein! An diesem unseligen Tag vernichtete ich alles, was mir heilig geworden war. Die »Glocke der Andacht«, Heiligenbilder und Briefe warf ich in den Abort. Ein neues Leben mußte beginnen. Diese diabolische Revolution gegen alles, was mir vorher heilig gewesen war, dauerte aber nur einen Tag. Ich kam mir nicht als Sieger vor, sondern als das geschlagene Opfer einer schändlichen Niederlage. Bald darauf trat ich aus der Verbindung aus, in der ich gastiert hatte. Ich suchte wieder auf den richtigen Weg zu kommen, der mich früher zu so viel Licht und Ruhe geführt hatte. Auch das Studium in Stuttgart brach ich ab und fand Verständnis bei den Eltern für meine Absicht, zuerst einmal die einjährige Militärzeit zu absolvieren. Da es keine Dispens davon gab, und der Zeitpunkt wegen der inneren Unklarheit über Studium und Beruf günstig schien, war mir der Schritt in die Kaserne gerade recht. Ich fühlte auch die Notwendigkeit körperlicher Ertüchtigung und des geregelten Dienstes. Daß auch meine Neigung zur Eitelkeit mitspielte, erkenne ich heute aus meiner Freude am bunten Tuch. So kam ich aus der drückenden Nähe zum Elternhaus in die Garnisonstadt Tübingen und hoffte, den wieder auftauchenden Streitereien daheim zu entrinnen.
Mit militaristischer Gesinnung hatte die Freude an der Truppe nichts zu tun. Die frühere Begegnung mit meinem französischen

Freund Coulon wirkte in meinem kritischen Verhältnis zu den Begriffen Vaterland, Deutschland lebhaft nach. Das eifrige Studium der Geschichte des 19. Jahrhunderts hatte mir die Augen für die Lage des Bismarckstaates weit geöffnet. Das, was sich Deutschland nannte und bei Sedansfeiern und Fackelzügen zu den Bismarcktürmen oft zur Schau getragen wurde, flößte mir Sorge, ja Abscheu ein. Bismarcks skrupelloses politisches Schachspiel vor und nach der »Reichsgründung« sah ich anders als die im preußischen »Geist« erzogenen Altersgenossen. Den Hochverrat am durchaus entwicklungsfähigen Deutschen Bund, der länger als das Hohenzollernreich deutsche Länder zur Einheit verband, betrachtete ich nicht nur als politischen Fehler, sondern als unverzeihliches Verbrechen. Ebenso war mir klar, daß Bismarcks Intrigen und hochverräterischen Beziehungen zu den Feinden der österreichischen Monarchie, vorsätzlich den Bruderkrieg 1866 herbeigeführt hat, mit all seinen Folgen bis auf die Gegenwart. Die schrecklichen Kriege Bismarcks sind ja der Ausgangspunkt zweier Weltkriege geworden. Genug davon an dieser Stelle.

Die früheren Zusammenkünfte protestantischer Studenten und Schüler im Hause meines Paten, des Stadtrates S. zu sonntäglichen Spielen dienten oft in erster Linie militärischer Ausbildung am Sandkasten. Reserveoffizier mußte man ja werden, um Vollbürger zu sein. Mein Anfang beim I. R. 180 erfolgte unter anderen, den oben angedeuteten Gründen.

Ich fand freundliche Aufnahme im Hause eines vielbeschäftigten Uniformschneiders in der der Kaserne benachbarten Militärstraße. Ohne besonderen Ehrgeiz, eher distanziert machte ich die Ausbildungszeit durch, allerdings sehr empfindlich gegen den rüden Ton mancher Offiziere und Unteroffiziere. Die preußische Erziehung zum Kadavergehorsam war der Freude am Soldatentum im Wege.

Ich machte gute Fortschritte im Turnen und Schießen. Im Kreis der Einjährigen herrschte mit kleinen Ausnahmen gute Kameradschaft. Bei dem Kompaniefest trug ich als Regisseur von Theateraufführungen gerne zur Unterhaltung bei. Wochenendfahrten nach Beuron knüpften meine Fäden zur katholischen Kirche wieder fester. Katholische Kameraden fand ich zwar in meiner Einheit nicht. Ein reicher »Sonderling« unter uns war es, der mich in den Besitz eines teuren Schatzes brachte. Kamerad F. hatte eine Vorliebe für Modelleisenbahnen und – Bücher. Auf einem Ausflug nach Rottenburg, der Bischofsstadt, kaufte er in seiner Laune eine Unmenge von Büchern, wahllos wie es schien. Beim Einladen in den »Sputzwagen« fiel ihm ein Buch in den nassen Straßenschmutz. Ich hob es ihm auf. Er aber reichte es mir zurück: »Das kannst du behalten.« Es war eine lateinische »Nachfolge Christi« in feines Leder gebunden mit Goldschnitt (ich glaube, F. sammelte Bücher um ihres Einbandes willen). Für mich war es der Wiederanfang eines konzentrierten religiösen Lebens nach so langer Zeit seit meiner Auflehnung gegen Gott in Stuttgart. Ich fand die Richtung wieder.

Ein Ereignis trug dazu bei, die Loslösung vom Elternhaus zu beschleunigen. Irgendwie mußte mein Vater erfahren haben, daß ich mich wegen des offiziellen Austritts aus der lutherischen Staatskirche mit dem katholischen Stadtpfarrer besprochen hatte. Eines Tages überraschte mich sein Besuch mit meinem älteren Bruder Karl. Sie verlangten von mir das Versprechen, den Gedanken an den Übertritt zur katholischen Kirche ein für allemal aufzugeben. Dieses Versprechen konnte ich nicht geben. Die Beiden verließen mich mit einer Drohung, die sie sogleich wahr machten. Sie suchten den Regimentskommandanten auf und stellten an ihn das Ansinnen, mich wegen meiner Unbotmäßigkeit in den sogenannten zweiten Soldatenstand zu versetzen. Der Oberst lehnte jedes Eingehen auf diesen Vorschlag ab, da es nicht zu seiner Kompetenz gehöre. Brieflich erfuhr ich bald darauf, daß mir im Falle des Katholischwerdens der Entzug eines nicht unbedeutenden Stipendiums drohe. (Es handelte sich um das Stipendium, das ein katholischer Priester kurz vor der »Reformation« den studierenden katholischen Nachkommen seiner Familie gewidmet hatte. Die protestantische Regierung hatte dieses Stipendium umgewidmet und für protestantische Studenten in Anspruch genommen). So erkannte ich auch die materiellen Hintergründe einer berechtigten väterlichen Sorge. Das Militärjahr ging zu Ende. Ein Kaisermanöver im katholischen Oberschwaben war noch ein Höhepunkt.

Als sich das Kasernentor hinter mir schloß, warteten große Schwierigkeiten und Entschlüsse auf mich. Innerlich war ich reifer und fester geworden. Mein Wille, das katholische Glaubensbekenntnis und die Heimkehr zur Kirche, die Jesus Christus fest gegründet hat, war unbeirrbar und drängend. Wie stand es aber mit Existenz und Beruf?

Zunächst blieb die Abhängigkeit vom Elternhaus bestehen; aber der Aufenthalt daheim wurde immer mehr gestört. Ich sah mich einer steten Bearbeitung durch Eltern und Geschwister ausgesetzt. Zwar habe ich den Standpunkt meines Vaters stets zu verstehen versucht. Was mir durch den für meinen Vater eher blamablen Ausgang der Intervention beim Regiment (Versetzung in den Soldatenstand zweiter Klasse) angetan worden war, tat meiner Überzeugung so wenig Eintrag wie einer schuldigen Liebe. Auch die körperliche Mißhandlung durch einen älteren Bruder, der sich beim Vater ein »rotes Mäntelchen« verdienen wollte, erschütterte meine Glaubensentschlossenheit nicht im mindesten. Meine Mutter versuchte es mit seltsamen Gründen, mich abzuhalten von dem, was sichtlich und spürbar Gottes Wille war. Was mich tief beeindruckte war ihre große Unwissenheit in Fragen des katholischen Glaubens. Einmal wollte sie mich überzeugen, daß ich als Katholik die Illegalität meiner Geburt anerkennen müßte. Wieso? fragte ich sie. »Weil doch Priester nicht heiraten dürften«, der Vater aber doch Priester sei. Einmal schrieb sie mir,

daß die katholische Kirche eine von Kaiser Konstantin geschaffene weltliche Institution sei. Dann wurde mir suggeriert, ich sei von der äußeren Pracht des katholischen Gottesdienstes überwältigt worden. Wie konnte ich ihr klarmachen, daß der ärmlichste Raum, in dem das Altarsakrament aufbewahrt wurde, mich wie ein Magnet anzog? Ein anderes Mal wurde geurteilt, ein katholisches Mädchen , das ich verehrte, ja »liebte«, habe mich in ihren Bann gezogen. Dabei war Monika beflissen, mich zum Studium und zur Selbstvervollkommnung zu führen. Meine Werbung lehnte sie in echt frommer Art ab. Sie starb, fast hundert Jahre alt, in einem Orden. Die so zum Guten beitrug wie sie, war keine Verführerin.
Daß der Protestantismus anfangs des 20. Jahrhunderts einen denkenden, von Gott angerührten Menschen, zur katholischen Kirche förmlich drängte, ist zu wenig bekannt. Ich erinnere mich zum Beispiel an die wütende Reaktion des sogenannten »Evangelischen Bundes« auf die Borromäus-Enzyklika des heiligen Papstes Pius X. Er hatte zum 300. Jahresjubiläum der Heiligsprechung des Mailänder Erzbischofs die Wurzeln einer kirchentrennenden falschen »Reformation« unmißverständlich die Sünden vom Klerus und Regenten angeprangert, denen »ihr Gott der Bauch war«. »Geldgier und Fleischeslust« erkannte Pius X. als Triebfeder der großen Abfallbewegung des 16. Jahrhunderts. Religion als Maßanzug für eigenes Versagen und irriges Verlangen wurden, wie so oft und zu wenig bekannt, als Erneuerung der Kirche propagiert.
Was mich damals schutzlos ins Leben hinausstieß, war der Wunsch, meinem Vater nach der Streichung des Familienstipendiums, nicht mehr zur Last zu fallen.
Ich fand Aufnahme in Beuron, wo mich P. Maurus Ladenburger auf den Übertritt zur »alleinseligmachenden« Kirche vorbereitete. Es gab in mir viel der Besserung Bedürftiges. Vorbereitung auf die erste große Generalbeichte und den ersehnten Empfang des

Altarsakramentes. Dem Glaubensexamen fühlte ich mich voll gewachsen. Ich kannte den katholischen Katechismus und war besonders in der Kirchengeschichte gut bewandert. Von den neuen Freunden an der Tübinger Universität erfuhr ich viel Aufmerksamkeit und Bereitschaft zum Weiterhelfen. Nichts fürchtete ich so sehr wie Isolation und Freundlosigkeit.

Der große Tag

Es nahte der 1. Mai 1912. In Beuron bereitete ich mich unter der väterlichen Leitung von P. Maurus Ladenburger auf das Bekenntnis meiner Sünden und meines katholischen Glaubens vor. Intensiv durchforschte ich meine Vergangenheit. Klar erkannte ich meinen häufigen Widerstand gegen Gott, dessen unmißverständliche Erkenntnis ich immer wieder mißachtet hatte. Mein Widerstand gegen seine Rufe und Wegzeichen wurde mir mehr und mehr bewußt. Was ich gegen ihn, seine Gnade und reichen Gaben gefehlt hatte, alles wollte ich freimütig bekennen. Ich überprüfte genau mein Verhalten gegen Eltern und Geschwister. Alles, was in Gedanken, Worten und Werken der schuldigen Liebe widersprach, suchte ich mir zu vergegenwärtigen, um es zu bekennen. Wie wichtig ist doch die Erforschung des Gewissens, die wahre Reue aus Liebe zu Gott, dem Schöpfer, Erlöser und Seligmacher. So legte ich die erste »Generalbeichte« meines Lebens ab, im Glauben der Verheißung Christi für seine Diener: »Wem Ihr die Sünden erlasset, dem sind sie erlassen.« Eine Zentnerlast wurde mir abgenommen.

Der Beginn des Marienmonats war der Beginn eines ganz neuen Lebens. Ich wurde »Vollmitglied« der katholischen Kirche mit allen Rechten und – Pflichten. Und: mit allen Gnadenmitteln bis heute – schon über 70 Jahre.

In der Gnadenkapelle von Beuron legte ich in freudiger Gewiß-

heit, den einzig richtigen Weg gefunden zu haben, das Tridentinische Glaubensbekenntnis ab, das der Heilige Geist den Theologen und neuen Bischöfen eingegeben hat.
Die bedingungsweise Taufe habe ich schon weiter oben erwähnt. Der Empfang der ersten heiligen Kommunion war mir ein unbeschreibliches Erlebnis. Ich glaubte und wußte und erfuhr lebendig die Herablassung Gottes im Geheimnis seines gegenwärtigen Sohnes Jesus Christus. Das war kein Sinnbild, kein Erinnerungsmahl, kein bloßes Zeichen, das war die wirkliche Gegenwart Christi in der Hand eines wirklichen Priesters.
Es war ein Tag unbeschreiblicher Freude. Die ganze Natur schien erneuert. Das Donautal war verwandelt. Gras und Blumen strömten einen Wohlgeruch aus, wie ich ihn nie zuvor geatmet hatte.
Ein neues Leben hatte ja begonnen, das ich jetzt schon über 70 Jahre lebe. Es war aber nicht eine Fortsetzung jenes inneren Jubels vom Mai 1912. Noch am Tage meiner ersten heiligen Kommunion verließ ich Beuron mit meinem Freund und kehrte in die Universitätsstadt zurück. Dort trat ich in die CV-Verbindung ein, die mir Rückhalt und bundesbrüderliche Gemeinschaft versprach.
Die nächste Zukunft mußte die Entscheidung über Berufswahl und Ausbildung bringen. Der Unterhalt von zuhause wurde immer kleiner und mein Wille, davon unabhängig zu werden, sah keinen Weg. Noch heute wundere ich mich, daß mich meine Bundesbrüder immer wieder den »Fröhlichen« nannten, daß meine Aktivität im »Fuchsenstall« »Leben in die Bude« brachte und die Tage mit Sonne vergoldeten. Ich erinnere mich aber an viele dunkle Wolken. Mein religiöses Leben wurde im studentischen Alltag matter und auf der Glanzseite des Verbindungslebens entdeckte ich stumpfe Flecken. Oft fand ich kein Verständnis mit meinen Vorstellungen von den Aufgaben einer katholischen Verbindung, die nach meiner Auffassung doch mehr war als die

Erinnerungen an frohe Stunden in der Universitätsstadt Tübingen und an die CV-Verbindung. Der Dritte von links: Der Autor Otto Färber mit Fuchsmajor Hofer (ganz links) und anderen CV-Bundesbrüdern.

äußerliche Kopie vom antiken Brauch und Gehabe der Burschenschaften. Zum Beispiel konnte ich es nicht fassen, daß ich auf Widerstand stieß, als ich den Besuch des Vortrags eines Missionsbischofs in Tübingen für die Korporation offiziell machen wollte. Frohsinn und Sport plus Kneipe schienen mir für eine katholische Verbindung zu wenig.

Es war aber nicht die Bereitschaft Beurons mein Theologiestudium in Freiburg finanziell zu unterstützen, was mir die Wahl des Theologiestudiums nahelegte. Ich spürte in mir immer mehr den Beruf zum Priester. Den geschenkten Glauben, die religiösen Erfahrungen anderen mitzuteilen, erschien mir als das Lebensziel. Vielleicht spielte auch die Furcht, in der »Welt« meinen kostbarsten Schatz zu verlieren, eine Rolle.

Wien 1912

Ein Höhepunkt des Jahres 1912 und meines ganzen Lebens war der Eucharistische Weltkongreß in Wien. Er fand in der Kaiserstadt vom 12. bis 15. September statt. Sein Verlauf war ein glanzvoller Beweis der Schönheit und Pracht katholischen Weltgottesdienstes. Er zeigte, kurz vor dem Ersten Weltkrieg die völkerverbindende Idee des großen mitteleuropäischen Habsburgerstaates. »Man müßte Österreich erfinden, wenn es nicht wäre,« hatte ein bekannter tschechischer Politiker und Historiker um die Mitte des 19. Jahrhunderts gesagt. In lebhafter Erinnerung ist mir vor allem die religiöse Hochstimmung, Einigkeit und Ausdauer der Millionen Menschen in den Regentagen des Septembers. Unvergeßlich die Gestalt Kaiser Franz Josephs, des Thronfolgerpaares Franz Ferdinand und seiner Gattin und des päpstlichen Sondergesandten, des niederländischen Kardinals van Rossum.
Nun zu meiner Pilgerfahrt nach Wien. Der Wunsch, am Wiener Weltkongreß teilzunehmen, entsprach meinem Glauben an die Gegenwart Christi im hl. Sakrament des Altars und meiner Zuneigung für Österreich. Aber woher das Geld nehmen? Die Frage entschied sich unerwartet. Ich war zum Ferienurlaub bei unserem »Fuchsmajor« Hofer in Haslach eingeladen. Dort lernte ich den Ortspfarrer kennen, der meinen Wunsch nach Wien zu fahren, beifällig aufnahm und einen goldenen Hunderter als Wegzehrung spendierte. Jetzt kam der Plan, gemeinsam mit dem Freund H. die weite Reise anzutreten, zur Reife. Es sollte ein Fußmarsch, quer durch die Alpen nach Venedig werden. Von Triest war eine sehr verbilligte Bahnfahrt in die Kaiserstadt in Aussicht. Wir teilten die Route in Abschnitte, die Tag für Tag eingehalten werden sollten. Ein großes Wagnis für den im Bergsport völlig Unerfahrenen. Unsere Ausrüstung war ungenügend. Rund genägelte »Berg«-Schuhe waren eher für bequeme Straßen als für die Felsen der Lechtaler Alpen. Von Oberstdorf über die Memminger

Hütte kletterten wir auf den sogenannten Gatschkopf, dem Nachbarberg der Passeierspitze. Schnee war der Grundstoff für warme Getränke, die auf einem Spiritusbrenner hergestellt wurden. Beim Abstieg vom Gipfel wäre ich beinahe abgestürzt, da ich einen Tritt ins Ungewisse wagte. Es ging noch einmal gut und todmüde erreichten wir Landeck. Um die vorgenommene Station Burgeis-Marienberg rechtzeitig zu erreichen, mußten wir eine, selbst beim Militär seltene Kilometerstrecke bewältigen. Wir erreichten Burgeis durch das heute von dem großen Stausee bedeckte Tal und hatten dann noch den Aufstieg nach Marienberg vor uns. Es regnete in Strömen. Der Gedanke an die Aufnahme bei den Benediktinern hielt uns aufrecht. Wir träumten von einem sättigenden Essen. Fischteich und Geflügelhof zauberten uns eine köstlich duftende Fata Morgana vor die Augen. Dann, die alte massive Klosterpforte. Auf unser Klopfen öffnete ein alter weißbärtiger Bruder, nahm unseren versiegelten Empfehlungsbrief der Erzabtei Beuron vor die Augen und ... ? »Studenten nimmt der Herr Prälat nicht!« Die Tür schlug hart zu. Die benediktinische Gastfreundschaft versank ins Dunkel, und der Regen wurde zum Wolkenbruch. Wieder die 4 km zurück nach Burgeis in den »Mohren«. Unsere Rechnung stimmte nicht. Der Wirt, dessen Gastfreundschaft bis heute nicht vergessen ist, heizte uns ein Gastzimmer. Essen wagten wir uns nicht zu bestellen. Nur ein paar Flaschen gutes, billiges Bier.

»Bin durch die Alpen gezogen wo die Lawine rollt«, klang es in unserem Verbindungslied.

Auf unserem Marsch durch die sommerliche Alpenwelt 1912 kamen uns beide immer wieder die unbeschwerten Stunden in der Tübinger Kneipe in Erinnerung.

Die Zahl der Wanderer, die so große Strecken zum fernen Ziel zurücklegen, ist heute klein geworden. Der zu seinem Unglück motorisierte Mensch von heute kann sich gar nicht vorstellen, was das Erlebnis damals bedeutete. Wir Fußwanderer hatten uns

zwar durch die Etappenberechnung manche Überforderung auferlegt, aber wir erfuhren die Schönheit der Minuten, wechselnde Bilder von Landschaft und Menschen stärker als die armen Reisenden auf dem Moped, im PKW oder im vollgepferchten Bus. Es waren erfüllte Wochen, ein Erlebnisreichtum, der bis ins hohe Alter reicht. Im Rahmen dieses Buches hat das nicht alles Platz, würde auch eine verwöhnte Gesellschaft kaum interessieren. Nur ein paar Szenen und Lehren, die wir erlebten.
Wer in den Süden reist, tut heute wie wir damals gut daran, italienisch zu lernen. Uns passierte es, daß wir je 1 kg Spiegeleier in Treviso verzehren mußten, weil wir den kleinen Unterschied zwischen dem italienischen Namen für Eier und Trauben nicht bemerkten. Wie sehr hatten wir uns auf die Früchte des Weinstocks gefreut.
Dann: den weit verbreiteten Aberglauben, daß die Zahl 13 Unglück bedeute, habe ich erfolgreich widerlegt. Ich nahm überall Zimmer oder Kammer 13 und schlief nie so sorglos und gut wie auf unserer Reise.
Von der knappen Kasse habe ich oben berichtet. So entdeckten wir das erholsame Schlafen im Freien – ohne Schlafsack. Venedig war erreicht. Die stürmische Überfahrt nach Triest erfolgte zum billigen Preis auf einem eben erst in Dienst gestellten Expreß-Dampfer. In Triest vertrieb uns die wachsame Polizei zweimal von unserer Schlafstätte, einmal war es die Domtreppe, dann eine Bank im Stadtpark. Von Triest aus genossen wir die verbilligte Bahnfahrt nordwärts. Zum Essen während der langen Bummelei war uns kein Geld verblieben. Mit Kupferstücken kauften wir aus Automaten Rahmkaramellen mehr als einen Tag lang.
Vom nagenden Hunger erlöste uns auf der Fahrt nach Wien das Zisterzienserstift Lilienfeld. Ein Namensvetter, Fr. Josef, war im Frühjahr 1912 nach Tübingen gekommen, wohin ihn eine Studienreise in die ehemaligen deutschen Zisterzienserabteien geführt hatte. Meine Verbindung hatte ihn freundlich aufgenom-

men. Wir begleiteten Fr. Josef auch nach Bebenhausen. Beim Heimweg trafen wir im Wald auf eine andere Verbindung, die dort eine sogenannte Naturkneipe veranstaltete. Sie lud uns zur Teilnahme ein. Als es dunkel wurde verabschiedeten wir uns und gingen Tübingen zu. Jetzt zeigte die meist von evangelischen Theologen bevorzugte Verbindung ihr wahres Gesicht. Sie höhnten dem jungen Zisterzienser nach und bewarfen ihn mit Holz und Erde. Ihre Schimpfworte habe ich vergessen.
Jetzt standen wir an der Lilienfelder Klosterpforte und warteten auf Fr. Josef. Als er aufmachte, erkannte er uns sofort wieder, umarmte uns und führte uns zu dem Pavillon, wo der Prälat mit den Honorationen des Städtchens saß. Nahe dem Pavillon war eine Kegelbahn, wo Novizen und jüngere Patres spielten. Wir wurden zum Mitspielen eingeladen. Die Kegelbahn war lang und uneben. Die Kugeln klein. Das Schlimmste aber war, daß es bei jedem Spiel um eine Krone Buße für den Verlierer ging. Wir hatten aber kein Geld mehr. Und wir verloren. Glücklicherweise läutete bald die Glocke zum Essen.
Der Raum für die Gäste war von dem Refektorium nur durch eine Bretterwand und Vorhänge abgetrennt. Mein Begleiter H. war noch nicht nachgekommen. Er wollte auf der Kegelbahn üben, um den Verlust wettmachen zu können. Nach dem Tischgebet begann eine geistliche Lesung aus den Bekenntnissen des hl. Augustinus. Mitten hinein platzte H., der nicht die Nähe der Ordensgemeinschaft sehen konnte mit einem nicht gerade christlichen »Beinahefluch«. Ich hielt ihm den Mund zu und deutete auf den Vorhang, der uns vom Refektorium trennte. Während der Woche in Lilienfeld kam uns das Üben von H. dann auch zu Nutzen; die »Spielschulden« wuchsen nicht mehr. Die Tischlesung ging zu Ende. Ein Frater kam und brachte uns das Essen. Hungrig von der »Karamelbahnfahrt« Triest-Lilienfeld bekamen wir ein Menü, das »superbenediktinisch« war. Mehrere Gänge und dazu Prälatenwein. Auch die folgenden Tage bot die Klosterküche alles auf,

um die bettelarmen Studenten zu verwöhnen. Der bevorstehende Weltkongreß in Wien mahnte uns zum baldigen Aufbruch. Der Abschied sollte »französisch« sein; wir hatten keine Barschaft um Trinkgelder zu geben. So hinterließen wir Fr. Josef einen Dankesbrief und entfernten uns vor Schluß des sonntäglichen Hochamtes fluchtartig zum Bahnhof.

Am Wiener Westbahnhof wartete eine große Überraschung auf uns. Am Ausgang stand der Vater meines Begleiters, der ebenfalls den Kongreß besuchte. Es war eine gegenseitige freudige Überraschung. Als ob er das Fehlschlagen unserer Wette (mit 100,– DM auszukommen) ahnte, gab er jedem von uns pro Tag eine Mark, mit der wir uns über Wasser halten konnten. Der Kongreß hatte im christlichen Wien keine Teuerung, sondern eine Verbilligung der Preise bewirkt. Die Mark reichte für Wurst, Brot und Bier. Die Unterkunft im Massenquartier – es war das Schulgebäude der Steyler Missionsgesellschaft – kostete nichts. Das Erlebnis des Weltkongresses ließ alle materiellen Bedürfnisse vergessen.

Während der Kongreßwoche regnete es in Strömen, was aber die Millionen Pilger nicht irritierte. Die Prozessionsstraßen waren dicht umsäumt.

Es waren diese Tage das letzte Zeugnis für das einigende Band der Religion im Vielvölkerstaat. Trotz des Regenschleiers leuchteten die vielen Farben der Trachten aller Länder und Stämme. Höhepunkt der Prozession waren die Prunkkarossen des päpstlichen Legaten, gezogen von acht weißen Pferden und die kaiserliche, gezogen von acht Rappen. Kardinal v. Rossum stand aufrecht und segnete mit erhobener Monstranz die Menschenmenge, die auf dem nassen Pflaster niederkniete. Franz Joseph und der Thronfolger Franz Ferdinand antworteten mit Händewinken dem aufbrausenden Jubel der Massen. Hier in Wien sah ich den Thronfolger zum letzten Mal vor seiner brutalen Ermordung durch serbische Mörder in Sarajewo 1914.

Denkwürdig ist mir der Tag, an dem viele Hundert weißgekleideter Kinder die hl. Erstkommunion empfingen. Während dieser Feier auf einem offenen Platz hörte der Regen plötzlich auf; die Sonne schien warm auf die Kinderschar. Nach Beendigung dieser Feierstunde schlossen sich die Wolken und der Regen setzte wieder ein.

Der Abschied war gekommen. es gab keine Subvention mehr und für die Heimfahrt fehlte das Bargeld. Der Obere der Steyler Kongregation lieh uns eine kleine Summe, die bis nach Hause reichen sollte. Er tat es, nachdem er beim katholischen Stadtpfarrer in Cannstatt Erkundigung über unsere Kreditwürdigkeit eingeholt hatte.

Leider war das kleine Darlehen schon in Salzburg wieder aufgezehrt. Im Wartesaal des Bahnhofes mußten wir einen freundlichen Priester bitten, unsere überflüssigen österreichischen Briefmarken in Bargeld umzutauschen. Sonst hätten wir die lange Wartezeit und die Fahrt im Personenzug bis nach Stuttgart kaum ausgehalten.

Weltflucht?

Noch heute, über 70 Jahre danach überdenke ich meine Absicht, den Priesterberuf zu ergreifen. Die damalige Entscheidung erkenne ich als sehr komplex. Die Frage der materiellen Existenz spielte die geringste Rolle. Zwar fand ich für das mehrjährige Theologiestudium hilfreiche Gönner; aber ich sah auch einen Weg, nach Erreichung des Doktorates im weltlichen Beruf (Presse) Auskommen und Erfüllung zu finden. War es Weltflucht? Meine Gründe für den Beruf eines Priesters lassen mich diese Frage eher verneinen. Ich wollte ja der Welt und in ihr den Menschen dienen, nicht fliehen. War es Weltangst? Ja und nein. Ich kannte meine Schwäche und den immerwährenden Zweikampf zwischen himmlischer und irdischer Liebe in meinem Inneren. So wußte ich auch um meine Verführbarkeit durch weibliche Schönheit und – Alkohol. Das war keine Angst vor der Welt, sondern Hoffnung, den Priesterberuf in der Gemeinschaft Gleichstrebender und in der täglichen Gemeinschaft mit Jesus Christus im hl. Altarsakrament erreichen und erfüllen zu können. Ich wollte ein eifriger und reiner Priester werden. Wahrscheinlich unterschätzte ich meine Vergangenheit mit ihren Erfahrungen, bleibenden Lehren – physischen Folgen? Überschätzte ich meine angeschlagene Willenskraft?

Der Abschied von Tübingen und seiner philosophischen Fakultät fiel mir nicht schwer. Ich war mir darüber klar, daß das theologische Studium meiner vielseitigen Begabung und Wissensbegierde mehr entsprechen würde. Besonderen Vorteil versprach ich mir für meine Gewöhnung an Ordnung, beste Nutzung von Zeit und Lehrangebot. In der Verbindung wurde mein Abschied mit großem Hallo auf einer Kneipe gefeiert. Alle wünschten, daß ich bald wieder »reumütig« zurückkäme. Wie gewöhnlich machte ich den Trubel mit und ließ mir nicht anmerken, daß ich längst abwesend war.

Als sich mir die Pforte des theologischen Konviktes in der Freiburger Burgstraße öffnete, fühlte ich mich endlich daheim. Ich freute mich im Bewußtsein, bei Gleichgesinnten zu einer bisher entbehrten Ordnung für Leben und Studium zu kommen. Ich wurde nicht enttäuscht. Die Studienkollegen waren alle erfüllt von der Bereitschaft, ihr Leben als Priester ganz dem Erlöser und dem Mitmenschen zu weihen. Ich spürte die Gegenwart des Sakramentes, das unser Leben formte und erfüllte.

Die Hausordnung war streng; Zeitverschwendung war hier unbekannt. Wir standen sehr früh auf, gingen gemeinsam zum Morgengebet und zur heiligen Kommunion in die Konviktskapelle. Anschließend wurde im Speisesaal das Frühstück eingenommen. Zwar war es ein sehr einfaches, aber sättigendes. Alles, was wir für den Körper erhielten, war köstlicher als das beste Gasthausessen, trotz seiner Einfachheit. Essen und Appetit gewinnen ja durch Dankbarkeit gegen Gott ihren rechten Sinn. Den haushaltsführenden Barmherzigen Schwestern bin ich immer dankbar.

Nach dem Frühstück besuchten wir die Vorlesungen an der Universität. Unsere damaligen Professoren waren hervorragend. Kirchengeschichte bei Pfeilschifter, der später nach München ging, Hoberg für das Alte Testament, Straubinger, der Schill's theologische Prinzipienlehre vermittelte, Schneider (Nichttheologe), als Philosoph boten uns die grundlegende Einführung in unser Fach. Kirchengeschichte war und blieb immer ein Lieblingsgebiet.

Als den Seelenführer und Lebensberater bin ich für immer dem Jesuitenpater Pf. dankbar. Er war ein zündendes Vorbild für die Heiligung unseres Wandels. Er gehört sicher zu jenen Unzähligen, die, ohne heiliggesprochen zu sein, im Himmel zu den Zierden der Heiligen gehören.

Das Weihnachtsfest 1913 erfüllte mich ganz mit einer tiefen franziskanischen Liebe zum menschgewordenen Gottessohn. Wir, vom ersten Kurs, hatten die Aufgabe, im Münster die Krippe aufzubauen. Aus dem nahen Schwarzwald sammelten wir Steine, seltenes Moos und Zweige für unser Werk. Hier und bei anderen Gelegenheiten erlebte ich das Glück, das denen beschieden ist, die Gott lieben und seine Gnaden und Gaben empfangen im tätigen Glauben.

Der Feind meiner Seele aber ruhte nicht. Im zweiten Semester machte ich nähere Bekanntschaft mit einem Kursgenossen, der irgendwie eine Sonderstellung einnahm. Er stammte aus einer wohlhabenden Familie und trug im Gegensatz zu uns anderen eine Soutane aus seidenglänzendem Stoff, abweichend zu den anderen, deren Gewand aus einfachem Tuch war. Er suchte meine Bekanntschaft, nicht umgekehrt. In unsere Gespräche mischte er u. a. Kritik an der Hausordnung und dem Studienweg. Die »Konviktoren« waren gehalten, sogenannte Partikularfreundschaften tunlichst zu meiden und in der Erholungszeit, wie z. B. bei den Spaziergängen am Burgberg täglich einen anderen Partner zu wählen. Diese Regel übertrat ich öfters und wurde auch mahnend darauf hingewiesen.

Dann mehrten sich wieder die Grüße von der Tübinger Verbindung, die mich zur Rückkehr in den »Betrieb« einluden. Ich legte darauf keinen Wert und warf diese Post immer weg. Der Böse aber ließ nicht nach.

Daß das schönste und glücklichste Jahr meines ganzen Lebens dann ein jähes Ende fand, hat nie aufgehört mich selbst zu befragen und den Verlust des Priesterberufes schmerzlich zu überdenken. Bei gemeinschaftlichen Ausflügen in den Hochschwarzwald (St. Märgen, St. Peter, Kirchzarten u. a.) erlebte ich immer wieder den Überschwang meiner Freude an der damals noch unverdorbenen Landschaft, am geselligen Beisammensein das Glück einer freien reinen Seele. Die Gefahr solcher Hochstimmung aber lauerte. Bei der Einkehr in einer Dorfwirtschaft genügten ein paar Glas Bier, um meinem Frohsinn eine ungewollte Richtung zu geben. Am Tag nach diesem Ausflug wurde ich zum Direktor gerufen. Ernst und freundlich fragte er mich: »Was haben Sie sich gestern im »Adler« gedacht?« Ich verstand diese Frage nicht sofort. Ich erzählte dann von meiner Hochstimmung bei der Schwarzwaldwanderung und bei der »Theologenkneipe«. »Erinnern Sie sich nicht an etwas Besonderes?« Ich stutzte. Weitere Frage: »Was haben Sie sich gedacht, als Sie der Wirtstochter zutranken?« Jetzt fiel es mir ein, daß ich einmal zu der hübschen Schwarzwälderin das Glas hob und leerte. »Haben Sie sich dabei nichts Besonderes gedacht?« »Besonderes?« fragte ich mich. Das Schwarzwaldmädchen hatte mir freundlich zugelächelt und ich war so in Stimmung. »Eigentlich nicht«, sagte ich zum Direktor. »Ich war eben sehr gut gelaunt.« Da kam die mich tief erschreckende Frage: »Glauben Sie nicht, daß Sie lieber heiraten und eine Familie gründen sollten?« Diese Frage wies ich sofort weit von mir. Ich wollte dem Priesterberuf nicht untreu werden und erneuerte den Vorsatz mich besser zu kontrollieren und in acht nehmen wollen. Die Unterredung mit Direktor B. zeigte, wie sehr die Studenten beobachtet wurden, um rechtzeitig Fehlentscheidungen vermeiden zu können. Nach der Aussprache mit unserem Direktor war ich noch immer fest entschlossen, den Priesterberuf nicht aufzugeben. Intensiver als vorher betrieb ich das Studium, sorgfältig bemüht, die Hausordnung einzuhalten. Das sakramentale Leben – so sehe ich es im Alter – verlor an Intensität. Ursache war die Gewöhnung an den Tagesrhythmus und wohl auch die nachlassende Innerlichkeit des Gebets.

Nach dem Abschluß des zweiten Theologiesemesters sollte dann eine Entscheidung fallen, die ich kaum für möglich gehalten hätte. Nach einem Wiedersehen mit meiner Tübinger Verbindung war ich sehr unruhig. Wie damals üblich wurde stark dem Alkohol zugesprochen; es blieben auch flüchtige Begegnungen mit den sogenannten Couleurdamen nicht ohne Eindruck auf mich. Daß diese Eindrücke keineswegs von einer bestimmten Person ausgingen, hätte mich vorsichtig machen sollen. Unsicher und verwirrt kam ich nach den Ferien zurück. Das dritte Semester begann ich mit einer verhängnisvollen Verletzung der strikten Hausregel des theologischen Konviktes. Es war nämlich strenge Vorschrift, vom Bahnhof gleich in die Burgstraße zu gehen und den geregelten Lebensrhythmus aufzunehmen. Ich verletzte diese Ordnung und suchte ein Gasthaus beim Münster auf. Dabei redete ich mir ein, daß ich mich erst sammeln müßte, daß ich einsame Ruhe nötig hätte, um mich erst in das gewohnte Internatsleben einfügen zu können. Es war Selbstbetrug, auch innerer Widerstand, mich mit unserem vertrauenswürdigen Seelenführer zu besprechen. Ehe ich das Folgende berichte, erinnere ich an eine Episode aus dem Leben des heiligen Don Bosco. Ob das, was mir im Gasthof widerfuhr, irgendwie etwas mit dem Erlebnis Don

Boscos zu tun hat, wage ich nicht zu behaupten. Der heilige Jugendseelsorger soll eine Zeitlang immer von einem schwarzen Hund umschlichen worden sein, den er als Bild oder Erscheinung des Bösen deutete. In meinem Fall war es ein Hund mit unschuldigem weißen Fell. Ich saß in der Gaststube und dämmerte vor einem Viertel Wein vor mich hin. Keine Spur von Konzentration und geradlinigem Willen.
Während ich so trübselig in das Weinglas starrte, weckte plötzlich ein seltsamer weißer Hund mein Interesse. Er tänzelte aus einer Ecke der fast menschenleeren Wirtsstube auf meinen Tisch zu. An einem Fuß des Tisches, ganz nahe meines linken Fußes, richtete er sich auf. Ich traute meinen Augen nicht. Der Hund onanierte und spritzte seinen Samen auf meinen Schuh. Ich war mehr verwirrt als entsetzt, fühlte mich völlig verändert. Das Böse hatte die Herrschaft über mich. Auf sein Kommando verließ ich als Letzter die Wirtsstube, stieg die Treppe zu meinem Zimmer empor, verschloß die Tür, nahm ein Bad und tat, was der merkwürdige Hund vor mir getan hatte. Das Licht der Gnade war verloschen. Tiefe Nacht und verzweifelte Traurigkeit. Am nächsten Morgen war mir mein Zustand klar. Das Glück eines reinen Jahres war verspielt. Den Priesterberuf gab ich verloren. Meiner Tränen schämte ich mich nicht. Bei der nächsten Gelegenheit offenbarte ich meinen Zustand unserem Spiritual. Ich sah alles ein, was ich falsch gemacht hatte. Die Nachlässigkeiten am Ende der Ferien, der alkoholische Leichtsinn, Unterlassung der regelmäßigen Gebote, die Übertretung der Hausordnung u.a.m. Meine Reue war tief und echt und nach der Absolution und heiligen Kommunion spürte ich die verzeihende Kraft Gottes.
Mein Entschluß, den Priesterberuf aufzugeben, stand fest. Ich eröffnete das auch dem Direktor P. Pf. meinte allerdings, meine Christusliebe überwiege immer noch die Gegenkräfte, doch ich selbst war mir meiner Unwürdigkeit zu sehr bewußt geworden. Mein Glaube war nach diesem Entschluß ungebrochen. Es war

mir völlig klar, daß ich von keinem der göttlichen Gebote und Verbote befreit worden war, daß mein künftiges Leben katholisch gemeistert werden mußte, in Beruf und Ehe.
An eine Ehe konnte ich damals gar nicht denken; es galt jetzt, mit Eifer nach einem Studienabschluß und einem mich nicht nur befriedigenden Beruf und Existenz zu trachten. Dazu bot mir die uneigennützige Gastfreundschaft der Beuroner Benediktiner trotz meines Rücktritts vom Priesterberuf die Möglichkeit. Ich blieb in Tübingen immatrikuliert und schrieb meine Doktorarbeit in Beurons Bibliothek.
Mein »Doktorvater« war Prof. Günter, der hervorragende Lehrer für mittelalterliche Geschichte. Ihm gefiel das von mir gewählte Thema aus der Zeit der Avignoneser Pontifikate. Der Kampf zwischen Papst und Kaiser und seine Folgen für einige Reichsstädte und Territorien im süddeutschen Raum. Ich erkannte nämlich auch die Fehler, die das Verständnis jener Zeit erschwerten. Solche Fehler sind eine von Vorurteilen vernebelte antipäpstliche Grundhaltung in der »liberalen« preußisch-deutschen Geschichtsschreibung. Viele Historiker, auch Tübinger, erkannten die Eigenständigkeit vergangener Jahrhunderte in Bezug auf ihre gültigen Rechtsverhältnisse. Für eine solche Übertragung ihrer »modernen« Betrachtungsweise auf den Kampf zwischen Johannes XXII. und Ludwig dem Bayern entstand ein ganz falsches Bild der unheilvollen vorreformatorischen Zeit. Genaues Studium der Urkunden brachten die Erkenntnis, daß nicht päpstliche Machtgier den verhängnisvollen Streit hervorriefen, sondern das Streben des in Zwietracht gewählten Königs Ludwig nach einer papstfreien Usurpation kaiserlicher Vorherrschaft in Europa. Der Kampf galt dem Charakter des Kaisertums. Für einen jungen Doktoranden war es damals ein Wagnis, einem angesehenen protestantischen Historiker mit dem Nachweis eines Irrtums zu kommen. Das tat ich in sehr gemäßigter Form. Müller, so hieß der Professor, hatte nämlich dem Papst Joh. XXII. den Vorwurf ge-

macht, er habe den Frieden gar nicht gewollt. Dabei übersah er, daß der Papst sehr wohl den Frieden wollte, daß aber die Legaten, die er nach Deutschland sandte, an der Grenze verhaftet und in völkerrechtswidriger Weise an der Einreise verhindert wurden. Diese bescheidene Kritik an der Darstellung Müllers sollte bald schwerwiegende Folgen für mich haben.

Die letzten Wochen des Semesters wartete ich in Tübingen auf den Termin des mündlichen Examens (Rigorosum). Durch Professor Günter erfuhr ich aber beunruhigende Vorgänge. Ausgerechnet ein Englisch-Professor, der sich sehr für den »Evangelischen Bund« einsetzte, hatte von meiner Doktorarbeit erfahren und im Verein mit dem in seiner Ehre gekränkten Prof. Müller gegen meine Zulassung zur Prüfung agitiert. Da ich dem Statut aber entsprach, fand man einen seltsamen Grund: »Es stehe zu befürchten, daß der Kandidat den Doktortitel zur konfessionellen Hetze mißbrauchen würde.«

Ehe ich diese, auch illegale Begründung in Händen hatte, traten jene Ereignisse ein, die den ersten Weltkrieg auslösen sollten. Auf dem Weg von der Universität zum Neckar wurden Flugblätter verteilt, die von der Ermordung des österreichischen Thronfolgers, des Erzherzogs Franz Ferdinand und seiner Gemahlin berichteten. Ich war schwer erschüttert, da ich den Ermordeten von Wien her in so lebendiger Erinnerung hatte und instinktiv den Krieg und seine umstürzenden Folgen voraussah. Voll Wut über die feige Mordtat zerschlug ich meinen Spazierstock an der Stützmauer unterhalb der Stiftskirche.

Nun folgten die Ereignisse blitzschnell hintereinander. Zur raschen Kriegserklärung drängte die deutsche Presse und amtliche Stellen – mehr als Österreich, für das es um Sein oder Nichtsein ging. Auch in der Verbindung wurden immer mehr kriegerische Töne laut. Der Alkoholkonsum stieg. Die Gedienten kannten ihren Mobilmachungstag. Als dann die Verhandlungen über das österreichische Ultimatum an Belgrad auf Betreiben der Berliner

Scharfmacher gescheitert waren, kam die Ausrufung des drohenden Kriegszustandes nicht überraschend. Mobil gemacht waren längst die Menschen und der »Apparat« des Krieges. Wie das Gesetz es befahl, fand ich mich am dritten Tag der offiziellen Mobilmachung in Schwäbisch Gmünd ein, wo ein Bataillon meines Regiments 180 lag, vertauschte Zivil mit Feldgrau.
Noch in der ersten Hälfte des August 1914 rollte unser Transportzug nach Westen in die Vogesen. Einige Wochen später sah ich mich beim Sturm auf den bewaldeten Donon einem Franzosen gegenüber, der auf mich zielte. Ich schoß ihn nieder und er mich. War das Coulon, mein Jugendfreund? Ich lag in einer Baummulde, zählte, wie der »Spieß« uns gelehrt auf 60, um zu wissen, daß ich noch am Leben sei. Aufstehen konnte ich nicht. Das französische Geschoß hatte meinen Oberarm getroffen und das Schulterblatt so zersplittert, daß das Röntgenbild – Tage später – 180 Knochentrümmer feststellte.

Weltkrieg I

So begann für mich der Krieg:
Daß er kommen mußte, sah ich nicht erst mit dem Mord am österreichischen Thronfolger Franz Ferdinand voraus. Die intensive Beschäftigung mit der Geschichte und Politik hatte mich hellhörig gemacht. Die außenpolitische Unfreiheit der Habsburger Monarchie seit Preußens Bruderkrieg 1866: Bismarcks klar erkanntes Ziel. Der skrupellose preußische Schachspieler fürchtete in den Jahren nach 1870/71 nichts so sehr als eine eigenständige Politik der Donaumonarchie. Er zwang sie, ihres Kampfwertes bewußt, in die Zwangsjacke des Dreibundes, ohne sein Schüren der zentrifugalen Kräfte aufzugeben und die über Österreich hinwegführenden Absichten auf die Beherrschung des Nahen Ostens – auf Kosten Österreich-Ungarns – aufzugeben. Berlin,

der Weltfeindschaft wohlbewußt, verhinderte nach dem schicksalhaften Juni 1914 jede friedliche Lösung des serbischen Problems. Mit dem Ausbruch des Ersten Weltkriegs glich das persönliche Schicksal der Einzelpersönlichkeit dem eines in den Sog der Niagarafälle geworfenen Schwimmers.
Den Einberufungsbefehl trug man in der Tasche. Am vierten Tag nach der bekanntgemachten Kriegsgefahr stand ich vor dem Tor der Gmündner Kaserne, zog die Uniform an und nahm den Dienst auf. Die bittere Erfahrung mit der Tübinger Fakultät, die mir rechtswidrig die Zulassung zum mündlichen Doktorexamen verweigert hatte, wurde von den Tagesereignissen in den Hintergrund gedrängt. Ringsum war Kriegsgeschrei, fast hysterische Begeisterung. Im »Josefle«, der damals als solid bekannten Gaststätte, feierten wir elf Unteroffiziere Abschied vom Frieden. Mitten in der Nacht setzte sich der Zug mit dem Bataillon nach Westen in Bewegung. Unter dem Einfluß des Alkohols waren die Waggons mit wilden Kraftsprüchen verschmiert worden: »Auf nach Paris!«, »jeder Schuß ein Ruß, jeder Stoß ein Franzos!«, «Zu Weihnachten sind wir wieder daheim.« Dieses Kapitel will ich nicht mit banalen Kriegserlebnissen und Heldenberichten füllen. Nur einige Skizzen zu Bildern der ersten Kriegstage; die Bilder, die sich mir tief einprägten: Übergang über den Rhein bei Kenzingen. Es war Mitternacht. Unverkennbar die Nervosität der Führung. Rauchen verboten, Angst (nicht meine) vor jedem Pferd oder Stück Vieh. Schattenbilder. Das dumpfe Gefühl im Feindesland, nicht im »Reichsland« zu sein. Mittag in Schlettstadt. Man bekam Speck und weiße Bohnen und auf dem Trottoir sitzend, wurde gelöffelt. Gymnasiasten höhnten uns: »Seht Ihr die blauen Wölkchen über den Vogesen? Diesen Krieg gewinnt Ihr nicht.« Kurze Bahnfahrt nach Markirch. Unterkunft in einem Hotelsaal. Kurz vor dem Einschlafen kommt der »Spieß« herein: »Es werden ein paar Schüsse fallen. Keine Aufregung; es hat nichts zu bedeuten!«

Die Schüsse fallen im Hof. Eine laute Stimme fliegt durch die Luft: »Mein Gott!!« Was war geschehen? Einer aus unserer Kompanie, ein Elsässer aus Markirch, hatte seine Angehörigen besucht, zu viel getrunken, Zapfenstreich verpaßt, mit dem Wachposten Streit angefangen und laut geschrien: »A bas les Prusses, vive la France!« Ein eigenmächtiges »Kriegsgericht« hatte den Armen sofort zum Tod verurteilt und erschießen lassen. Im Morgenlicht sahen wir noch Blut und Gehirnfetzen an der Hofmauer. Ja, die Preußen verstanden es, sich im Reichsland »beliebt« zu machen.
Aufbruch zum Waldkamm. Am Weg liegt ein deutscher Soldat in letzten Zuckungen. Sein Schädel war zerschmettert. Nicht stehen bleiben. Oben angelangt, füllten wir die Kette der schwachen Grenztruppe auf. Die Franzosen lagen jenseits nur 200 m entfernt. Vier tote Franzosen lagen zwischen uns. Tod? Was ist das? Wir setzen durch ein Waldstück zum Sturm an. Maschinengewehrfeuer prasselt uns entgegen. Der Fahnenträger voraus. Er fällt. Hauptmann K. ergreift das Panier. Auch er fällt. Frisches Tannenholz spritzt uns entgegen. Ich sehe noch den Kompanieschneider. Eine Schlagader war ihm durchschlagen. Er blickte mich an. Ich kniete nieder, um ihn zu verbinden. Weiter; Verbinden ist Sache der Sanitäter. Der Schneider betete gerade noch: »... und vergib uns unsere Schuld.« Dann war er tot. Ich renne mit meiner Gruppe weiter, setze über einen Graben mit kampfunfähigen »Feinden«, sehe Sterben und Sinnlosigkeit des Krieges. Mit meinem Zug soll ich Franzosen verfolgen, sie sind plötzlich verschwunden. Wir wollen ein wenig rasten. Da kommen die Gegner mit Claironmusik von der Seite. Ein Franzose lädt, an einen Baum gelehnt, sein Gewehr. Ich ziele und töte den ersten Menschen. Schnell kamen die Feinde näher, sie schnitten uns von der Kompanie ab. Ihr linker Flügel ging über mich hinweg. Ich hatte mich tot gestellt. So blieb mir die Möglichkeit, über ein freies Feld Richtung Heiligkreuz dem Tal zuzurennen. Wir ka-

men unter Beschuß. Wegen einer schmerzenden Operationswunde am Unterleib konnte ich mit meinem Zug nicht mithalten. Ich warf das Gewehr voraus, lag still am Boden, bis eine Feuerpause erlaubte, in den toten Winkel zu springen.

Heiligkreuz

Mit meinem Zug waren es etwa 40 von der Kompanie ins Tal Versprengte. Wir kamen abgehetzt, erschöpft und todmüde nach Heiligkreuz. Unter uns waren auch einige Verletzte. Als ich den Ortskommandeur fand, um Quartier und Verpflegung zu bekommen, erstaunte ich nicht wenig, einen Miteinjährigen von Tübingen anzutreffen. Dieser, ein »evangelischer« Theologe, war Vizefeldwebel, ich Unteroffizier. Mir ahnte gleich nichts Gutes; denn der Streber hatte mit seinen Kameraden in Tübingen schlechte Erfahrungen gemacht. Wegen seiner Angeberei hatte er damals von den Kameraden eine Tracht Prügel bezogen. Entsprechend war seine Begrüßung: »Schaut wie Ihr unterkommt. Wie haben keinen Platz.« Die Vorstellung, daß unter uns Verwundete seien und wir den ganzen Tag im Gefecht gestanden hatten, todmüde und hungrig, machte keinen Eindruck. Endlich wollte er uns in einen Raum der Turnhalle einweisen. Dort lag ein toter deutscher Gendarm, erschossen von den Deutschen, weil er angeblich eine falsche Auskunft über die Lage gegeben habe. Als wir die Unterkunft neben dem Leichnam ablehnten, hieß er uns in eine voll besetzte Unterkunft zu gehen. Dort wurden wir von den im Schlaf Gestörten mit Schimpfen und allgemeinem Unwillen empfangen. Den engen Platz zwischen den anderen bezahlten wir mit Tritten und Stößen. Aber der Schlaf umfing uns sofort. Er dauerte aber nur zwei Stunden. Dann weckte uns der Kommandoton des Vizefeldwebels: »Unteroffizier Färber, nehmen Sie eine Gruppe aus ihrem Zug. Treten Sie sofort an. Sie begleiten einen Muni-

tionstransport zur Kompanie!« Der Hinweis auf den erschöpften Zustand meiner Leute ließ ihn kalt. »Befehl ist Befehl!«
Wie Nachtwandler traten wir an. Die Wagen fuhren ab. Die Pferde waren schneller als wir. der Abstand wuchs. Plötzlich knallten Schüsse. Wir sahen die Tiere fallen. Der Transport stockte. Ziemliche Ratlosigkeit. Bald holte uns die ausgerückte Kompanie ein. Der »freundliche« Feldwebel befahl die Munition auszuladen und auf die Mannschaft zu verteilen. Es waren schwere Pakete. Die Unteroffiziere mußten keine tragen. Mir aber befahl der »Sympathische«: »Sie tragen zwei Pakete«. Es gab keinen Widerspruch. Auf einem engen Waldweg stiegen wir nach oben. Bei meinem Zustand fiel es mir schwer die Last zu tragen. In halber Höhe wurde mir schwindelig und plötzlich stürzte ich zu Boden. In der Ohnmacht spürte ich jäh den kalten Lauf einer Pistole an meiner Schläfe. Über mir stand der Tübinger »Kamerad«. »Stehen Sie sofort auf. Wenn Sie nicht sofort aufstehen, verraten Sie die ganze Kompanie.« Kaum aufgestanden, brach ich wieder zusammen. Der Oberjäger einer mecklenburgischen Abteilung, die neben uns nach oben aufstieg, wurde mein Retter. Er rannte zu dem mit dem Revolver fuchtelnden Kameraden. »Sind Sie verrückt, Feldwebel! Sehen Sie nicht, daß der Unteroffizier völlig erschöpft ist. Lassen Sie ihn liegen. Oben ist ja alles ruhig. Er kann bald nachkommen.« Widerwillig und mit einer infamen Beleidigung gab der »Theologe« nach. Außer mir lagen noch mehrere Kameraden von mir am Boden, unfähig, mit der Last weiter zu steigen.
Als wir bei unserer Kompanie anlangten, war alles ruhig. Der Spieß war dabei, die Löhnung auszuzahlen. Unser Zurückbleiben hatte keinerlei Schaden angerichtet.
Den Streber und seine Gemeinheit, konnte ich lange nicht vergessen. Wahrscheinlich hatte er mehr Angst als ich und war um seine militärische Karriere besorgt. Als »evangelischen« Pfarrer konnte ich ihn mir nicht vorstellen. Er wurde es wahrscheinlich

auch nicht; denn wenige Wochen später wurde er bei einem Artilleriebeschuß am Rückgrat so schwer verletzt, daß er gelähmt war. Ich sah ihn noch einmal im Lazarett und grüßte ihn nicht.

Vogesenkämpfe

Sturm auf den Donon. Das Auf und Ab in Wäldern der Vogesen ließ mir kaum Zeit für das religiöse Denken und Handeln. Von Militärseelsorge war nichts zu bemerken. Ein Tag ist mir in Erinnerung. Beim »Austreten« las ich auf einem Fetzen Zeitungspapier eine dreizeilige Notiz: »Papst Pius X. verstorben«. Die wenigen Worte ergriffen mich tief. Die Sehnsucht nach dem hl. Sakrament wachte auf. Das Andenken an den Heiligen Vater erfüllte mich ganz. Er war ein Mann des Friedens, Erneuerer der Frühkommunion und zugleich der Papst, der die moralischen Ursachen der Glaubensspaltung bloßlegte. Ich war tieftraurig und zugleich empört über das Mißverhältnis zu den drei Zeilen. Notizen über die bombastischen Kriegs- und Siegesmeldungen. Dann aber rissen uns die Gefechtskommandos mit sich fort. Wieder einmal mußten wir Speck und weiße Bohnen wegschütten. Der Kompaniechef hatte gerade nach Westen gedeutet: »Dort liegt Paris, wir nehmen es!« Stattdessen mußten wir von den Höhen bei Urbeis schleunigst zurück ins Rheintal, denn die französischen Truppen drängten überall durch die Waldhöhen nach Osten.

Wieder ging es aufwärts. In einem dichten Wald kam es zu einem heftigen Nachtgefecht. Über Wurzeln und Baumstümpfe stolpernd erreichten wir eine Anhöhe über dem Tal, durch das die wichtige Straße Nancy-Straßburg verläuft. Der Berg Donon, der von Franzosen besetzt war, lag uns gegenüber. Wir konnten einen Tag lang die Artillerieduelle zwischen dem Straßburger Fort Mutzig und den französischen Stellungen beobachten. Am frühen Morgen stießen wir ins Tal am Fuß des Donon. Unser Kompaniechef war ein ängstlicher Reserveleutnant, der mit uns nichts Gescheiteres anfangen konnte, als in Kasernen hofmäßig in ausgefallener Formation zu exerzieren. Erst als ein Feuerüberfall in dem ungedeckten »Haufen« Tote und Verwundete forderte, tat die Mannschaft das was sinnvoll war. Sie rannte in den Bergwald. Es begann der mühsame Aufstieg. Wir mußten über eine Waldschneise, die von einem französischen Maschinengewehr (Mitrailleuse) bestrichen wurde. Fast jeder zweite Mann fiel tot oder verwundet zu Boden. Als ich heil die tödliche Schneise durchsprungen hatte, sammelte sich der Rest meines Zuges zum Sturm. Ich sah mich einem stehenden französischen Soldaten gegenüber. Ich dachte einen Moment an meinen Freund Coulon. Das Selbsterhaltungsgefühl ließ uns beide anlegen, zielen, schießen. Der Franzose stürzte zu Boden, mich warf wie ein Keulenschlag das Geschoß in eine Wurzelgrube. Aufstehen war nicht mehr möglich. Mein rechter Oberarm war durchschossen und im Rücken spürte ich die warme Feuchtigkeit des ausströmenden Blutes. Damals erinnerte ich mich an den Rat unseres Spießes: »Zählt, wenn ihr getroffen seid, auf sechzig; wenn ihr das könnt, seid ihr noch nicht tot.« Dann sah ich, wie mein vom Kriegsdienst befreiter Bundesbruder K. auf einer Trauerfeier des toten Färber gedachte und hörte seine formelle Lobeshymne und das übliche »fiducit«. Nicht weit von mir lag in einer Schutz bietenden Vertiefung der Trommler, der unermüdlich den Takt zum Sturme schlug. Ich mußte längere Zeit ohne Bewußtsein gelegen sein, bis Sanitäter kamen und mich auf die Beine stellten, den Waffenrock abnahmen und das tiefe Loch im Rücken (Querschläger) mit Verbandspäckchen ausstopften. Ganz langsam mußten wir zu Fuß die freigekämpfte Straße zum nächsten Bahnhof zurücklegen. Den schwer verwundeten Oberst trugen Sanitäter in einem Zelttuch verpackt. Noch heute höre ich seine verzweifelten Worte: »Oh, dieser verfluchte Krieg!« Er hatte allen Grund zu seiner Verzweiflung, denn viele der Toten und Verwundeten waren Opfer der eigenen Artillerie, die miserabel geleitet, unsere Einheiten beschossen hatte. Im Lazarettzug. Überall Tee und Zigaretten. Die Schwerverletzten fanden kein Interesse an dem Übereifer der über den Sieg am Donon begeisterten Schwestern.

Sieben Monate im Lazarett

An der Straße zum Bahnhof lag das Feldlazarett. Eine Sammelstätte des Jammers und Elends. Der Marsch war schleppend; wie eine Litanei war die Wehklage des Regimentsobersten: »Oh, dieser verfluchte Krieg!« Mit meiner ersten Untersuchung befaßte sich ein sogenannter einjähriger Arzt. Als er das große Loch in der rechten Rückenseite sah, meinte er unbekümmert: »Das werden wir gleich haben. Das gipsen wir einfach zu.« Nur das Dazwischentreten des Stabsarztes rettete mich vor dem Unsinn des »einjährigen Arztes.« Perubalsam und Binden wurden in die Wunde gestopft.

Furchtbare Verwundungen hatten die französischen Soldaten. Offene Schädel, in denen das Gehirn zuckte, hoffnungslose Fälle. Kameraden, die den flehentlich bittenden »Feinden« Zigaretten gaben, wurden vom Stabsarzt weggejagt mit den Worten: »Laßt die Kerle liegen, zuerst kommen die Deutschen dran!«

Zum Bahnhof war es nicht mehr weit, aber meine Kraft war am Ende. Wir lagen noch Stunden auf Stroh im Warteraum, bis uns die Sanitäter in die Abteile verfrachteten. Es war eine lange Fahrt über Straßburg nach Reutlingen. Tee, Zigarren und – Begeisterung gab es an den vielen Stationen bis zum Überdruß.

In Cannstatt wartete mein Vater mit einigen Geschwistern auf unsere Ankunft. Ich weiß nicht, wer ihn auf die Durchfahrt des Transportes aufmerksam gemacht hatte. Allgemeine Neugierde oder der Anruf eines Bekannten. Das Wiedersehn war matt und kurz. Mit fremder Hilfe wurde ich in den Zug gehoben.

Spät am Abend waren wir am Ziel. Wie ich in das in Eile eingerichtete Lazarett gebracht wurde, weiß ich nicht mehr. Ich erwachte in einem Feldbett, das frisch bezogen war, ich war nackt. Hatte man das Hemd einfach vergessen oder war es nicht möglich, über den großen Verband ein passendes Hemd zu ziehen. Ein menschliches Bedürfnis zwang mich zum Verlassen des Bettes. Ganz langsam ließ ich mich mit dem gesunden linken Arm auf den Zimmerboden und zog mich ohne Hilfe mühsam auf die Beine. So wie Gott mich erschaffen, tastete ich mich auf den dunklen Korridor, suchte und fand die Toilette. Auf dem Korridor mußte mich eine Diakonissin gesehen haben; denn sie erstattete beim Oberstabsarzt Anzeige gegen mich wegen unsittlichem Verhalten. Ihr wurde eine entsprechende Abfuhr zuteil und ich bekam ein aufgeschnittenes Nachthemd. – Mein Zustand verschlimmerte sich rapid. Die Eiterbildung nahm trotz des Perubalsams zu. Den Gestank konnte ich selbst kaum ertragen. Eines Abends besuchte uns der Chefarzt mit seinem Assistenten. Ich war halb bewußtlos und apathisch. Antworten konnte ich auf keine Frage. Ich hörte aber die Worte: Er wird die Nacht kaum überleben. Es war wie ein Donnerschlag.

In dieser Nacht hatte eine Laienschwester Dienst. Schwester Hedwig erkannte ich; sie war Couleurdame meiner Tübinger Verbindung. Als sie in meine Nähe kam, bat ich sie um einen »Stiefel« (2 l) Tucherbräu. Von der Heilwirkung des Starkbiers bei hohem Fieber hatte ich früher einmal gehört. Schwester Hedwig versprach, meine Bitte zu erfüllen.

»Aber es darf niemand davon erfahren!« In wenigen Minuten kam sie mit dem Stiefel. Sie half mir, ihn an den Mund zu führen und ich – seit Tagen ohne Nahrungsaufnahme – trank den ganzen Stiefel aus und fiel sofort in einen tiefen Schlaf. Am folgenden Morgen fühlte ich mich recht wohl und das Fieber war von 42 Grad auf 38 Grad zurückgegangen. Der Oberstabsarzt wunderte sich sehr. Er hat nie erfahren, welches Wunder geschehen war.

Der Heilungsprozeß ging langsam weiter. Nach einem schweren Sturz – ich hatte für einige Stunden aufstehen dürfen – begann die Eiterung wieder. Man hatte mir inzwischen über hundert Knochensplitter herausoperiert. Mein Zustand wurde nicht besser.
Freudig überraschte mich der Besuch meines »Doktorvaters« Günter. Er brachte mir nicht nur 20 Flaschen badischen Rotwein, sondern auch den Trost: »Ihre Doktorarbeit war gut; an ihrer Beweisführung zugunsten Johannes XXII. ist nichts zu rütteln. Der »evangelische« Bund und seine Genossen im Professorenkollegium haben ihre mündliche Prüfung verhindert. Das war mir klar. Eine weitere Freude war der Besuch von Pater H. Bihlmeier aus Beuron, der mir einen Rosenkranz als Geschenk mitbrachte. Pater Bihlmeier war der einzige Seelsorger, der mich im Lazarett aufsuchte. Ich lernte wieder das Beten und die große Freude am katholischen Glauben. Die Diakonissen übten ihre Seelsorge an den Abenden durch monotones Vorlesen von Kapiteln des Alten Testaments, bis die Insassen des Krankensaals eines Abends ihr Lesepult mit leeren Bierflaschen blockierten, was eine Schwester mit den Worten erwiderte: »Jetzt lese ich Euch überhaupt nichts mehr vor.« Das war ein erlösendes Wort. Die Monate vergingen träge. Dann kam der Tag, an dem ich in ein Reservelazarett nach Cannstatt verlegt wurde. Dort war ein jüdischer Arzt – er floh später vor Hitler nach Palästina –, der sich um die Patienten sehr bemühte. Die Wunde begann zuzuheilen. In Cannstatt kehrte das Lebensgefühl zurück. Ich konnte die Umgebung wieder aufmerksam verfolgen und hatte die Freude, alten Schulkameraden zu begegnen. Mit ihnen sprachen wir täglich über die Kriegslage und ich erkannte, wie sehr wir in der Beurteilung der Lage übereinstimmten. Die verlorene Schlacht an der Marne hatte zu einem verlustreichen Stellungskrieg geführt. Die Weite Rußlands ließ trotz lokaler Erfolge kein glückliches Ende erkennen. Der Siegeswille der Entente zerstörte jede Aussicht auf Spaltung des Feind-

bündnisses. Die Not im Innern verschlimmerte sich. Kaum, daß sich meine Wunde geschlossen hatte, mußte ich mich der damals beliebten Mediko-mechanischen Behandlung unterziehen. Es gab nichts schmerzhafteres als diese Knochenbrecherei. Aber es mußte schnell gehen, denn der König brauchte K.V. (kriegsverwendungsfähige) Soldaten. Damals begegnete ich dem früher erwähnten einjährigen »Kameraden«, dem ich den Gruß verweigerte, und damals hatte ich ein Erlebnis im württembergischen Staatstheater. Ich hatte eine Eintrittskarte für Bizets »Carmen« erhalten. In die gleiche Lage kam ein frischgebackener Leutnant, der bei dem Anblick des Unteroffiziers zischte: »Jetzt läßt man schon Unteroffiziere in die Loge«. Meine zerschlissene Uniform mit Blutspuren waren dem Heimatkrieger anscheinend ein Ekel. Ich verließ die Loge und warf die Tür hinter mir zu. Mochte er ungestört seine Freude haben.

Kriegsverwendungsfähig

Die Marter der Mediko-mechanischen Kur ging zu Ende. »Der König brauchte Soldaten«. Ich wurde K.V. Der Abschied von den Kameraden im Cannstatter Lazarett fiel schwer. Manchen sah ich zum letzten Mal. Der, mit dem ich oft über die Sinn- und Aussichtslosigkeit des Krieges anhand von Karten und Daten gesprochen hatte, erreichte die Front nicht mehr. Er fiel beim Ausladen nahe der Front durch eine Granate.

Ich selbst kam zunächst zu einem Offizierskurs auf einen Truppenübungsplatz. Die dortige »Ausbildung« war wirklichkeitsfremd wie in Friedenszeiten. Mein körperliches und seelisches Befinden waren ungut. Der Abschied von der Garnison führte mich auch zu meinem Beichtvater. Den Stolz über den langen Säbel des Offiziersaspiranten wurde ich nicht ganz los, aber das letzte Wort des Msgr. S. ärgerte mich sehr: »Sei ein tapferer Vater-

landsverteidiger.« Wer hatte das Vaterland in Not und Tod geführt? Der Soldat, ein Einzelgänger? Oder jene gewissenlose preußische, kleindeutsche Kamarilla in Berlin? Was Tapferkeit im modernen Krieg bedeutet, hatte ich erfahren.
Mit einem Zug wurde ich nach Rußland abkommandiert. Zum Ausfüllen einer Lücke im Regiment.
Beim letzten Appell vor der Abfahrt hatte ich ein seltsames Erlebnis, dessen Bedeutung ich später erfuhr. Als ich meine Mannschaft wegtreten ließ, kamen zwei Mann auf mich zu und baten um eine Unterredung. Einer, offenbar ein Student, redete mich so an: »Herr Feldwebel, ich habe bemerkt, daß Sie an diesem Krieg und dem Kommando nach dem Osten keine Freude haben. Ich auch nicht. Ich bin Österreicher und wurde in Deutschland eingezogen. Ich habe keinen Anteil an diesem Krieg. Meine Mutter hat nur mich. Sie ist Witwe.« Schweigend hörte ich die Worte. Dann kam der andere: »Auch ich bin der einzige Sohn meiner Mutter. Sie ist auch Witwe und hat die ganze Landwirtschaft. Ich mache nicht mehr mit. Verstehen Sie?« Und, wie gut ich verstand! Wodurch hatte ich Gelegenheit gegeben, meine eigenen Gedanken zu lesen? Ich ließ die beiden abtreten, ohne das Gespräch fortzuführen.
Nach einer uns schier endlos dünkenden Fahrt im Güterzug näherte sich das Regiment 125 der Front vor Prasnicz. Dem Stuttgarter Regiment war mein Zug zugeteilt. Unterwegs fütterte man uns mit Kommisbrot und Schmalzfleisch. Tee gab es bei den häufigen Wartestationen genug. Von der Endstation bis zur Front marschierten wir durch Sand und Staub. Unterwegs begegneten wir den Kompanien des Heilbronner Regiments, das wir ablösen sollten. So sah ich meinen Bruder Julius, der eine Kompanie führte. Eine Blitzbegegnung. Bei Rastpausen übte mein Zug das Robben und das Aufschneiden von Drahtverhauen. Einmal fand ein Feldgottesdienst des katholischen und evangelischen Feldgeistlichen statt. Der katholische gab uns die General-Absolution. Für

»Kleinigkeiten« sei jetzt keine Zeit, sagte er denen, die ihr Sündenbekenntnis ablegen wollten. Und wieviel »Kleinigkeiten« bedrückten meine wunde Seele! Der evangelische Geistliche mißfiel mir wegen seines unnatürlichen Pathos, mit dem er das Vaterunser betete. Es gab auch eine evangelische Zentrale für die Frontseelsorge. Sie versandte »Hirtenbriefe« an die Soldaten im Feld. In einem derselben schrieb der »Seelsorger«, wir sollten tapfere Vaterlandsverteidiger sein und daran denken, daß der »bessere Teil des Volkes« in den Schützengräben liege. Eine Gruppe um mich kritisierte die banalen Worte und entschloß sich, dem Heimatkrieger einen Brief zu schicken, der damit endete: »Wir bedauern es sehr, daß Sie nicht zum besseren Teil des Volkes gehören!«

Von einem meiner Schwäger – auch er war ein tapferer Heimatkrieger – erhielt ich auch einen sinnigen Brief, worin er mir mitteilte, daß die Bierbrauerei Tucher, der ich den Kurerfolg mit einem Doppelliter Starkbier mitgeteilt hatte, eine Kiste ihres edlen Bräus geschickt habe. »Wir trinken die Flaschen auf Dein Wohl.« Trotz Durst und etwas Ärger, gönnte ich ihnen den unverdienten Trank.

Wir waren in unsere Stellung eingerückt und begannen sofort mit der Säuberung und den notwendigen Schanzarbeiten. Die Russen lagen ein paar hundert Meter uns gegenüber.

Wie flüchtig unsere Vorgänger gearbeitet hatten, bewies sehr bald eine Kugel, die in einem Mannschaftsunterstand einen Kameraden beim Kartenspiel tötete. Die »Heilbronner« hatten die sogenannte Brustwehr aus leeren Kisten, mit wenig Erde zugedeckt, um schnell fertig zu werden, aufgetürmt. Der unerwartete Todesfall betrübte uns sehr, zeigte er doch, daß der Mensch nirgends sicher ist.

Meinen Unterstand teilte ich mit einem älteren, sogenannten überzähligen Feldwebel. Dieser war daheim Verwalter oder Inspektor in einem Bezirkskrankenhaus. Sehr von sich und seiner »Würde« eingenommen, pflegte er keine Kameradschaft; vielmehr tat er sich ununterbrochen gütlich mit dem Inhalt der vielen Pakete, die ihm seine »Untergebenen« aus dem Krankenhaus sandten. Sein Grundsatz war: »Wer hat, der hat.« Mitteilen war nicht seine Stärke.

Meine Gesundheit machte mir immer mehr Schwierigkeiten. das Fieber wollte nicht abnehmen, und oft hatte ich im rechten Arm und Schulter starke Schmerzen. Vom Feldarzt bekam ich regelmäßig Aspirin, ohne Erfolg. An eine Ablösung ins Lazarett war damals garnicht zu denken. Den Karabiner, den man auch im Stellungskrieg manchmal brauchte, konnte ich kaum richtig anlegen. Das konnte ein kriegswütiger Unteroffizier in der Kompanie besser. An einem sonnigen Tag – Feiertag – war zwischen den Russen und uns eine Art Waffenstillstand. Hüben und drüben lagen die Soldaten in der Sonne, viele ohne Uniform. Sonnenanbeter. Scherzworte flogen von Front zu Front. Auch Schimpfworte, die nicht böse gemeint waren. Ein russischer Unteroffizier gab zu verstehen, daß er die deutsche Sprache beherrschte. Ihn nahm unser schießwütiger Kamerad aufs Korn. Er zielte und traf den Russen. Sofort war die Idylle zu Ende. Alles verschwand in die Gräben, und es dauerte nicht lange, bis uns die russische Artillerie ihre Grüße herübersandte.

Ein Bismarckhering und seine Folgen

Ich litt unter der Hitze und dem Fieber. Der überzählige Herr »Inspektor« labte sich aus einem großen Glas voll marinierter Heringe. Da ich unter unsäglichem Durst litt, überwand ich mich und bat den Krankenhausverwalter, mir doch einen Hering zu geben. Wie ein Schlag traf mich seine Antwort: »Laß Dir doch selber welchen schicken!« Damit verschloß er das Glas. Ich war schwer getroffen und über das christliche Maß hinaus wütend. Wievielen Patienten daheim wurden die Lebensmittel durch den »Verwalter« entzogen, der als Drohne den Krieg überstehen wollte. Hier muß ich vorwegnehmen, daß sich einige Wochen später, als ich in russischer Gefangenschaft war, die Ursache meines Gesundheitszustandes herausstellte: Ein Mitgefangener – Koch und Konditor – untersuchte meinen schmerzenden Rücken und entdeckte eine große Eiterbeule unter der schlecht verheilten Narbe. Mit einem in kochendem Wasser sterilisierten Eßbesteck öffnete er die Beule und zog ein flaches Knochenstück von etwa 12 cm Länge heraus. Das hatten die Chirurgen von 1914/15 übersehen! Vielleicht war es auch die Folge der verrückten Mediko-mechanischen Behandlung.

Die Entscheidung

Ein marinierter Hering. In der Heimat mag sein Wert gering erscheinen. Aber damals an der russischen Front war er für mich das höchste irdische Gut. Ich litt ja unter ständigem Fieber trotz Aspirin und Aspirin. Die höhnische Verweigerung des famosen Krankenhausverwalters aus B. hatte mich völlig niedergeschlagen. Neben dem verfressenen überzähligen Kameraden im gleichen Unterstand zu hausen, war unerträglich. Es gab keine Unterhaltung zwischen uns. Mein körperlicher Zustand verschlimmerte sich durch den seelischen. Von Stunde zu Stunde wurde mir meine eigene »Überzähligkeit« mehr bewußt. Wegen der zerschossenen Schulter wurde mir sogar das Anlegen des Gewehrs unmöglich, jedenfalls mit großen Schmerzen verbunden. Eine militärische Führungsaufgabe lag mir ferne. Wie sollte ich auch? Hielt ich doch den »deutschen« Krieg begründet für ein sinnloses Verbrechen. Das unselige Ende sah ich seit der Lazarettzeit klar voraus. So fühlte ich mich in einem Kerker. Der Alltag des Stel-

lungskrieges ließ auch wenig Zeit zur Besinnung auf das Wichtigste. Mein Beten war schwach oder verzweifelt: »Zeige mir, Gott einen Ausweg!« Oder: »Laß mich nicht verloren gehen!«
Heute bin ich überzeugt, daß auch des Menschen miserabelstes Gebet erhört wird.
Ein Regimentsbefehl traf mich wie ein Blitz. Es sollte eine Patrouille gegen den Feind geschickt werden mit der Aufgabe, einen russischen Soldaten zu fangen und einzubringen. Den Freiwilligen wurden drei Wochen Sonderurlaub versprochen. Im Falle des Erfolges natürlich. In diesem Augenblick standen die zwei Soldaten aus Stuttgart vor meinen Augen, die irgendwie meinen Zustand erkannt haben mußten. Ich hatte sie nicht gemeldet und aus den Augen verloren. Jetzt konnte ich ihnen, den einzigen Söhnen ihrer Mütter helfen. Urlaub oder – Gefangenschaft. In Sekundenschnelle bedachte ich alles: Ich hatte nie einen Fahneneid geschworen. So ließ ich S. und A. zu mir holen. Meinen Wunsch, mich auf der Patrouille zu begleiten, verstanden sie sofort in ihrem Sinn. Der Kompaniechef war sichtlich froh, daß gerade seine Kompanie die Freiwilligen melden konnte. Bei Tageslicht beobachtete ich das Terrain vor uns und vermerkte die geeigneten Punkte zwischen uns und dem rechten Flügel der russischen Stellung. Ein solcher Punkt war ein Baum, der einzige im Gelände. Als es Nacht wurde, krochen wir aus unserem Graben. Das Vorgehen hatte ich mit den zwei Kameraden genau besprochen: »Kriechen, kein Schuß ohne Befehl! Rasten in Mulden. Aufmerksames Lauschen auf menschliche Stimmen.« Stundenlang krochen und robbten wir. Von dem Baum krochen wir in einem großen Bogen in der Richtung auf das vermutliche Ende der vorderen russischen Gräben. So erreichten wir eine tiefe Mulde, in der wir uns zu einer kurzen Schnaufpause niederlegten. Auch meine Begleiter ruhten. Ehe ich einschlief, betete ich wieder: »Herr, wenn ich bei diesem Abenteuer umkomme, laß mich nicht ewig verloren sein.« Sollten aber wir, statt einen Russen zu fangen,

selbst gefangen werden, dann wird die Arbeit mir Buße und die Knechtschaft eine höhere Freiheit bringen als vorher.«
Ein Schuß riß uns aus dem Halbschlaf. Wir standen auf und in der Juninacht sahen wir uns von einer Gruppe russischer Soldaten umringt. Eine Gegenwehr war sinnlos. Wir legten die Waffen nieder und ließen uns in den Schützengraben stoßen. Wir hatten das Kunststück fertig gebracht, kaum mehr als 4 m vom Feind zu schlafen. So sehr hatten wir in der Dunkelheit jede Orientierung verloren. Nun waren wir in Ketten frei. Die Mütter bekamen ihre Söhne und ich erlebte zweieinhalb Jahre Rußland.

Eine andere Luft

Das Niemandsland zwischen den Schützengräben trennt die Heere nicht hüben und drüben, verbindet die Gegner der gleiche, von Regierenden aufgezwungene Haß. Beiden ist dieser Streifen eine lichtscheue Gefahr. Am Tage wagt sich niemand in das Blickfeld des Anderen. Nur die Nacht ist Gelegenheit, sich dem Unbekannten zu nähern, auf Menschenraub bedacht, zu lauschen und die gemeinsame Luft zu atmen. Erst die Schützengräben teilen die Luft über der Erde.
Als ich nach unserem mißlungenen Versuch, einen Russen zu fangen, erwachte, spürte ich das ganz Andere, die Luft Rußlands. Heute weiß ich, was sie so ganz anders machte, ihr Aroma gleichsam färbte und unverwechselbar machte: Die Machorka-Zigarette aus groben Tabakstengeln in Zeitungspapier gewickelt, ein Lederzeug mit anderem Fett gepflegt, der Himbeertee der Mannschaft und – Wodka.
Die fremde Luft weckte mich aus tiefem wohltuendem Schlaf. Das frische Gras war ein angenehmes Bett gewesen. Ganz wach wurde ich aber, als neben uns ein russisches Zottelpferd anhielt, auf dem ein graubärtiger Kosak saß. Er sah aus wie der Kaiser auf

einem steinernen Denkmal. Sein Blick war väterlich. Er berührte mich sanft mit einer Kante und sagte uns: »Steht auf, laßt uns gehen.« Wir standen auf, schüttelten die letzten Traumwolken ab und folgten dem Wink unseres Begleiters. Niemand sprach ein Wort. Die neue Wirklichkeit nahm uns gefangen. Das geschäftige Treiben der Soldaten hinter der Front glich in vielem dem auf der deutschen Seite. Nur waren die Menschenameisen braun und irgendwie lässiger als die feldgrauen. Aufbruchstimmung lag über dem Feld. Ein Frühstück hatten wir nicht bekommen. Hunger und Durst stellten sich ein. In den Dörfern, die wir berührten, erregten wir Aufsehen. »Njemzi, Njemzi, riefen die Frauen. Inzwischen war unsere Zahl gewachsen. Alle trabten wir neben dem gütigen Kosaken. Nach Rußland! Die Leute an der Staße boten uns Brot und Wasser an. Für einen Knopf unserer Uniform gaben sie uns auch besseres Essen.
Wir kamen zu einer Bahnstation. Dort gab man uns ein paar Würfel des Himbeertees, den wir im Kochgeschirr mit heißem Wasser anbrühten, das damals noch umsonst an jedem Bahnhof abgezapft werden konnte. Für die Gefangenen waren einige Waggons reserviert. es hieß Abschied nehmen von unserem väterlichen Bewacher. Die Fahrt ging nach Georgsijewsk, eine Festung vor der polnischen Hauptstadt. Dort war das Nachtlager nicht so weich wie im Freien. Ich wählte nicht den Steinboden, sondern eine Gewehrstütze, wo die Verlausung weniger bedrohlich war als auf dem faulen Stroh am Boden. Neue Bilder zeigte uns die Fahrt ins Innere des Riesenreichs. Die »Reise« war mir wie ein Film im Kino. Dem offenen Auge zeigte sich eine »neue Welt«. Wir waren sozusagen Zuschauer, die manchmal im Theater mitspielen durften. Regie führten andere. Die bizarre Architektur der russischen Kirchen kennzeichnete den Übergang vom polnischen in das russische Land. Zusammen mit der ganz anderen Luft, ließen die Zwiebeltürme schon Indien ahnen. Der von Geographie begeisterte Student wurde von Tag zu Tag mehr gefesselt, ja begeistert.

Es wurde eine lange Reise, auf der ich mit einem Mainzer bekannt wurde. Er hätte wie sein Vater Lehrer werden sollen, hielt es aber auf der Schule nicht aus und wurde ein hervorragender Koch und Konditor. Als ich in der Kaserne von Poltawa an Ruhr erkrankte – wir hatten dort zum ersten Mal Kamelfleisch zum Essen bekommen – sammelte er im Hof wilde Kamille und braute daraus einen bitteren Tee, der mir und vielen anderen Heilung brachte. Das Endziel unserer Reise war Rostow am Don. Dort wurden tausende Gefangene auf einem Messegelände je nach Beruf und Körperstärke an die Grundbesitzer des Gebietes verteilt oder verhöckert.

Der Erntearbeiter

Das improvisierte Lager auf dem Gelände der Landwirtschaftsmesse war damals mit mehr als 10 000 Gefangenen belegt. Ein Teil der Deutschen und Österreicher hatten in den Hallen Platz gefunden; die Mehrzahl kampierte unter freiem Himmel. Die Verpflegung mit Schtschi und Kascha lösten die Russen mit dem einfachen Schüsselsystem: Ein Mann mit Schüssel hatte 9 Kameraden zu betreuen. Den Löffel mußte jeder selbst organisieren. Der Flinkste kam beim Essen aus einer Schüssel am besten davon. Doch sorgten kameradschaftlicher Geist und Streit bald für gerechte Ordnung.
Handwerker und Bauern fanden bald einen »Käufer«. Andere mußten länger warten. Der Besuch eines Universitäts-Professors S. aus Petrograd galt den »Intellektuellen« unter uns. Er »interviewte« uns und verteilte russische Bücher, Grammatiken, Klassiker u. a. Dem Überbringer, der später als Emigrant in Paris verstarb, bin ich noch immer dankbar. Zusammen mit meiner »Regentropfenmethode« lernte ich bald russisch zu lesen und zu verstehen. Was war diese »Regentropfenmethode«? Ich prägte mir

zuerst Hauptwörter ein, wie ich sie an Bahnhöfen und in den Zeitungen fand. Im Besitz der Bücher von Professor S. suchte ich dann weitere Worte und Verbindungen zwischen ihnen, Zeitwörter, Eigenschaftswörter. Anhand von Schauspieltexten fand ich gängige Redensarten. So wurde die »trockene« Fläche immer kleiner. Professor S. vermittelte mir dann meine erste »Stellung« als Erntearbeiter bei einem armenischen Großgrundbesitzer mit russischem Namen P., etwa 100 km südlich von Rostow a. D. Als »ungelernter« Arbeiter wurde mir das Befeuern des Lokomobils mit Stroh angewiesen. Die Arbeit von Sonnenaufgang bis Sonnenuntergang während der Erntezeit war nicht schwer. Wir waren alle eine ziemlich gute Kameradschaft.
Bald aber wurde das Essen immer karger. Der Krieg brachte Rußland viele Entbehrungen. Fleisch sahen wir bald überhaupt nicht mehr. Das Schlafen mit den Mädchen in einem Zelt hatten wir bald abgeschafft, aber das Herausfischen von eingelegten Paradeisern und Gurken aus einem nicht gerade sauberen Faß widerstand auch dem Hungrigen. Als die Unzufriedenheit immer größer wurde, kam eine Streikbewegung zustande. Als Wortführer erklärte ich dem Besitzer, daß wir wieder ins Lager wollten, wenn er nicht für bessere Ernährung sorgen könnte. Er versprach uns daraufhin eine zusätzliche Verpflegung und band als Lockmittel einen fetten Hammel an die Dreschmaschine, der demnächst geschlachtet werden sollte. Am anderen Tag war aber der Hammel verschwunden. Jetzt brach die Streikfront auseinander. Die Mehrzahl fürchtete Repressalien oder hoffte noch auf guten Willen des Armeniers. Ich und weitere acht Kameraden bestanden auf die Fortsetzung des Streiks. Der Besitzer akzeptierte unseren Wunsch nach Rückkehr ins Lager. Er stattete uns sogar mit reichlicher Verpflegung aus und wies uns den Weg zur Station über endlose Stoppelfelder und Brachland an. – Es war kurz nach Mittag. Wir lagerten inmitten des Wildwuchses, teilten die Verpflegung und genehmigten uns eine Machorka. Auf einmal sah ich

einen dunklen Punkt am Horizont, dann mehrere. Kein Zweifel – es waren Reiter. Wir duckten uns in das Unkraut, um nicht gesehen zu werden. Doch, Kosakenaugen sind scharf. Sie ritten direkt auf uns zu. Vielleicht hatten sie den Zigarettenrauch wahrgenommen. Als sie uns erreicht hatten, herrschten sie uns an: »Na Maschinu« (zur Maschine). Wir wußten, was das bedeutete. Barfuß – die Schuhe hatten wir für die Rastzeit ausgezogen – mußten wir vor den Pferden herlaufen.

Bei der Maschine angekommen, stellte uns der Anführer in einer Reihe auf, ließ uns den Oberkörper freimachen. Dann erhielt jeder zwei schwere, schmerzhafte Hiebe mit der Nagaika über den bloßen Rücken. Bei mir stutzte er. Er hatte die ungeheilte Wunde entdeckt. So bekam ich nur einen Schlag. Nach einer Standrede wurden wir wieder dem Besitzer übergeben und jeder bekam seine Arbeit zugewiesen. Unvergessen blieb mir das höhnischen Grinsen der »Kameraden«, die den Streik abgebrochen hatten. Den Posten an der Lokomobile hatte ein Streikbrecher bekommen. Ich selbst wurde zum Hirten degradiert. Ein Dutzend breitstirniger Ochsen mit dem weitausladenden Gehörn wurde mir anvertraut. Ich hatte sie zu einem seichten Fluß zu führen, der die Grenze des Gutes bildete. Jenseits waren endlose Sonnenblumenfelder. Dieses Blütenfeld war für meine Ochsen eine besondere Attraktion. Der Leitochse war kaum am Fluß, als er auch schon zu den Sonnenblumen hinüber watete und die anderen verführte. Da ich Streitigkeiten mit dem geschädigten Nachbarn fürchtete, mußte ich mir eine Methode ausdenken, die dem Ochsen Respekt vor der Grenze einflößte. Ich fand die Lösung: Kaum war der Leitochse ins Wasser gestiegen, trieb ich die Herde wieder zurück, ehe sie ihren Durst gelöscht hatte. Der Widerstand war bald gebrochen. Der »Führer« ohne Gefolgschaft verlor den Geschmack an seiner Rolle und der Durst tat sein übriges. Der Leitochse wurde vom Gefolge »zur Ordnung gerufen« und gezwungen. Der Dressurakt war gelungen, obwohl ich viel riskierte.

Mit dem Ende der Ernte ging auch unser Aufenthalt bei P. zu Ende. Wir erlebten noch einige Tage ohne Arbeit, wunderschöne Abende, die uns zu Kameraden in der Nachbarschaft führten. Singen und tanzen mit Balalaikabegleitung dauerten bis nach Mitternacht. Den Heimweg durch die Stoppelfelder beleuchtete das Feuer brennender Getreidehaufen, die man im damals reichen Rußland ungestraft entzündete.
Kurz vor dem Ende unseres Erntegastspiels wuchs meine Freundschaft mit dem Besitzersohn, einem Studenten. Wir fanden gemeinsame Gesprächsthemen. Oft schwammen wir in einem nahegelegenen See. Dabei beobachtete ich den Begleiter, wie er nie ins Wasser sprang, ohne sich zu bekreuzigen. Das Zeichen erinnerte mich an frühere Zeiten und war mir eine ernste Mahnung.

Atamanskoje Lesnitschestwo

Der Professor aus Petersburg, S., vermittelte uns auch den zweiten Arbeitsplatz in der den Kosaken gehörenden Forstmeisterei. Zu unserer Gruppe gehörte auch der Mainzer Koch, Spaßmacher und »Wunderdoktor«, den wir lange nicht mehr gesehen hatten. Der Wald, der unsere Arbeit verlangte, lag einige Stunden von der Bahnstation Stepnaja, nahe beim Städtchen Alexandrowka. Ich hätte mir nie gedacht, daß dieser Flecken Erde für mein Leben so bedeutend werden sollte wie er es dann geworden ist.
Auf einem Pritschenwagen erreichten wir vor Sonnenuntergang die lange Allee, die zum Wohnhaus unseres neuen Arbeitgebers führte. Der sogenannte Konduktor (Verwalter) wies uns eine kleine strohgedeckte Hütte unweit des Herrenhauses als Aufenthaltsraum an. Das Quartier war eng und muffig. Eng aneinander gedrängt lagerten wir auf dem harten Lehm und wenigem faulen Stroh am Boden. Unsere lebhaften Gespräche entsprachen den

verschiedenartigen Erwartungen von Beschäftigung und Tagesablauf.
Zum Essen brachte uns eine Magd Krautsuppe und Schwarzbrot. Wasser mußte am nahen Ziehbrunnen geholt werden. Ein alter Kosak, väterlich wie jener der ersten Gefangenschaftstage, zählte uns und verschloß die Tür. Bald kam der Schlaf und der Traum. In der engen Niedrigkeit dieser ersten Nacht erschien mir immer wieder das Licht zweier Augen, die ich bei der Ankunft hinter einem spiegelnden Fenster des Herrenhauses erblickt hatte. Sie gehörten einer jungen Frau, die uns Ankömmlinge neugierig beobachtet hatte. Mich hatte es wie ein elektrischer Strahl getroffen. Sogenannte Liebe auf den ersten Blick? Mein Herz war verwundet. Monate vergingen, bis ich »Marusa«, die Tochter des Forstmeisters, von Angesicht zu Angesicht sehen durfte.
Der Morgen war prosaisch. Zuerst entdeckten wir, daß ein Heer von Läusen in unseren Kleidern Quartier bezogen hatte und uns einen aussichtslosen Kampf aufnötigte. Dann kam der Konduktor mit dem alten Kosaken und holte uns zur Arbeit. Wir wurden in zwei Gruppen eingeteilt. Die erste mußte vorangehen und die angezeichneten Bäume fällen. Es waren meist Erlen oder Pappeln, die eine verheerende Raupenplage befallen hatte. Die Tiere hatten sich von den Wipfeln zum Teil bis an die Wurzeln durch das weiche Holz durchgefressen. Ihr Appetit war riesig.
Ich gehörte zur zweiten Gruppe. Sie mußte die Baumleichen aus dem Wald auf eine freie Stelle schleifen und aufschichten. Die Arbeit dauerte von Sonnenaufgang bis zum Sonnenuntergang. Die tägliche Krautsuppe wurde von einer Russin an einer offenen Feuerstelle gekocht.
Dort war es auch, daß der Mainzer ein Eßbesteck in kochendem Wasser sterilisierte und mir aus meiner wieder aufgebrochenen Wunde den letzten Knochensplitter herauszog. Es war ein dünnes Knochenblatt, etwa 6 cm lang und 1 1/2 cm breit. Die junge Röntgenologie im Heimatlazarett hatte ihn nicht festgestellt.

Kurz darauf simulierte unser Mainzer einen Arbeitsunfall. Er hatte einen Baumstamm über sein Bein gelegt und schrie mörderisch. So kam er ins Lazarett und brachte es wenig später zum Chefkoch in einer Konservenfabrik, wo er das Kunststück fertig brachte, aus neun Gänsekeulen zehn zu machen und seinen »Überschuß« in bare Münze zu wechseln. Der Listenreiche kam später wieder nach Atamanskoje – als Herrschaftskoch.
Der Kosakenwald war ganz das Werk unseres Forstmeisters. Er hatte vor 3 1/2 Jahrzehnten die berühmte landwirtschaftliche Akademie in Moskau absolviert und dann sofort geheiratet. Das Gebiet, in dem wir arbeiteten, war damals noch unbewaldet. Die Aufgabe, die dem jungen Absolventen zuteilwurde, war die Anlage eines Waldes zur Verbesserung des Klimas und zur raschen Holzgewinnung. Seine junge Frau begleitete ihn vom ersten Tag an und teilte alle Entbehrungen, wie Wohnen in einer Holzhütte, den primitiven Haushalt etc. Der Wald umfaßte bei unserer Ankunft 15 000 ha. Ein landwirtschaftlicher Betrieb, eine große Hühnerhaltung, der Rosengarten und eine – kümmerliche Spargelzucht – gehörten dazu. Das größte Werk aber war ein See von beträchtlicher Größe. Dieser See war durch Ausgraben des Erdreichs, durch Sammeln des Winterschnees und die Zuführung des kleinen Flüßchens zustande gekommen, das ins Asowsche Meer fließt. An Arbeitskräften hatte es allerdings nie gefehlt, und die Arbeitsbedingungen waren schlecht; ein Grund für die Ausbreitung der revolutionären Bewegung.
Auch uns ging es nicht gut. Ein bis drei Rubel war unser »Monatslohn«. Zunehmend spürten wir die Versorgungsnöte des untergehenden Zarenreiches. Eigentlichen Hunger litten wir aber nie. Uns zu Liebe legte D. sogar einen großen Kartoffelacker an, der die bessere Hirsekost von 1916 an ersetzen half. Dabei spottete er: »Ihr Deutschen wißt nicht, daß Hirse viel nahrhafter und besser ist.«

Der Heilige Abend

Zwei Jahre meines Lebens war Atamanskoje Lesnitschestwo meine »Heimat«. Es war eine Zeit der Läuterung. Ich lernte Schmerz und Leid der Liebe kennen, erlebte Tiefen und Höhen des Seins. Was Liebe – ein so allgemein mißbrauchtes Wort – ist, lehrten mich die Tage, die mir geschenkt waren.

Das Jahr 1915 näherte sich seinem Ende zu. Unser Leben verlief in regelmäßiger Eintönigkeit. Die Kälte aus dem Osten überflutete Steppe und Wald. Die Arbeit wurde härter und die Verpflegung karger. Immer wieder belebte mich die Erinnerung an jene Augen, die mich bei der Ankunft so tief ins Herz getroffen hatten. Ob ich wohl jemals die junge Frau, von der ich nichts kannte als jenen Blick, sehen würde?

Dann kam der Vorabend des Weihnachtsfestes. Es war tiefer Schnee gefallen, und unsere Hände, die das Holz aus dem Forst schleppten, wurden steif und gefühllos. Handschuhe fehlten und die dünn gewordene Kleidung bot wenig Schutz. Wie einsam und vergessen fühlte sich jeder von uns.

Die Sonne sank unter dem Horizont. Vergeblich warteten wir auf den Kosaken oder den Konduktor, der uns zur Baracke holen sollte. 5 km Fußmarsch. Plötzlich hörte ich das Klimpern der Pferdeglöckchen. Der Forstmeister selbst war gekommen, um uns den Feierabend anzusagen. Die Gefangenen stellten sich am Wegrand auf, um den Rückweg anzutreten. Fast erschrocken hörte ich meinen Namen: »Otto Richardowitsch!« Der Forstmeister trat auf mich zu und forderte mich mit einer Handbewegung auf, seinen Wagen zu besteigen. »Steig auf!« war alles, was er sagte. Wie im Traum erlebte ich die schnelle Fahrt zu dem Gebäude, aus dessen Fenster ich ihre Augen erblickt hatte. In der warmen Küche, durch die es in das Wohnzimmer ging, mußte ich mir die Hände und das Gesicht reinigen. Und dann öffnete sich die Tür ins Wohnzimmer, das nur durch die Kerzen eines Weihnachts-

baumes erhellt war. Um den großen Tisch war die ganze Familie Domaschewski versammelt.
Die Mutter, unter deren grauem Haar fröhliche Augen aus einem fast jugendlichen Antlitz strahlten. Der Forstmeister stellte mich den Anwesenden vor. Die Begrüßung war fast herzlich, der Druck der Hände warm und freundlich. Nur ein Gast begegnete mir frostig und abweisend. Es war ein Tscheche, Offizier des österreichischen Heeres. Wo aber blieb wie gebannt mein Blick hängen? Es war sie, die uns damals so forschend beobachtet hatte. Es waren ihre Augen, die mich so schmerzhaft-selig getroffen hatten. Sie trug ein dunkelbraunes Seidenkleid. Wieder begegneten sich unsere Augen. Sehnsucht und Leid zogen uns an. Neben Marusa, so hieß sie, saß ein Knabe, etwa zwölf Jahre alt, das Abbild eines Adonis, mit welligem nußbraunen Haar. Ihr Sohn!
Nach der Begrüßung teilte Marusa an alle Geschenke aus. Ich erhielt Lebkuchen und große Pakete mit Gebäck für die Mitgefangenen.
Domitri Kapitonowitsch Domaschewski, der Hausherr, konnte etwas Deutsch: »Heute ist Weihnacht, Friede sei mit Euch!« – Als ich mich verabschieden wollte, sagte der Forstmeister: »Du nicht gehen, essen!« Ich mußte mich mit an den festlich geschmückten Tisch setzen und war überwältigt von dem Weihnachtsmenü, wie es nur die Herrensitze des damaligen Rußlands kannten. Kein internationaler Fraß wie er heutzutage Mode ist, sondern russische Küche mit marinierten Fischen, Borschtsch, einen riesigen Stör, gegrilltes Jungschwein, gebratene Ente usw. Ich will dem Leser nicht den Mund wäßrig machen, sondern nur helfen, den Zustand zu begreifen, in den ich nach Monaten des Fastens versetzt war. Es gab dann französischen Wein und Kaffee, Wodka nicht zu vergessen.
So kam eine lebhafte Unterhaltung zustande, in deren Verlauf Marusa den Vorschlag machte, mich einen russischen Text aus einem Konversationslexikon lesen zu lassen. Alle stimmten zu.

Marusa schob mir den Band zu und ich las. Alle staunten: »Sehr gut, sehr gut!«, nur der Tscheche brummte: »aber keine slawische Zunge!«
Auf dem unsicheren, nachtdunklen Weg zur Baracke fragte ich mich, ob der Petersburger Professor, Marusa über meine russischen Sprachübungen aufmerksam gemacht hatte? Wer denn sonst? Meine Rückkehr in die verlauste Unterkunft weckte Neugier und Unwillen. Ich spürte auch so etwas wie Neid. Die Geschenke, die ich mitbrachte, lösten aber Zufriedenheit und Begeisterung aus. Ich mußte alles erzählen. Nur von Marusa sagte ich kein Wort. Sie war mein Geheimnis.
Es war ein ernüchternder Unterschied zwischen dem Alltag und dem Heiligen Abend im Kreise der Familie Domaschewski. Der Alltag nach dem Weihnachtsfest 1915 war glanzlos, Arbeit, ohne Aussicht auf das Ende des Völkerkriegs. Man konnte sich zwar eine gebratene Gans leisten, die wir uns aus dem Arbeitslohn erworben hatten; aber sonst? Kein Lied, keine Glocken, keine Mette, kein Gesang. Die erwachte Leidenschaft für Marusa tat weh in all der Hoffnungslosigkeit. Ich fand kein Gebet und keinen Trost.
Der Anfang des Jahres 1916 brachte nacheinander große Veränderungen in meinem Leben. Ich hatte Marusa seit dem Weihnachtsfest kaum noch gesehen und litt sehr unter meiner Sehnsucht nach Ihr; vergaß aber so auch die harte Arbeit und Liebesleid. Ehe der Winter noch seinen Höhepunkt erreicht hatte, wurde der Betreuer der kleinen meteorologischen Station in Atamanskoje lesnitschestwo zum Militärdienst einberufen. Die Wahl eines Nachfolgers fiel auf mich, der ich Geographie und Meteorologie als Wahlfach für die Doktorarbeit gewählt hatte. Der Forstmeister wußte es aus der Unterhaltung am Heiligen Abend. Die Arbeit war nicht schwer: Ablesen der Daten von den verschiedenen Instrumenten, Eintragen der Werte in eine Liste und monatliche Abrechnung für das Statistische Zentralamt in Petersburg.

Diese Tätigkeit führte mich von da an täglich in das Herrenhaus und zu öfteren Begegnungen mit Maria Dmitrijewna, die seit ihrer Ehetrennung Sekretärin ihres Vaters war. Die Begegnungen waren immer freundlich zurückhaltend. Die Barriere des Gewissens war noch nicht durchbrochen.
Mit der neuen Tätigkeit folgten bald Änderungen im Alltag. Ich erhielt eine »Einzelwohnung« im Vorraum des Gewächshauses. Meine Einsamkeit teilte ich mit einem Gewimmel von Mäusen und Grillen. Aus der Herrschaftsküche erhielt ich Milch, Brot und kleine Aufmerksamkeiten. Große Überraschung war es für mich, daß Marusa mir das Maß nehmen ließ und mich eines Tages mit einer Litewka aus feinem braunen Tuch beglückte. Als das Frühjahr kam, wurde ich vom Gärtner in die Kunst der Rosenzucht eingeführt und wurde bald mit dem Okulieren der vielen Rosenbäumchen betraut. Hier wiederholten sich öfters M.'s Besuche, die ich auch zum Vierhändigspielen am Flügel besuchen durfte. Die schöne Einsame war eine hervorragende Pianistin. Sie liebte vor allem Tschajkowski und Skrjabin. Mit den ersten Rosen fand meine stille Leidenschaft ihren Ausdruck in einem täglichen Gedicht, das ich mit einer besonders schönen Blume an M.'s Frühstücksplatz legte.
Mit der Zeit wurde mein Anschluß an die Familie immer fester. Dimitri Kapitonowitsch lud mich auch ein, wenn er Gäste hatte und setzte mich ostentativ an seine linke Seite. Das war eine absichtliche Geste gegen jenen Gutsnachbarn, der nicht zugelassen hatte, daß ich bei einem unverhofften Besuch (nach einem Unfall auf der vom Schnee verwehten Straße), am Essen in der guten Stube teilnahm. Ich mußte damals mit dem Gesinde in der Küche speisen.
Er war vorurteilsfrei und sprach gerne meine Sprache. Seine ausgezeichneten Kenntnisse der deutschen Literatur setzten mich in Erstaunen. Schillers Glocke konnte er auswendig hersagen. Auch viele Monologe aus unseren Klassikern.

M. sprach wenig; sie beobachtete uns aber aufmerksam. Eines Tages bat sie mich, ihrem Sohn Unterricht in Französisch und Deutsch zu geben. Der Adonis war ein braver Schüler, aber sehr lebhaft und manchmal zornig, besonders wenn M. und ich uns zu nahe kamen. Einmal rief er: Nje obischaj moju mamu!« (»Beleidige meine Mutter nicht!). Das war, als unsere Hände sich berührten. In solchen Augenblicken glühte das Gesicht meines Schülers vor wilder Eifersucht.

Die Sonnenterrasse, auf der wir damals zu zweit oder zu dritt beisammen saßen, gab mir Gelegenheit, Maria zu »studieren« und ihr Eheschicksal zu erfahren!

Während der Unruhe der Vorrevolution 1905 hatte die Forstmeisterei, wie viele Großgrundbesitzer, sehr unter den brutalen Ausschreitungen der unfreien Landbevölkerung zu leiden. Nach Atamanskoje wurde eine Hundertschaft Kosaken verlegt. Ihr Anführer Uschakow verliebte sich »auf den ersten Blick« in Marusa. Als die beiden von einem tollen Ausritt zurückkamen, hob der Offizier M. vom Pferd, trug sie zu den Eltern mit den Worten: »Sie wird meine Frau, gebt uns Euren Segen.« Die Eltern gaben ihren Segen und nach der Hochzeit siedelte das junge Paar in den Standort des Uschakow nach »Nowotscherkask« über, wo auch Walodja, mein Schüler, zur Welt kam. In der Kosakenhauptstadt war das Institut, in dem Marusa ihre hervorragende Allgemeinbildung erhalten hatte.

Es war ein kurzes Eheglück. U. war ein Spieler und veruntreute als Rechnungsführer des Offizierskasinos eine große Summe Geld. Er verschwand und ließ lange nichts von sich hören. M. war wieder bei den Eltern allein. Unvermutet trat eines Tages der Verschollene in M.'s Zimmer. Er war sehr herabgekommen und betrunken, fuchtelte mit einer Pistole herum und schrie: »Da bin ich, leg Dich nieder, Du Hure!« Hier zeigte M. ihre ganze Haltung. Sie entwand ihrem verlorenen Gatten die Pistole aus der Hand, zielte und befahl: »Hinaus mit dir, du Lump und laß dich nie wieder sehen!« Jetzt verschwand U. tatsächlich für immer. So hat es mir M. erzählt.

»Liebe« liebt Dunkelheit

1916 war ein Traumjahr. Im Hause des Forstmeisters fühlte ich mich immer als Familienmitglied, das aus- und einging. Das häufige Zusammensein mit Marusa, ein Vertrauensverhältnis, wiegte mich in eine Art seligen Schlafes. Wir begegneten uns mit Achtung und Distanz. Aber unter der Asche des Alltags brodelte das Feuer geheimer Leidenschaft.
Die Tätigkeit als »Meteorologe«, den die Bauern oft um Rat fragten, war durch die Uhr bestimmt. Dazu war ich Walodjas Heimlehrer, Rosengärtner und – Poet. Ich nützte jede Gelegenheit, M. meine gleichbleibende Zuneigung zu beweisen, für beide war die Aussprache Befreiung und Glück. Doch die »ganze Wahrheit« wagten wir uns nicht zu sagen. Ich träumte von ewiger Bindung. Nützlicher Zeitvertreib und Liebesdienst wurde auch meine Liebhaberei für das Holzschnitzen. Einer der Mitgefangenen war Tischler. Er fertigte für mich ein Tischchen, das ich mit Schnittmustern verschönte und M. zum Geschenk machte.
An einem schwülen Sommertag wurde ich eingeladen, am Krebsfang an der Jeika, dem kleinen Flüßchen, teilzunehmen. Die ganze Familie ging bei Einbruch der Dämmerung auf den Steg über dem Wasser. Dort wurden die Reusen mit Fischfleisch beladen und mit brennenden Kerzen besteckt. Kaum hatten wir die Reusen auf den Wasserspiegel gesenkt, als auch schon eine Unmenge von Krebsen in die Falle ging. Die Last wurde wieder hochgezogen und die zappelnden Scherentiere in die Eimer geschoben. Ich hatte meinen Platz wie gewöhnlich an M.'s Seite. Die ganze Atmosphäre war elektrisch geladen. Wolkenbänke wurden von fernen Blitzen durchzuckt. Gespenstige Gebilde wie

Drachen und andere Ungeheuer erschienen in kurzen Abständen am Himmel. Je dunkler die Nacht wurde, umso mehr berührten sich unsere Körper. Wir waren uns sehr nahe. Händedruck und leidenschaftliches Stoßen ersetzten die Worte. Wieder brach die Wunde unseres Ichs auf. Es erschütterte uns die alles vergessende Gier. Dann kam das Zeichen zum Aufbruch.
Am nächsten Tag kochte der seit einigen Wochen »reumütig« zurückgekehrte Mainzer Koch unter Anleitung von M. und ihrer Mutter eine köstliche russische Krebssuppe – ich habe ihren Namen vergessen –, die im frohen Kreis der Familie verzehrt wurde (im Restaurant kostete damals ein Teller 10 Rubel).

Ein Buch änderte alles

Die schwülen Spätsommertage dauerten an. Mit dem nächtlichen Ausflug zu den Krebsen sahen wir uns mit anderen Augen. Unsere Blicke trafen sich hart und fordernd. Ohne daß viele Worte gewechselt wurden, spürten wir, daß eine Entscheidung kommen müsse. M. bahnte sie an. Bei einem abendlichen Abschied gab sie mir ein Buch mit: »Lesen Sie das! Auf Wiedersehn.«
Es war das Buch eines französischen »Philosophen« über das Verhältnis der Geschlechter. Ich las es beim Kerzenlicht im Gewächshaus. Die Gedanken des Atheisten versetzten mich in wachsende Spannung. Es war, als spräche eine fremde Maria zu mir. Ich fühlte mich auf der Anklagebank und mußte aus ihrem Munde Vorwürfe hören, die mein bisheriges Leben zur Torheit und mein Verhalten zu M. zum Verbrechen stempelten. Mir war, als schleudere mir M. Vorwürfe ins Gesicht. »Wir vergeudeten viel Zeit und Du – ich – stiehlst mir und Dir das Glück.« So meinte der französische Autor: Wenn Mann und Frau sich heiß begehren, muß der Mann initiativ werden und die Frau nehmen, die es (nicht ihn!?) erwartet.

Am darauffolgenden Tag brachte ich Marusa ihr Buch zurück. Ich gab mir Mühe, gleichgültig zu erscheinen. Sie schaute mich forschend an. Ihr Gesicht, ihre Sprache waren eine ganz neue Frau. »Was sagen Sie zu dem Buch?« war ihre Frage. Ich zögerte mit der Antwort. »Vielleicht hat L. in einigen Punkten recht.« Dann wandte ich mich kurz zur Tür. Welche Veränderung! Es war, als ob die Idylle jäh verschwunden. Maria hatte ihren Zustand enthüllt. Hatte sie sich nicht ganz mir angeboten! In uns beiden loderte das Feuer der Sinne. Das war nicht mehr die erste große Liebe. Nur mehr Leidenschaft, die über alle Bedenken weg die große Lust verlangte. Ich wollte mir weder eine Enttäuschung noch eine fast brutale Ernüchterung eingestehen. Weder Gewissen noch Zukunftsgedanken ließ ich aufkommen. Ich will sie – oder es?

Bis zum Abend sahen wir uns nicht mehr. Aber wir sprachen die gleiche Sprache des Fleisches. Ich wußte, ohne daß irgendwie darüber ein Wort gefallen wäre, daß wir in dieser Nacht uns fänden. Auch der Ort war mir bewußt, als ob ich von ihr gelenkt würde.

Nahe der Allee war die Bank. Dorthin lenkten wir unsere Schritte. M. wanderte in der Dunkelheit ein paar Male auf und ab. Dann bog sie entschlossen zu der Bank ab. Und ich kam zu ihr. Wortlos umarmten wir uns. Lippen öffneten sich, sogen sich ineinander, die Körper wurden eins. Wir (?) waren am »Ziel«. Da sah ich die dunkle Nacht, das Nichts.

Der Abschied war kurz, scheu, verlegen. M. lief in das Dunkel der Allee zum Haus. Ich war wieder ganz allein. Das berauschende Hochgefühl des Sieges über alle Bedenken war einem der Schuld, des Unrechts gewichen. Langsam tastete ich mich in meine verlassene Schlafkammer im Gewächshaus, wo Mäuse und Grillen die einzigen lebenden Wesen waren. Ein Wirrwarr von Gedanken und Bildern quälte mein Gehirn. Das erreichte Ziel monatelangen Verlangens gab mir keine Freude. Sicher hatte M. ähnliche

Gefühle. Wir erkannten unseren Nachteil, den brutalen Egoismus des Triebes.
Unser Leben war ein anderes geworden. Die Zeit des Idylls war zu Ende. Was lange zarte Liebe schien, sah ich in dieser Nacht als gefährliches Spiel mit dem Feuer. Beide hatten wir den lockenden Abgrund nicht sehen wollen. Wieder und wieder erlebte ich die furchtbare Enttäuschung nach begangener Sünde. Wer war schuldiger? Sie oder ich? Sie, die mir das Buch des französischen Atheisten gegeben hatte? Ich, der ich von Gott so viel Erkenntnis und Gnade empfangen hatte? Das Buch belastete nicht die »liberal« Erzogene. Mich belastete mein Ja zur Verführung.
Dann kam die Erinnerung an Dantes furchtbares Urteil über Francesca und Paolo, denen gemeinsame Lektüre die letzte Barriere sprengte. Angstträume folgten mir in den Schlaf. Das Gewissen sprach wieder zu mir. Ich hatte gefehlt, sie hatte gefehlt. Ich war der Schuldigere. Der Gefangene und die Tochter des Herrn. Aussichtslos. Es mußte etwas geschehen.
Zunächst geschah etwas Unerwartetes. M. war verschwunden. Ihre Mutter, in Trauer noch freundlich lächelnd und tröstend, sagte mir, M. habe früh morgens anspannen lassen und sei zur Station gefahren. Sie wollte nach Rostow. Was sie dort wohl wollte? In ein Krankenhaus? Zu ihren Studienkameradinnen? Suchte sie ihren Mann? Wieder befiel mich die Eifersucht des Rechtlosen. – Meine tägliche Arbeit tat ich lustlos.
Der Unterricht an M.'s Adonis Walodja machte mir keine Freude. Früher hatte ich alles aus Liebe zu ihr freudig getan. Jetzt wurde es Last. Das Klavierspielen hörte ganz auf. Langweilig wurde mir die Gartenarbeit und die Betreuung der Wetterstation. Dafür wuchs mein Interesse am Weltgeschehen. Der Kriegsschauplatz, das Donnergrollen der Revolution. Erstmals auch der Gedanke an Flucht. In dieser Zeit des völligen Alleinseins, einer tiefen Niedergeschlagenheit, überfiel mich das Verlangen nach der geliebten Frau immer aufs Neue. Ich konnte den Tag ihrer Rückkehr

kaum erwarten. Oft ging ich hinaus bis ans Ende der Allee, wo die Straße zur Station abbog. Dort stand eine andere Bank, auf der ich mehrmals mit M.'s Mutter gesessen habe. Walodja war immer dabei. Er war wie toll vor Freude, daß er zum Geburtstag ein Luftgewehr bekommen hatte. Seine Lustigkeit steckte auch uns an. Unvergeßlich sein Jubel, als er einen Vogel getroffen hatte. Er mußte Ähnliches empfunden haben wie ich, als ihre Augen mein Herz trafen.

M.'s Mutter liebte den Platz über alles. Einmal sagte sie: »Hier möchte ich begraben sein. Im Wald von Atamanskoje.« Nur zu bald ging ihr Wunsch in Erfüllung. Allein an dieser Stelle legte ich oft das Ohr an den Boden, um das Nahen der Kutsche aus Stepnaja zu hören.

Eines Tages wurde es wahr. M. kam zurück. Ich durfte ihr bald darauf begegnen und ihr über Walodjas Fortschritte berichten. Vor mir stand eine andere Frau. Schön wie immer, doch ernst und traurig. Von ihrem Aufenthalt in Rostow oder Nowotscherkask erfuhr ich nichts. Wenige Tage später kam es zu der entscheidenden Unterredung: »Meine Schwester Sofia (eine feurige Panslawistin) hatte recht, mich zu warnen. Ich weiß, daß Sie mich fürs ganze Leben haben wollten und ein treuer Ehegatte geblieben wären. Aber es geht doch nicht. Ich bin acht Jahre älter wie Sie. Ich bin noch verheiratet und die Ehe kann nach unserem Recht nicht geschieden werden. Jetzt muß unser Verhältnis ein anderes werden. Wir müssen gute Freunde werden und bleiben. Wir kamen uns so nahe, weil wir beide tief einsam waren. Ich war einsam ohne meinen Mann, der mich nach kurzem Rausch betrog und so tief sank, daß ich ihm die Türe wies. Sie waren einsam als Gefangener im fremden Land, der nur mich als Ideal sah. Wir müssen vergessen, was geschehen ist. Sie werden wieder frei werden und andere Frauen kennen und lieben lernen, wenn Sie erst wieder zu Hause sind.«

So etwa sprach sie und ich wußte jetzt, was ich begraben mußte.

In meiner Traurigkeit fand ich aber eine große Hochachtung vor einer Frau, die es selten gab.
Einsam aber wollte ich nicht mehr sein. Die Weltereignisse sorgten damals für Spannung und Aufregung. Die Zwischenerfolge der russischen Armeen brachten viele neue Gefangene ins Land. Die Widersetzlichkeit der Bauern wurde deutlich spürbar.
Die damaligen Weltereignisse halfen mir sehr mit dem schmerzlichen Verzicht auf Marusa fertig zu werden. Sie drängten auch meine Leidenschaft in den Hintergrund. Mit einer Gruppe von Mitgefangenen wurden täglich Fluchtpläne besprochen. Der Vorschlag, über das Schwarze Meer in die Türkei zu kommen, wurde bald verworfen. Es wurde klar, daß erst von Rostow aus ein Erfolg möglich sei. Wie aber konnte man über die scharf bewachte Donbrücke in die Großstadt kommen? Unsere Gespräche, die sich immer wieder an den neuesten Zeitungsnachrichten orientierten, dauerten bis zu dem Tag, an dem die Abdankung Nikolaus II. bekannt wurde. Der Forstmeister lud mich in sein Haus. Er war außer sich vor Freude. Für ihn war die »Machtübernahme« durch eine demokratische Regierung, in der seine Partei die Hauptrolle spielte, das lang ersehnte Ziel. Wie seine Gesinnungsfreunde verkannte er die tiefe Kluft zwischem dem Parlament (Duma) und den breiten Massen des kriegsmüden russischen Volkes.
Dimitri Kapitonowitsch sollte bald seinen Irrtum einsehen. In seiner überschäumenden Freude kam in ihm ein der »Intelligenz« eigener Nationalismus zum Durchbruch. Vom Krimwein beflügelt rief er immer wieder: »Auf nach Berlin! Jetzt geht es wieder vorwärts!« Wenige Tage später wandelte sich die Szene in der Kosakenwelt. Aus Alexandrowka kam eine »Delegation« von Revolutionären zu uns. Sie suchte den Forstmeister. D.K. hielt sich gerade in den weiten Feldern des Staatsgutes auf, wo Land an Bauern verteilt werden sollte. Die Delegation suchte ihn und führte ihn als Gefangenen nach Alexandrowka. Unter der eigenmächtigen »Delegation« erkannte ich auch Mitglieder jener kom-

munistischen Zelle in dem Städtchen. Sie nannten sich Ortssowjet und trafen sich öfters in der rußigen Werkstatt eines kleinen Maschinenbaubetriebs. Der Vorstoß galt zuerst den »Großen«. Nach der Entführung ihres Vaters besprach ich mich mit Marusa und ihrer Mutter wegen der Befreiung. Mit einigen Kameraden eilte ich noch in der Nacht zu dem Gefängnis, nahm Kontakt mit dem Forstmeister durch das Gitterfenster des Gefängnisses auf und konnte nach langem Palaver mit dem Bewacher die Freilassung erreichen.
Ins Forsthaus zurückgekehrt, bereitete die Familie Domaschewski ihre sofortige Abreise nach Rostow vor. Dimitri Kapitonowitsch war seelisch schwer verwundet. Das Antlitz der eigentlichen Revolution hatte ihn tief enttäuscht und erbittert. »Jetzt sollen die Türken kommen und Rußland strafen!« war eine seiner zornigen Verwünschungen. Marusa riet mir mit der Familie nach Rostow und so unangefochten über den Don zu kommen. Der Vorschlag kam mir wie gerufen.
In rasender Fahrt erreichten wir die Bahnstation Stepnja. Der befreundete Stationsvorsteher öffnete uns ein Nebenzimmer, wo wir bei Wodka, Gesang und erregten Gesprächen das Eintreffen des Schnellzuges aus Tiflis abwarteten. Als der Zug eintraf, war er schon übervoll mit Frontheimkehrern und lärmenden »Revoluzzern.« Wir fanden aber doch einen Platz und kamen ohne Kontrolle in die Hauptstadt des Dongebietes.

Erster Fluchtversuch

Die Familie Domaschewski hatte sich in einem Villenvorort ein kleines Anwesen gemietet. Vom Bahnhof begleitete ich sie in die neue Wohnung. Unter der grünumlaubten Pergola saßen wir noch eine kurze Stunde. Die Stimmung war trübe. Das Gespräch drehte sich um die völlig neue Lage. In einem Arbeiterviertel herrschte Streik und Rebellion. Man hörte vereinzelt Schüsse. Nun mußte ich hinaus in die Ungewißheit. In ein Gefangenenlager durfte ich nicht mehr. Ich mußte in der großen Stadt untertauchen. In einer Brotfabrik gaben mir Kameraden Unterschlupf. Wegen der Schicht war immer ein »Bett« frei. Tagsüber machte ich Schwarzarbeit. Ich wurde Totengräber, Gärtnergehilfe, Tagelöhner bald hier bald dort. Dann machte ich Bekanntschaft mit einer deutsch-russischen Familie. Ihre Hilfe war unbezahlbar. Sie gaben mir Geld, damit ich mich auf dem Trödelmarkt russisch einkleiden konnte. Im ungewohnten Zivil suchte ich noch einmal Marusa auf. Sie gab mir einen von ihrem Vater ausgestellten Passierschein, der es mir erlaubte, mit dem Schiff über das Asowsche Meer auf das Westufer zu gelangen. Als Begleiter hatte ich einen Südtiroler Gefangenen gewählt, auf den Verlaß war. Als die Schiffsglocke zum dritten Mal angeschlagen wurde und die Bootsleute schon die Brücke zum Kai einziehen wollten, bot sich mir eine seltsame Erscheinung. Ein junges Mädchen kam im letzten Augenblick angesprungen. Eine zarte Figur. Ihr Antlitz war totenbleich. Während ihres verzweifelten Sprungs von der Mauer zu den rettenden Planken, sah ich wie sich ihre Gestalt zu verdoppeln schien. Über ihr flog ihr schattenhaftes Ebenbild. Es war als löse sich ihre Seele vom Körper. Mein Begleiter und ich waren in äußerster Spannung. Würden wir am Westufer passieren dürfen? Kurz vor Mariupol rief ein Matrose: »Mann über Bord!« Alles drängte auf die Seite wo ein Menschenbündel in den Wellen trieb. Das Schiff stoppte. Ein Boot wurde abgelassen und kurz darauf zogen die Matrosen den Selbstmörder aus dem Wasser. Es war die seltsame Unbekannte, eingeschlagen in das triefnasse blaue Kleid.

Die große Aufregung an Bord hatte zur Folge, daß beim Aussteigen sich alles auf die Unbekannte konzentrierte und jede Kontrolle der aussteigenden Passagiere unterblieb. Wir hatten keine Zeit, nachzusehen, ob die Unglückliche lebte oder tot war.

Wir gingen so schnell wie möglich in die Stadt, um noch vor Einbruch der Dunkelheit ins freie Land zu kommen. Ein böser Schock traf mich am westlichen Stadtrand. Dort stand eine kleine Tabakfabrik. Aus den Fenstern schauten die Arbeiterinnen auf uns herab und riefen laut – nicht einmal unfreundlich – »Austriz, Austriz« (Österreicher). Stimmte etwas an unserem Anzug nicht? Es wurde hin und hergewunken. Dann eilten wir weiter. Die Sonne stand schon tief.

Schon an diesem ersten Tag unseres Fluchtversuches entdeckten wir einen unbeachteten Fehler in unserer Strategie. Wir hatten uns zwar auf eine »Generallinie« geeinigt. Bei Tag wollten wir in den Maisfeldern verborgen schlafen und nur bei Nacht die Straßen nach Westen benützen.

Jetzt aber war es später Nachmittag. Wir fragten uns: »Sollen wir gleich in einem nahen Maisfeld unterkriechen oder noch weitergehen? Meinem Vorschlag, sofort unterzutauchen, trat mein Südtiroler Begleiter entgegen, daß man uns noch von den letzten Häusern der Stadt aus beobachten könnte. Er hielt es für besser, das vor uns liegende Tal zu überschreiten. In dem breiten Tal floß ein kleiner Fluß dem Meer zu. Die Luft war klar und lind. Die Straße schien menschenleer, und die kleine Brücke über das glitzernde Wasser unbewacht. Am jenseitigen Horizont dunkelten große Maisfelder. Diese wollten wir noch als Nachtquartier erreichen. So gab ich dem Kameraden nach. Nur diesesmal sagte ich zu ihm. Diesmal trägst du die Verantwortung.

Die Brücke überschritten wir unbehindert und der Anstieg begann. Eine unbestimmte Angst meldete sich mir. Meine Brille erlaubte es mir, Bildfetzen von hinten aufzufangen.

Ich sah, wie ein russischer Soldat auf unsere Straße trat und das Gewehr in Anschlag brachte. »Stoj« rief er uns zu (Stehenbleiben!). Dem Südtiroler brummte ich zu: »Jetzt haben wir den Salat, wir müssen uns umdrehen.« Widerwillig und gemächlich schritten wir auf den Wachposten zu.

Das Verhör war kurz und bündig: »Wer? Wohin? Papiere?« Ich gab ebenso meine Antwort: »Wir sind Kriegsgefangene. Wollten Kameraden in Berdjansk (der nächsten Stadt) aufsuchen und dann zu unserem Arbeitsplatz zurückkehren. Der Chef habe es erlaubt.« Damit gab sich der Russe nicht zufrieden. Er forderte uns auf, mit ihm nach Mariupol zurückzugehen. Dort mußten wir bis zum Verhör durch den Ortskommandanten in das Ortsgefängnis. So verlief unsere erste Nacht auf der Pritsche. Wir machten uns vor dem Einschlafen noch gegenseitige Vorwürfe. Unsere Strategie hatte u. a. ganz vergessen, wie das »Ernährungsproblem« gelöst werden sollte.

Als erster der Arrestanten in der Sammelzelle wurde ich am Morgen dem Militärkommandanten vorgeführt. Mit meinem Südtiroler Fluchtkameraden hatten wir uns darauf abgesprochen, daß wir uns erst auf der Straße von Mariupol nach Berdjansk kennengelernt hätten. Beim Eintreten in das Büro machte ich mir zuerst ein Bild des jungen Offiziers. Er begrüßte mich fast freundlich und ließ mich ihm gegenüber an dem Tisch Platz nehmen, auf dem die wenigen Dinge ausgebreitet lagen, die man mir abgenommen hatte. Nach den üblichen Fragen hielt er mir eine Skizze des Donaudeltas vor, das mein Ziel war. »Sie wollten also fliehen?« war seine Frage. Ich verneinte es und sagte, daß die Skizze in unserer Unterkunft (Atamanskoje Lesnitschestwo) entstanden sei. Anhand der Zeitungsnachrichten hätte ich den Kameraden immer die Lage an der Front erklärt. Zur Flucht sei kein Anlaß gewesen. Der Forstmeister sei immer ein vorbildlicher Arbeitgeber gewesen. Wir hätten es gut gehabt. Einen Urlaub zum Zahnarzt in Rostow hätte ich wegen des verlängerten Aufenthaltes von Dimitrij Kapitonowitsch in der Hauptstadt dazu benützen wollen, Kameraden zu besuchen, die in Berdjansk waren.

Der Offizier lächelte und sagte nur: »Ich verstehe«. Meine Kenntnisse der russischen Sprache machten eine Unterhaltung möglich, in deren Verlauf ich das etwas plumpe Kompliment machte,

er beurteile die Lage wie Napoleon und es sei merkwürdig, daß man ihn auf diesen Posten versetzt hatte. Sein Gesichtsausdruck verriet, daß wir uns verstanden hatten.
»Sie können wieder zurück nach Rostow!« Meine Antwort: »Ich werde den weiten Fußmarsch nicht machen, da jederzeit die Möglichkeit bestände, wieder festgenommen zu werden.«
»Ich werde Ihnen einen Ausweis geben, der Sie überall passieren läßt.«
Trotz der gescheiterten Flucht war ich sehr froh und das Gefühl der Freiheit noch stärker, als er mir aus einer Kasse das Fahrgeld nach Rostow gab und eine Wegzehrung dazu.
Schon in der Nacht brachte mich der Schnellzug zurück nach Rostow.
Wohin in der Großstadt? In den hell erleuchteten Straßen unter dem Gewimmel von Menschen hatte ich nichts zu befürchten. Ich besaß ja auch den Passierschein des »napoleonischen« Militärkommandanten von Mariupol. Aber wo schlafen? Zu Marusa und ihren Eltern wollte ich nicht. Ich kannte nicht einmal ihre Adresse. Es blieb nur der Stadtgarten, den ich von Arbeiten und früherem Unterschlupf her kannte. Dorthin ging ich, in den Untergrund. Es waren immer einige »Schwarzarbeiter« dort. In dem Giebelraum eines Gerätehauses wurde das Heu gelagert, das immer den »freien« Kriegsgefangenen als Nachtlager diente.
Ausgerechnet in dieser ersten Nacht, da ich so dringend des Schlafes bedurfte, fand aber eine Razzia der Polizei statt. Ein Polizist kletterte auf der Leiter in unser »Schlafzimmer« und nahm zwei Kameraden mit, die nahe an der Bodenkante schliefen. Ich hatte die Streife noch gehört und mich an der Hinterwand des Heubodens mit Heu zugedeckt. So blieb ich ungeschoren. Sobald die Razzia vorüber war, kletterte ich hinunter, rannte zum Zaun des Stadtgartens und tauchte im Gewühl der Hauptstraße unter.
Die Hauptstraße war hell erleuchtet. Pferdekutschen und wenig Autos, viele Fußgänger. Ich stand ratlos, bis ich im Gewühl unter-

tauchte und meine Lage überdachte. Ich kam zu dem Entschluß, auf gut Glück wieder zum oberen Ende der Hauptstraße in die Brotfabrik J. zu gehen, in der Hoffnung, eine durch die Schichtarbeit freie Liegestatt zu finden. Die aufgeweckten Schläfer in der Gefangenenunterkunft gaben ihrem Ärger über die Störung lebhaften Ausdruck, schliefen aber bald wieder ein, als ich mich auf einer freien Pritsche niedergelegt hatte und sofort einschlief.
Am nächsten Morgen ging ich auf Suche nach Gelegenheitsarbeiten. Ich brauchte unbedingt ein paar Kopeken, um meinen Hunger zu stillen. Einen Laib Brot gaben mir die Kameraden, aber es war das einzige. Wieder arbeitete ich auf dem Friedhof und wo sich sonst Gelegenheit gab, etwas Geld zu verdienen. Viele Betriebe waren froh, eine so billige Arbeitskraft zu finden. Natürlich zahlten sie nicht nach Tarif, sondern gaben ein Almosen. Inzwischen wurde das Leben in Rostow hektischer. Die Vorstadt Nachitschewan war im Besitz der kommunistischen Arbeiter. Man hörte immer wieder Gewehrsalven, sah aber weder Polizei noch Soldaten mit Waffen.
Mein seelischer Zustand wurde immer schlechter. Ich hatte das Beten aufgegeben. Die Leidenschaft nach Marusa brach wieder hervor. Es war aber nichts anderes mehr als eine hemmungslose Gier. In diesem Zustand ging ich in eine Sauna und ließ mir eine Prostituierte kommen, was in vielen Badeanstalten üblich war. Der kurze Genuß brachte aber keine Erleichterung. Ich war wieder todunglücklich. In diesem unerträglichen Zustand ergriff mich – unverdientermaßen – Gottes unbeschreibliche Gnade. Ich suchte nach einem Priester, um meine Schuld loszuwerden und einen neuen Anfang zu machen.

Der zweite Fluchtversuch

Der Priester an der katholischen Pfarrkirche, ein Pole, hörte mein Bekenntnis, sprach mich los und gab mir gute Ratschläge. Danach entschloß ich mich, wieder die gute schwäbische Familie aufzusuchen, die mir zur ersten Flucht verholfen hatte. Ich wurde freundlich aufgenommen und zwei Wochen beherbergt. Während dieser Zeit wurden die neuen Fluchtpläne besprochen und anständige Zivilkleidung besorgt. Es fand sich auch wieder ein Begleiter, der gut russisch sprach. Es war ein Jude aus Galizien, Kriegsgefangener wie ich. Einmal nahm mich der schwäbische Fabrikant zu einem Picknicktreffen der schwäbischen Kolonie in der Nähe von Rostow mit. Hunger hatte ich lange nicht mehr. Die Vorbereitungen zur Flucht liefen auf Hochtouren. Mein Landsmann besorgte uns Fahrkarten nach Odessa, von wo wir durch Bessarabien der wieder einmal im Vormarsch befindlichen deutschen Heeresgruppe entgegen gehen wollten. Nach dem Abschied von den guten Menschen hatten wir im Schnellzug eine ungestörte Ruhefahrt. Wir waren also wieder in einer Großstadt. Es wurde Abend bis wir eine »Hotelspelunke« fanden. Sonst waren alle Unterkünfte überbelegt. Es wurde eine ekelhafte Nacht; mein »Hotel«-bett war eine Massenversammlung von blutgierigen Läusen. Sie zu vertilgen war ganz aussichtslos.

Diesmal suchte ich nicht nach Gelegenheitsarbeit. Wir gingen durch die von der näherkommenden deutschen Offensive verunsicherten Großstadt direkt in das katholische Pfarrhaus. Der Dekan, ein Deutscher aus Bessarabien, nahm uns freundlich auf, examinierte uns gründlich und billigte unseren Plan, ein paar Stationen nach Nordwesten an den Grenzfluß zu fahren und dort mit der Fähre überzusetzen und in das nahegelegene deutsche Dorf zu gehen. Um das Maß seiner Güte vollzumachen, gab der gute Pfarrer (Dekan Keller) uns den Rat, Soutanen überzuziehen, damit wir unbehelligt zum Bahnhof gelangen. Er schenkte uns die Soutanen, gab uns etwas Reisegeld und steckte die Fahrkarten in eines der kleinen Seitentäschchen der Priesterkleidung. Nach herzlichem Abschied machten wir uns auf den Weg, aber unbehelligt blieben wir nicht. Viele Passanten ergriffen unsere Hände, küßten sie und sagten auf polnisch, deutsch oder ukrainisch: »Gelobt sei Jesus Christus!«

Am Bahnhof aber geschah etwas Unerwartetes. Die Fahrkarten waren verschwunden. Aufgeregt suchten wir sie und fanden sie nicht. Jetzt mußten wir wieder zurück in das Pfarrhaus. Die Unruhe in der Großstadt war gewachsen. Manche behaupteten, sie hätten schon den fernen Kanonendonner vernommen. Für uns eine Hoffnung. Der gute Pfarrer war sehr besorgt, als wir ihm den Verlust der Fahrkarten mitteilten. Er ließ uns neue besorgen und wir gingen in Zivil zur Station. Wegen der allgemeinen Aufregung kamen wir gut durch die Sperre zu dem Bummelzug, der uns an den »strategischen« Ausgangspunkt unseres Fußmarsches beförderte. Das Dorf, noch auf dem linken Dnjestrufer war eine deutschsprachige Siedlung. Schon im ersten Haus wurde unsere Bitte um ein Nachtquartier zwar etwas mißtrauisch, aber freundlich aufgenommen. In die hochaufgetürmten Federbetten durften wir aber nicht steigen. »Wegen der Läuse« mußten wir auf Fellen am Boden liegen. der Schlaf war gesegnet. Am folgenden Morgen besprachen wir unseren Plan, der vorrückenden Armee entgegenzugehen. Ein Verwandter der Bauersleute erbot sich, uns bis zur Fähre zu bringen, aber nicht hinüber. Die Überfahrt ging reibungslos vor sich. Das rechtsufrige Dorf sah aber gar nicht freundlich aus. Am dortigen Ufer saß eine große Schar fremdsprachiger Leute, die uns neugierig bestaunte. Mein Begleiter hatte aber hier eine bekannte Adresse, die wir sofort aufsuchten. Nach einer bangen Nacht vermittelte uns der Hausherr einen Fuhrmann, der uns gegen Geld und gute Worte in das weiterentfernte Dorf bringen sollte. Furcht beherrschte auch den Kutscher. »Man kann nie wissen!« Er legte mit deutlichem Winken ein Beil neben sich. Über das Steilufer des Dnjestr trabten die zwei Rösser keuchend auf die Ebene. Es war eine lange Fahrt bis zum nächsten Dorf. Es war ein großer Ort. Eine Laterne beleuchtete die Haustür, auf der geschrieben stand: »Zimmer zu vermieten.« Wir entlohnten den Fuhrmann und traten in das Haus ein. Die Hausfrau nahm uns freundlich auf. Sie kochte Tee. Wir spendeten aus unserem Vorratsbeutel ein Kilo des selten gewordenen Zuckers, was der Frau eine große Freude war.

Das Nachtquartier war ein Kanzleiraum mit vielen Büchern. Zwei Eisenbettstellen standen bereit. Ehe ich mich niederlegte, musterte ich die vielen Bände. Groß war mein Schrecken, als sich herausstellte, daß es die Jahrgänge des Polizeianzeigers waren. Ausgerechnet im Ortskommissariat der Polizei waren wir gelandet. Trotzdem schliefen wir bald ein. Am frühen Morgen kam auch der Hausherr zu uns. Fast lächelnd stellte er fest: »Glauben Sie nicht, daß ich nicht weiß, wer Sie sind. Kriegsgefangene auf der Flucht. Fürchten Sie aber nicht, daß Ihnen von mir eine Gefahr droht. Ich war Ortskommandant. In Rußland herrscht die Revolution. Ich bin abgesetzt und bekomme kein Gehalt mehr. Ein Nachfolger ist noch nicht im Ort.« – So konnten wir in Ruhe das Frühstück einnehmen. Der Zucker hatte die Lage versüßt. Wir sprachen über die Fortsetzung unserer Flucht. der Exkommandant bot uns zu einem ziemlich gesalzenen Preis sein eigenes Fuhrwerk an. Da aber zögerte mein Begleiter. Er wolle nach einem billigeren Pferdehalter im Ort suchen. Das war ein großer Fehler. Zwar fand sich eine billigere Gelegenheit, in das nächstgelegene deutsche Dorf zu kommen, aber die Miene des Hausherrn verdüsterte sich zusehends.

Nach einer langen Fahrt durch die mit Wein und Korn reichgesegnete bessarabische Hügelwelt erreichten wir das Dorf, an dessen Pfarrer wir durch den Dekan empfohlen worden waren. Der Pfarrer brachte uns bei einem Bauern unter, nahm uns aber das Versprechen ab, bis zum Eintreffen der Deutschen das Haus nicht zu verlassen. Es war ein angenehmer Hausarrest. Wir wurden gut gefüttert und lauschten hinter den Fensterläden auf den Kanonendonner, der uns die baldige Freiheit verhieß. Zu unserem Schrecken wurde aber der Kriegslärm immer schwächer und eines Tages hörten wir die Botschaft: »Die Offensive der Deutschen ist zum Stehen gebracht, die Armee zieht sich zurück.« Jetzt war unser Plan zunichte gemacht. Es blieb uns nichts anderes übrig, als neu zu planen. Das hieß zur Donau zu fahren und zwar an einen Ort oberhalb des Deltas. Dort wollten wir schwimmend das von Bulgaren besetzte Südufer erreichen. Wir überschätzten unsere Kraft und die Kenntnis der Verhältnisse. Mit Hilfe des Pfarrers und des Bauern mieteten wir ein Pferdefuhrwerk und sagten dem Mann, daß er uns dorthin bringen soll, wo die Donau noch einarmig ist. Das vage angegebene Ziel wurde aber mißverstanden. Nach Überquerung des Trajanwalles wurde die Luft salzhaltiger. Die Nähe des Meeres kündigte sich an. Der Ort, wo wir abgesetzt wurden war Kilia, eine Stadt, wo das Donaudelta von drei Flußläufen gebildet wird und das Gelände als unpassierbar gilt. Den ganzen Ernst unserer Lage erfuhren wir erst, als mein Begleiter in einem jüdischen Haus ein Quartier ausfindig gemacht hatte. Die Stadt wimmelte von russischen und rumänischen Soldaten. Das uns angewiesene Zimmer war nur durch einen Vorhang von einem anderen getrennt, in dem ein russischer Offizier schlief. Es war eine unruhige Nacht. Ungeziefer und ein ständiges Hin- und Hergehen in und außerhalb des Hauses störten den verdienten Schlaf. Am nächsten Tag besprachen wir die Lage und wie wir aus der Stadt wegkommen könnten. Mein Fluchtgefährte erklärte sich bereit, in die Stadt und zum Hafen zu gehen, in der Hoffnung, ein Boot zu finden. Ich ging mit ihm in ein Kaffeehaus. Dort hing eine Karte der Umgebung, aus der die fast hoffnungslose Situation klar wurde. Ich ging in das verdunkelte Quartier zurück und legte mich aufs Bett. Mein Halbschlaf wurde kurz nach Mittag unterbrochen. Ich hörte militärische Schritte. Dann wurde an die Haustür geklopft: »Wo ist der Deutsche?« bestürmte der Offizier die Hausfrau. »Ich weiß gar nicht wer es ist. Er muß im Zimmer sein.« Die Tür öffnete sich. »Aufstehen!« Ich tat erstaunt, erhob mich langsam vom Lager. »Was wollen Sie?« Der Offizier: »Hände hoch, mein Täubchen!« Ich wurde abgetastet. Auch die Stiefel mußte ich ausziehen. Dort war die Karte von Bessarabien versteckt, die ich aus einem Band aus der Bibliothek in Rostow ausgerissen hatte. Geld und alles wurde mir abgenommen. Zur Wirtin sagte der Offizier nur: »Mit Ihnen rechnen wir noch ab.« Auf der Straße stand an den Händen gefesselt mein Begleiter. Man brachte uns ins Gefängnis mit der »erfreulichen« Botschaft: »Sie kommen vor das Kriegsgericht.« Die Wärter waren gerade bei Fischsuppe und Brot. Uns überließen sie die trübe Brühe, in der abgerissene oder hineingespuckte Fischköpfe schwammen.

In der Gefängniszelle standen drei Holzpritschen übereinander. Ich kletterte gleich auf die oberste; mein Gefährte legte sich auf die unterste. Um Mitternacht weckte uns ein wüster Kommandoton. Ich blickte hinunter und sah einen jungen russischen Offizier in Begleitung einer »Dame«. Angeberisch sagte er zu dem Frauenzimmer: »Diese Burschen wollten Rußland verraten, ihnen wird morgen das Todesurteil gesprochen.« Zugleich schlug er mit einer Reitpeitsche auf den Begleiter ein. Mich konnte er nur streifen. Dann war der Spuk zu Ende. Allein gelassen konzentrierten sich meine Gedanken auf eine Fluchtmöglichkeit. Während der schwer Getroffene auf der unteren Pritsche wimmerte und immer wieder die Namen seiner Frau und Kinder wiederholte, stieg ich auf den Boden, suchte den Geschlagenen zu trösten und rief einen Wächter, der mürrisch mit seinem Gewehr die Tür aufstieß. »Ich muß auf den Abort,« sagte ich. Er führte mich ins Freie, wo ich wußte, daß das hölzerne Häuschen an der Gefängnismauer stand. Aus dem Plan über die Mauer zu klettern wurde nichts. Der Wärter ließ die Tür nicht schließen, sondern wartete

mit schußbereitem Gewehr mein Geschäft ab. Früh am Morgen wurde R. zum Militärgericht geholt. Es dauerte mehr als eine Stunde, bis er zurückgebracht wurde. Er kam heulend in die Zelle. »Aus!« sagte er. Dann wurde ich geholt. Ich staunte über den Ernst des Gerichtssaales. Ein Kruzifix stand auf dem Richtertisch von zwei brennenden Kerzen flankiert. Noch mehr staunte ich über den seltsamen Beginn der Verhandlung.
»Wieviel russische Mädchen haben Sie mißbraucht,« war die erste Frage, die ich wahrheitsgemäß mit »keiner« beantwortete. Wo schliefen Sie die letzte und vorletzte Nacht. Ich verriet keinem den Ort und die Bauern, die uns beherbergt hatten. »In einem Maisfeld«. Diese Antwort hatten wir Flüchtlinge vorher vereinbart. Dann sagte ich zum Vorsitzenden: »Wir haben nichts mit Spionage zu tun; wir sind Kriegsgefangene!« Das Abwerfen einer Bombe über dem Marktplatz von Kilia wollte die Anklage mit unserem Aufenthalt in der Frontstadt in Zusammenhang bringen. Der »Prozeß« ging ziemlich rasch zu Ende. Der Vorsitzende machte eine unmißverständliche Handbewegung: »Was mit Spionen geschieht, wißt Ihr genau.« Zurückgebracht trösteten uns die Wärter, neugierig versammelt, auf echt russische Weise: »Ihr werdet bestimmt nicht gehenkt, sondern erschossen. Das ist gleich vorbei und tut gar nicht weh!«
Unsere Sachen wurden zusammengepackt und wir wurden durch die Stadt zur Donau geführt. Die falsch unterrichtete Menschenmenge tobte und bewarf uns mit Krautköpfen und anderen Gegenständen. Am Kai lag ein Flußdampfer der Linie Odessa-Ismail. Eine Musikkapelle spielte den Marsch vom Doppeladler. »Was nützt dem Seemann sein Geld, wenn er doch ins Wasser fällt.«

Kriegsgericht und Todesurteil

Das obere Deck war für uns und die 6 Soldaten geräumt. Wortfetzen drangen ins Bewußtsein: »Sie kommen nach Ismail, dort sollen sie erschossen werden.« Ein Spektakel für die Passagiere. Meine Fluchtgedanken stießen auf unüberwindbare Hindernisse. Und weiter schwamm der Raddampfer der Festungsstadt zu.
Auf einmal stoppte das Schiff. Die Schiffsbrücke über die blaue Donau war geschlossen. Ein russisches Regiment von der bulgarischen Front passierte die Brücke. Unsere Bewacher und die Kolonne konnten sich zurufen: »Wen habt Ihr denn am Oberdeck?« »Deutsche Spione, die in der Festung erschossen werden.« Antwort: »In Rußland wird niemand mehr erschossen als die eigenen Spione, der Zar und die Kapitalisten.« Als wir endlich passieren konnten und das Schiff angelegt hatte, blieben die Soldaten beisammen und riefen laut: »Ihr werdet nicht erschossen; wir begleiten Euch.« Das taten sie auch, während wir zum Festungsberg aufstiegen. Die Meuterer drangen mit uns in die Kasematten ein und sprachen durch das vergitterte Loch in der Tür mit uns. Wir sagten, daß wir Kriegsgefangene seien und zu Unrecht wegen Spionage verurteilt seien. »Keine Angst! Die Verräter Rußlands sitzen in Petrograd. Sie müssen erschossen werden.«
Die »Kommunisten« schoben Zuckerstücke durch das Gitter. Wegen des großen Hungers hatte ich auf dem Schiff einem der Wachsoldaten meine Schuhe gegen einen Kommislaib gegeben. »Tote brauchen keine Schuhe«, hatte er gesagt.
Der Tumult in den Kasematten wurde immer lauter. »Wo ist der Kommandant?« brüllte es. Der Festungskommandant, ein alter General, erschien endlich. »In Rußland gibt es keine Todesstrafe, nur für den Zaren und die Kapitalisten. Auch für Dich, wenn Du die zwei nicht freiläßt!«
Verängstigt gab der General nach und ordnete an, daß wir und die meuternden Soldaten ins Landesinnere gebracht würden. So

erfolgte unser und der Soldaten Abtransport. Es war ein unvergeßlicher Marsch. Soldaten und Begleitmannschaften sangen aus voller Kehle die Internationale. Es war wie eine Sinfonie der Freude. Eine Nacht in einem Ortsgefängnis zwischen Ismail und Bolgrad war fürchterlich. Soviel Wanzen hatte ich vorher nicht erlebt.

In Bolgrad wurden wir von den Soldaten getrennt und in das große Gefängnis eingeliefert. In den überfüllten Zellen blieben wir einige Wochen und machten interessante Beobachtungen. Das Gefängnis war eine ärmliche Hochschule für Kommunisten. Geleitet wurde sie von einem in Berlin ausgebildeten Professor, der den Weg zum Sieg der Partei aufzeigte und uns laufend über den Fortgang der Ereignisse in Rußland und in der Welt des Krieges informierte. Die Zellen waren nicht verschlossen. Wir konnten ungehindert durch das seltsame Gefängnis gehen. Die Verpflegung war sehr karg. Tägliche Krautbrühe und eine Kartoffel. Aber das Wichtigste: die Todesangst war uns genommen.

Ein merkwürdiger Zufall. Zwei deutsche Kriegsgefangene wurden in die übervolle Zelle zu uns gestoßen. Ein Leutnant und ein Gefreiter. Sie erzählten uns über ihre Flucht von Odessa nach dem Westen. Der uns so wohlbekannte Dekan K. hatte auch ihnen geholfen und von zwei Gefangenen erzählt, die in Soutanen die gleiche Tour versucht hatten. Die Seitentaschen des Priestergewandes hätten Löcher gehabt, durch die die Billette in das Futter gerutscht seien. Wie groß war die Überraschung, als wir uns als die zwei »Vorgänger« zu erkennen gaben.

Etwa zwei bis drei Wochen vegetierten wir in der Gefängnis-»Hochschule«, als nach mir gerufen wurde. Ein Soldat holte mich ab und brachte mich in das Büro des Obersten Feldgerichts der 5. Russischen Armee. Den Vorsitz führte ein junger Offizier. Er schien ein Akademiker zu sein, ließ mich freundlich Platz nehmen. Alles war hier sehr einfach, keine brennenden Kerzen, kein Kruzifix. »Ihr Urteil wird in lebenslängliche Haft, in Sibirien ab-

zusitzen, umgewandelt.« Zwar war die Todesangst längst von mir gewichen, da sich zu große Umwälzungen in dem Riesenreich abspielten, aber es freute mich doch, die »Begnadigung« zu erfahren. Der Offizier hatte das fertige Urteil in der Hand, er zögerte aber, mir das Papier zu zeigen.
»Bei Ihren mitgelieferten Sachen befindet sich noch eine größere Geldsumme. Was soll ich damit anfangen?« Sofort erkannte ich die Lage: »Geben Sie mir 10 Rubel, damit ich unterwegs nicht verhungere.« »Und das Übrige?« »Das überlasse ich Ihnen zur freien Verfügung.« Der freundliche »Oberste Richter« gab sich einen Ruck, nickte: »Gut, hier sind 10 Rubel.« Und nach kurzer Pause: »Sie sind ja Kriegsgefangener. Ich werde dafür sorgen, daß Sie in dem nächsten Transport nach Osten eingereiht werden.« Sprach's und zerriß vor meinen Augen das Urteil und schickte mich zum Bahnhof, wo ein langer Güterzug mit österreichischen und deutschen Soldaten abfahrtbereit stand.
Es begann die tagelange Fahrt ins Innere. Soweit es noch heißes Wasser an den Bahnhöfen und Himbeertee gab, konnten wir dem Hunger standhalten. Manchmal boten uns die Russen an den Stationen auch Bulkis (Ringelbrötchen) zum Kauf an.
Erst in Pensa stockte der Transport. Man sprach von Bürgerkrieg in den Hauptstädten und vor allem in Sibirien. Wir wurden ausgeladen und in ein leeres, kaltes Lager gebracht. Der Winter war nahe. Verpflegung gab es keine. Also organisierten wir die »Plünderung« des Kartoffelkellers. Eine lange Kette beförderte unsere einzige Nahrung zur Baracke, in der die Temperatur unter Null gesunken war. Auch Brennholz konnte beschafft werden. Leere Pritschen heizten den Raum und ließen uns die Kartoffel in der Schale schmackhaft werden.

Der dritte Fluchtversuch

Eine Woche war vergangen, als im Lager die Frage nach einem Sprachlehrer umging. Er mußte Französisch und Deutsch unterrichten. Wer den Sprachlehrer suchte, wurde auch bald bekannt. Es war der Direktor der großen, im Bau befindlichen Kanonenfabrik Pensa. Keinen Augenblick zögerte ich und wurde als Hauslehrer aufgenommen. Bei Tage durfte ich in der Familie des Direktors sein, nahm meine Mahlzeit mit dem Ehepaar und meinem Schüler ein. Abends wurde ich wieder ins Lager geführt. Es waren interessante und wohltuende Tage. Eine Kutsche stand mir zu Stadtausflügen mit dem an Walodja erinnernden Schüler zur Verfügung. So konnte ich mich auch über die innenpolitische Lage auf dem laufenden halten. Pensa war noch ganz weiß, fast zaristisch. In Moskau hatten die Bolschewisten die Herrschaft an sich gerissen so wie in Petrograd und in Teilen West- und Südrußlands. Damals fand ich unter den Mitgefangenen gute Freunde, darunter einen sehr berühmten Kunstmaler aus München. Es wurde von Flucht, zunächst nach Moskau gesprochen. Den Wunsch, aus Rußland wegzukommen, unterstützte das Verhalten der Frau des Direktors. Sie hatte die Allüren einer Potiphar und schien zu glauben, daß ich anders reagiere als Josef in Ägypten. So konnte ich leicht mit ihrem Mann über meine Absicht reden. Er stellte mir ein Attest aus, das mich ermächtigte, zum Einkauf von Eisenträgern in die Hauptstadt zu fahren. An meinem Fluchtplan waren vier Kameraden beteiligt. Unter ihnen ein kroatisch-österreichischer Kadett, der sich als Dolmetscher mit slawischem Tonfall empfahl. Moskau, als Zwischenstation, sollte der Vorbereitung zur letzten Etappe über die Front dienen. Ich kannte die Adresse von Marusa, d. h. der Familie Domaschewski städtischer Zweitwohnung. Daß sie da sein würde, hatte sie mir im Brief bestätigt. Meinem ersten Brief nach langer Zeit hatte ich ein Porträt beigefügt, das der Münchner Künstler angefertigt hatte.

Das Entweichen aus dem Lager war verhältnismäßig einfach. Der niedrige Zaun hatte Lücken. Kameraden, die zurückbleiben wollten, beschäftigten einen der wenigen Außenposten, während wir den Drahtverbau überstiegen. Es war bitter kalt. Wir hatten die Zeit ausgekundschaftet, zu der ein Güterzug aus Wladiwostock in Pensa haltmachte. Am Bahnhof mußten wir lange warten, bis die lange Wagenschlange einfuhr. Wir sprangen sofort in einen leeren Waggon.

Die Fahrt begann. Zu unserer Überraschung stieg unterwegs ein Bahnbeamter in unser »Abteil« und verlangte unsere Fahrtausweise. Da ich den Mann am Dialekt als Polen erkannte, sagte ich gleich, daß wir ohne Billette seien, und er möge uns unbehelligt lassen. »Sie sind Pole, katholisch wie wir, verstehen Sie, daß wir nach Hause müssen.« Er stimmte freundlich bei, gab uns sogar etwas zum Essen und versprach, uns in Ruhe zu lassen.

Langsam näherte sich der Güterzug der Stadt Tula. Unterwegs sahen wir, welches Ausmaß die revolutionäre Orgie angenommen hatte. Der Zug hielt in der Nähe einer brennenden Spirituosenfabrik. Aus anderen Wagen stürmten Zivilisten und Soldaten ins Freie, mit Kochgeschirren und Flaschen, um sich aus der Fabrik Wodka zu holen. Allgemeine Trunkenheit und Gebrüll von Wilden, die alle Fesseln abschütteln wollten.

Moskau! Der Bahnhof war überfüllt mit Menschen jeder Art. Alle, auch wir suchten auf dem feuchtnassen, schmutzigen Boden einen Liegeplatz, bis der Morgen anbrach. Was für ein Morgen. Die Großstadt lag unter einem dunkelgrauen Schleier nasser Schneewolken. Die Straßen waren nicht geräumt; Unrat wuchs zu Bergen. Man hörte noch einzelne Gewehrsalven, sonst aber war alles gespenstig ruhig. Die Bauern aus dem fernen Osten wurden ihre Ware – Mehl und Brot – rasch los. Viele verloren alles, weil echte und falsche Milizen ihnen die Vorräte abgenommen hatten.

Wir fünf waren noch schlaftrunken, als wir uns auf den Weg zum

schwedischen Konsulat machten. Dort gab man uns Tee und Brot und nannte uns eine Adresse, wo wir provisorisch unterkommen könnten. Eine deutsch-russische Familie gab uns Schlafgelegenheit, Bad, Wäsche und trockene Kleider. Sie waren alle sehr freundlich und hatten gute Verbindungen zur russischen Front. Sie nannten uns die Nummer eines Regiments, das Flüchtlinge anstandslos passieren ließe. Tatsächlich war es an der Front damals still. Man sprach von Waffenstillstand und Frieden. So war also unser Plan: In russischer Uniform sollten wir in einem »Urlauberzug« nach Westen fahren, soweit der Verkehr noch möglich war. Dann mußten wir auf den Gleisen weitergehen und den Zickzackweg durch das tiefe Drahtverhau gehen. Unweit der deutschen Linie wären wir in Sicherheit. Ein Parolewort hatte uns die Familie mitgegeben.
Starker Schneefall ließ den Transport dann allerdings nicht ganz so weit kommen, aber wir waren sicher, auf den Gleisen ans Ziel zu kommen. Während sich die Soldaten in der Gegend zerstreuten, stapften wir unermüdlich weiter. Das war aber nicht leicht. Es kamen tiefe Löcher und hohe Schneewächten. Ganze Batterien standen links und rechts, tief im Schnee begraben und ohne Bedienung. Als endlich der Stacheldrahtwall erreicht war, ging der kroatische Kadett voraus, um eventuell begegnenden Patrouillen Rede und Antwort zu stehen. Der Augenblick war da. Die Russen kamen uns entgegen. Der Durchlaß war so eng, daß kaum ein Ausweichen möglich war. Was aber tat unser »sprachkundiger« Kadett? Er stieß einen lästerlichen Fluch auf deutsch aus und verlor völlig die Fassung. Die Parole stimmte auch nicht. Das »durchlässige« Regiment war abgelöst worden. Die Russen richteten ihre Bajonette auf uns und schrien: »Nadad, nadad! (zurück!)« So begann wieder der schon bekannte Weg über die Kompanien, bis zum Regimentskommandanten. »Gutes Wetter« brachten uns zwei Flaschen Brennspiritus, die wir dem Konvoi schenkten. Indes, wir waren nur noch vier. Ein Fluchtgefährte

war spurlos verschwunden und kam nie mehr heim. Wahrscheinlich war er in eine Wächte gesprungen und erstickt.
Diesmal gab es keine langen Verhöre. Man transportierte uns von Stelle zu Stelle ins Hinterland, in ein Läuselager bei Smolensk. Und wieder fehlte einer. Der berühmte Kunstmaler aus München. Er hatte einfach die Bretterwand des Häuschens durchgestoßen und sich verdrückt. Er ist nach Hause gekommen.
In dem verlausten Durchgangslager Smolensk wurde es mir klar, daß ich meinen Fluchtweg allein werde gehen müssen. Überall fremde Gesichter, resignierte und mutlose Menschen. Die Wachsoldaten schienen alle vom Bazillus der Revolution angesteckt und taten zum Teil ihren Dienst sehr nachlässig.
Meine Gelegenheit kam bald. Ein Trupp österreichischer und deutscher Gefangener wurde zusammengestellt und zum Bahnhof geführt. Wieder Richtung nach Osten. Es war kalt und Schnee schwebte in der Dämmerung. Auf den schlecht beleuchteten Bahnsteigen herrschte reges Leben. Ein Durcheinander sich begegnender Transporte. Mein Entschluß war schnell gefaßt und durchgeführt. Ich nützte den Wirbel, sprang aus dem stehenden Zug und rannte in die Richtung der Lokomotive, kletterte in einen leeren offenen Kohlenwagen und deckte mich mit einem der staubigen Säcke zu. Hier würde mich niemand suchen, denn der Zug fuhr ja Richtung Sibirien. Flüchtlinge flohen doch nach Westen. Die Trillerpfeifen unserer Begleitsoldaten amüsierten mich. Die Suche nach mir hörte sehr bald auf. Der lange Zug rumpelte nach Moskau. Dorthin wollte ich, um mich zu restaurieren und sorgfältig das Weitere planen. Je länger die Fahrt, desto jämmerlicher fror ich. Mit Bewegungen hielt ich meinen Lebensgeist aufrecht. Vielleicht betete ich auch; ich weiß es nicht mehr. Die ganze Aufmerksamkeit konzentrierte ich auf die Ankunft am Moskauer Bahnhof. Dort erwarteten die Reisenden strenge Kontrollen. Weiße? Rote? Ich weiß es nicht mehr. Durch Drängeln und Ellenbogenstöße wand ich mich an den Posten vorbei und

stand in der neuen Hauptstadt der kaum geborenen Sowjetunion. Wohin? Ich hatte Marusas Stadtadresse. Ich hatte die Adresse der deutsch-russischen Familie, die in Zusammenarbeit mit der schwedischen Botschaft, flüchtige Deutsche betreute. Ich wählte die zweite Adresse. In der kinderlosen Familie wurde ich mir hellem Erstaunen aber wie früher freundlich begrüßt. Im Gespräch erfuhr ich zu meiner großen Überraschung, daß auch der in der Etappe entkommene Kunstmaler, Hauptmann H. aus München, durchgekommen war und Anschluß an einen Transport deutscher Offiziere, die wegen Krankheit heimgeschickt werden sollten, gefunden hatte. Meine Dankbarkeit gegen die Gastgeber erfuhr bald darauf eine ziemliche Enttäuschung. In einer schlaflosen Nacht hörte ich, wie das Ehepaar alle Ausgaben für uns ausrechnete. Anscheinend wurden ihnen alle Aufwendungen für uns über die Botschaft mit der deutschen Regierung verrechnet.

In jenen Tagen wurde mein Heimweh nach der katholischen Kirche so lebhaft, daß ich mich entschloß, die katholische Pfarrei aufzusuchen und nach einem Priester zu fragen. Der Tag war unfreundlich und an vielen Orten flammte der Bürgerkrieg wieder auf. Beim Durchfragen nach meinem Ziel erfuhr ich die Adresse eines alten Priesters, den viele als Heiligen beschrieben. Ich fand ihn im Pfarrhaus in einem Rollstuhl, den er seit Jahren nicht mehr verlassen konnte. Er erkannte mein Inneres sofort und half mir zu echter Reue, Buße und Lossprechung. Unsere Unterhaltung verstärkte meine Bewunderung für den Dulder, der mit der Gabe eines Sehers ausgezeichnet war. Er sagte mir den Sieg der Revolution voraus und die Aussichtslosigkeit des damaligen Kampfes gegen Lenins antichristliches Regime. Der Abschied von dem greisen Priester fiel mir schwer. Ich hatte einen tiefen Blick getan in die Hintergründe der Weltrevolution, in die Schuld der gespaltenen Kirche und die Verantwortung der Getauften.

Der Rückweg führte mich in die Nähe der Straßenkämpfe. Bei der

Flucht vor den Maschinengewehrsalven stürzte ich über das Glatteis und verletzte mich dabei. Erst nach zwanzig Jahren etwa verebbten die Schmerzen, das Andenken an einen unvergeßlichen Tag. Dann kam eine plötzliche, freudige Überraschung. Zwei der zum Heimtransport bestimmten Offiziere wollten in Moskau zurückbleiben. Sie hatten irgendwelche Bekanntschaften gemacht. An ihrer Stelle wurde ich und noch ein Unteroffizier in den Transport aufgenommen. Bis zur Abfahrt blieben noch ein paar Tage. Wieder überwältigte mich die Sehnsucht nach Marusa. Nur sehen und letzten Abschied nehmen. So redete ich mir ein. Ich fand sie und ihren Vater. Ihr Zustand war unbeschreiblich. Gehälter wurden von der kommunistischen Partei nicht ausbezahlt. Lebensmittelkarten gab es keine. Dazu die tiefe seelische Enttäuschung der Familie über die Ereignisse der letzten Zeit. Ich machte mich sofort auf, um für die einst so Reichen an Bahnhöfen Brot zu erbetteln oder – von den Deutschrussen hatten wir auch etwas Geld erhalten – zu hohen Preisen zu kaufen. Marusa und ich spürten die ganze Hoffnungslosigkeit unserer Zuneigung, aber sie war wie einst großmütig und mit hohem Seelenadel begabt.

An einem der trüben Moskauer Abende schlug sie mir eine Schlittenfahrt durch das winterliche Moskau vor. An den vielen Sehenswürdigkeiten, die z. T. im Nebel und Abendlicht versanken, fuhren wir dicht aneinander geschmiegt durch die große Stadt. Dabei sah ich auch die ersten disziplinierten Kompanien der von Trotzki aus dem Boden gestampften Roten Armee. Ich hörte ihre Kampfgesänge und sah, daß sie ein Ideal hatten, für das sie zu sterben bereit waren. Eine einzige Nacht schlief ich unter dem gleichen Dach wie sie. Es war eine Nacht der Tränen, eine schmerzhafte Schule für Verzichten und Entbehren.

Am folgenden Tag wurde ich in den Heimkehrertransport aufgenommen. Die Fahrt ging nach Petrograd (dem heutigen Leningrad).

Es war eine lange, kalte und hungrige Nacht. Dann ein unfreundlicher Morgen an der Newa. Für die Offiziere stand der Sonderzug nach Westen bereit. Als sich einige andere Offiziere am Bahnhof in diesen Sonderzug drängten, wurde ich mit dem Unteroffizier einfach hinausbefohlen und dem ungewissen Schicksal überlassen. Hätten uns die »roten« russischen Eisenbahner nicht mit ihren Nudelsuppen gefüttert, wären wir einfach am Bahnhof liegengeblieben. Es war ein neuer Beweis für das Gute im einfachen russischen Menschen.

Leningrad 1918

Irgendwo mußte doch ein Durchgangslager für Kriegsgefangene sein. Wir suchten und fanden es. Doch auch in diesem überfüllten Lager herrschte der Hunger. Es gab nur dünne Wassersuppen und 1/4 kg Brot für eine Woche. Brot? Es war aus Kleie und gemahlener Baumrinde gebacken. Die heiße Wochenration verschlangen wir in ein paar Minuten. Bewachung war kaum sichtbar. Man konnte das Lager ungehindert verlassen. Von der Brotration konnten wir natürlich nicht leben. Der Typhus ging um und politische Reden, die zum Eintritt in die Rote Armee aufforderten, machten nur auf wenige einen Eindruck. So stand mir der ganze Tag zur Verfügung, um Petrograd/Leningrad von außen kennenzulernen. Die Adresse von Marusas Schwester hatte ich nicht vergessen. Sie war mit einem Ministerialbeamten verheiratet und mir vom Wald her als leidenschaftliche Deutschenhasserin bekannt. Trotz ihrer in Atamanskoje Lesnitschestwo bewiesenen Einstellung zu mir und Marusa wollte ich sie sehen. Ich fand sie in einer eleganten Wohnung jenseits der Newa. Sie und ihren Mann. Mein unerwarteter Besuch schien sie nicht zu irritieren. Sie waren eher freundlich und boten Tee und Gebäck an. Ihre Sorge und Niedergeschlagenheit konnten sie kaum verbergen.

Daß der Ehegatte nicht im Büro war, wurde mir damit erklärt, daß die Beamten in einen Streik gegen die neuen Machthaber getreten seien. Wer aber am längeren Hebel saß, war mir klar. Hunger und Gehaltsverlust würden die Beamten bald wieder an ihre Plätze im Ministerium zurückholen. Schließlich hatten ja die roten Machthaber noch andere Waffen: Die Angst!
Nach einer längeren, sehr gedrückten Unterhaltung verließ ich die Wohnung. Grüße von Marusa hatte ich ausgerichtet. Wieder wanderte ich durch die Straßen. Wieder wurde der Hunger spürbar, das Verlangen nach einem Stück Brot übermächtig. Wir wurden Bettler. Alle Bäckereien waren zugesperrt. In den eleganten Feinkostgeschäften gaben uns mitleidige Verkäuferinnen da und dort ein paar Bonbons, einmal sogar ein Paket Lebkuchen, aber nirgends das »gewöhnliche« Brot. So konnte das nicht weitergehen. An einem frühen Morgen suchte ich das »Volkskommissariat« (Ministerium für das Innere) auf und fand den richtigen Mann, der meine Schilderung über die katastrophale Lage der Hunderten von Gefangenen anhörte, und nach einigen Telefongesprächen versicherte, daß eine dänische Ärztekommission uns besuchen und für baldige Heimsendung der Kranken sorgen werde. Das Geld, das wir erhielten, bestand aus bedruckten Papierbögen, von denen man sich die Hunderter abschneiden konnte, für das es aber nichts zu kaufen gab – als vielleicht eine Kohlrübe. Die Kommission kam tatsächlich am folgenden Tag. Sie untersuchten uns alle und stellten fest, daß alle kriegsdienstunfähig oder gar schwer krank seien.

Zurück über die Grenze

So kam ein Transport zustande, in dem es keine Rangunterschiede gab. Wir verließen die Hauptstadt und kamen zur Demarkationslinie. Der Empfang der deutschen Seite war höchst fremdartig. »Sie haben wohl das Grüßen verlernt!« »Nehmen Sie Haltung an.« Dies und ähnliches bekamen wir zu hören, ohne uns daran zu kehren. Zwar waren wir »frei«, fühlten uns aber wie eingefangene Sklaven. Der Krieg näherte sich dem Ende, aber die Führung des Reiches wollte es nicht wahrhaben und die Etappe genoß ihr Leben. Der Stil hatte sich nicht geändert. Über Warschau kamen wir nach Berlin, wo wir ein letztes Mal »entlaust« wurden und dann den Marschbefehl zu unseren Regimentern erhielten. In Weimar unterbrach ich die Fahrt, um meine Schwester zu besuchen. Ihr Mann war so liebenswürdig, daß er fast freudig ausrief: »Jetzt haben wir endlich einen kräftigen Mann, der uns beim Umstellen der Möbel helfen kann.« Kräftig war leicht übertrieben, aber ich half, wie ich es eben konnte. In den paar Tagen bekam ich zweimal Einblicke in das private Leben kultureller Prominenz. Die Frau des bekannten Intendanten X. stellte mir in aufdringlicher Weise nach und versorgte mich mit ungewohnten Leckerbissen. Der Garten meines Schwagers grenzte an das Grundstück, auf der die Villa des damals berühmten Schriftstellers K. stand. An einem dunklen Abend näherte ich mich der hellbeleuchteten Terrasse der K.'schen Wohnung und wurde Zeuge einer häßlichen Auseinandersetzung zwischen Mann und Frau. Der Berühmte mußte sich von seiner »besseren« Hälfte Worte und Beschimpfungen gefallen lassen, die ich nicht wiedergeben kann. Auch Berühmtheiten haben eben ein »Privatleben«, von dem die Außenwelt wenig, vielleicht ein Scheidungsurteil erfährt. Nach wenigen Tagen fuhr ich nach Stuttgart. Zuerst ins Elternhaus. Ich wurde freudig empfangen, erkannte aber sofort die tödliche Krankheit meiner lieben Mutter und die Sorgen, die der Kriegsverlauf mit sich brachten. Mein Vater hatte sein geistiges Zentrum im alldeutschen Gedanken gefunden, zeichnete die letzten Kriegsanleihen und verbot das Hamstern, obwohl meine Mutter dringend wertvollere Nahrung als Kohlrüben und schlechtes Brot brauchte.

Was für ein Stuttgart sah ich wieder! In der Erinnerung lebte noch der Sommer 1914, die trunkenen Massen begeisterter Patrioten, die dem Krieg als dem Triumph deutscher Macht entgegenjubelten. »Auf nach Paris!« war die Parole. Und jetzt, nach 2 1/2-jähriger russischer Gefangenschaft, sah ich überall die Niedergeschlagenheit, vom Hunger gezeichnete Gesichter. Der brodelnde Aufruhr war spürbar.
Nach meiner Rückmeldung beim Regiment ließ mich der Regimentskommandeur in seine Wohnung kommen. Er wollte meinen persönlichen Bericht über meine Erlebnisse. Ich gab ihm das ungeschminkte Bild der Zustände in Rußland. Die Beschränkung der bolschewistischen Herrschaft auf das eigentlich russische Gebiet und die Sicherung einer unabhängigen Ukraine schien uns damals noch möglich. In einer Broschüre »Das neue Rußland« entwarf ich das Muster einer föderativen Republik mit einer auf russische Verhältnisse zugeschnittenen Demokratie. Die Broschüre sandte ich an die Generäle Denikin u. a. Aber die Entfremdung zwischen links und rechts war schon zu weit fortgeschritten. Nach meinen Unterredungen mit dem Regimentskommandeur kam er auf meine weitere militärische Verwendung zu sprechen. »Sie haben die Wahl. Entweder absolvieren Sie einen Offiziersausbildungskurs, zwecks Kennenlernens der völlig veränderten Waffentechnik im Westen. Oder Sie lassen sich als Dolmetscher in das noch besetzte Rußland kommandieren. Dazu müßten Sie auf die Berliner Dolmetscherschule für ein Examen. Ich wählte diesen zweiten Weg; denn die Lage im Westen war furchtbar und hoffnungslos. Die »Meuterei« einer Kompanie hatte ich durch das Kasernenfenster beobachten können. Die Soldaten hatten die Gewehre zusammengestellt und weigerten sich abzumarschieren. Bestraft wurde niemand mehr.

Urlaub und Doktorat

Dann erhielt ich einen vierteljährigen Erholungsurlaub, den ich zur Ablegung meiner Doktoratsprüfung in Freiburg benützen konnte. Meine Tübinger schriftliche Arbeit wurde von Prof. Finke, dem hervorragenden Forscher der Geschichte des Mittelalters, sehr wohlwollend aufgenommen.
Während des kurzen Aufenthaltes in Stuttgart wurde ich zu einem Kreis linker Sozialisten eingeladen, der sich anscheinend um Soldaten als Anhänger sehr bemühte. Meine Beobachtungen unter den russischen und deutschen Machtstrebern veranlaßten mich bald zum Verlassen des eigenartigen russisch-deutschen Zirkels. Man litt in ihrem Wohnversteck keinen Hunger, tat sich viel zu Gute auf das marxistische Evangelium.
Gerne erinnere ich mich an die letzten Stunden mit meiner lieben Mutter, deren Lebenssonne schon im Untergehen war. Ich las mit ihr russische Dichter, deren bildhafte Sprache ihr gefiel. Dann kam der letzte Abschied. Ich fuhr nach Beuron um zu »büffeln« und dann zu einem Freund nach Villingen, der mir seine Hilfsbereitschaft deutlich erfahren ließ. Das Rigorosum war nicht allzu schwer. Soldaten, besonders Heimkehrer, erfreuten sich großen Entgegenkommens. Ich hatte das besonders deshalb nötig, weil das in Tübingen zugelassene Nebenfach Religionsgeschichte, durch Kunstgeschichte ersetzt werden mußte. Das aber war für mich ein völliges Neuland. Meine Arbeit und besonders die Beweise meiner Geschichtskenntnisse reichten aber doch noch für ein »cum laude«. Der Urlaub ging zu Ende, es folgten die Tage auf der Dolmetscherschule.
Auf der Dolmetscherschule gab es wenig Interessantes. Wir lernten nur ein paar russische Bezeichnungen für militärische Fachworte. Wenn ich meinen Zug zum Schießplatz Tegel führen mußte, war mir jedesmal unbehaglich. Es war nämlich strenger Befehl, von jedem Mitglied des mir so suspekten Kaiserhauses

»Achtung« zu kommandieren; aber ich kannte doch die Herren nicht. Umsomehr freute ich mich am Ziel angekommen, über meine Erfolge im Scheibenschießen.

Zurück nach Rußland

Sehr bald kam der Marschbefehl in die Ukraine. Es war eine lange Fahrt durch das Kornland, aus dem die Heeresleitung herausholte, was zu holen war. Der hörige Hetmann bewilligte alles, was Berlin befahl.
Auf der weiten Strecke stand ich meist in der altersschwachen Lokomotive, bereit, meine Schießkunst bei Begegnung mit lauernden Partisanen anzuwenden. Die größte Schwierigkeit bereitete der Mangel an Kohle und Wasser. Wir waren ganz auf das Holz am Bahndamm angewiesen. In dem Städtchen N. mußte ich Dienst bei einem sächsischen Divisionsstab antreten.
Eine Unterbrechung des bleiernen Alltags brachte der Besuch eines Grundbesitzers aus der Nähe. Seine Unterredung mit dem Kommandeur mußte ich als Dolmetscher ermöglichen. Der Wunsch des sympathischen jungen Mannes war die Bereitstellung einer deutschen Gruppe zur Sicherung der Heuernte im Niemandsland vor der russischen Linie. Weiters der Verkauf des eingebrachten Futters an unsere Division. Es kam zu einem für beide Seiten günstigen Abschluß. Am folgenden Tag kam das verspätete Telegramm vom Tode meiner lieben Mutter. Obwohl ich zum Begräbnis nicht mehr nach Stuttgart kommen konnte, erhielt ich acht Tage Urlaub. Der junge Grundbesitzer suchte mich vor meiner Abfahrt auf und brachte eine merkwürdige Bitte vor. Ich sollte ihm aus Stuttgart zwölf schmale goldene Messerchen und eine Mauserpistole mitbringen. Ich nahm den Auftrag nicht ohne Bedenken an und erhielt gleich eine entsprechende Summe auf die Hand.

Daheim besuchte ich das frische Grab der Mutter, brachte meinem Vater die begehrte Mangelware Tabak, besorgte beim Juwelier Föhr das Dutzend Messerchen und dann noch den Revolver. Zurück bei der Division kam ein neuer Befehl. Wir sollten uns über Sumj nach Jekaterinoslaw (Dniepropetrowsk) in Marsch setzen. Da geschah etwas sehr Merkwürdiges. Der bekannte, fast schon befreundete Gutsbesitzer fuhr am Abend am Stabsquartier vor und lud mich zu einem Abendessen in seine Stadtwohnung. Wie erstaunt war ich, als in dem Pritschenwagen ein bleiches Mädchen hockte, das nichts sprach und fast kein Lebenszeichen gab. »Erschrecken Sie nicht, es ist meine Schwester, sie ist verwirrt seit dem Tag, da sie, an einem Baum gefesselt, von den besoffenen Revolutionären vergewaltigt wurde und mit ansehen mußte, wie unser großes Gutshaus in Flammen aufging und Vater und Mutter brutal ermordet wurden. Zu Hause wird sie trotzdem für uns sorgen und wie eine Schlafwandlerin alles, was einer Hausfrau zukommt, tun!«
In der Tat. Die Stumme bereitete ein köstliches Mahl. Dann packte sie einen Sack voll mit Vorräten für meine lange Reise, bestieg den Kutschersitz gewandt und elegant und ließ das Pferd zum Bahnhof traben. Unterwegs machte sie Halt und winkte mich neben sie auf den Boden. Hier öffnete sie zum ersten Mal ihren Mund zu einer unerwarteten Frage: »Glauben Sie an Gott?« Ich war so erstaunt über dieses erste Wort des »lebenden Leichnams«, daß ich zögerte, ehe ich bestimmt antwortete: »Ja!« Dann fuhren wir wortlos weiter. Im überfüllten Bahnhof erfuhren wir, daß unser Transportzug eine große Verspätung hatte. Ich gab einem Soldaten den Auftrag, den Sack in einen Waggon zu verstauen und mit einer nach außen leuchtenden Taschenlampe zu kennzeichnen. Dann folgte ich einer bestimmten Aufforderung des Mädchens Tusja ins Freie, um neben dem Gleis auf ein Wäldchen zuzugehen. Mir war gar nicht behaglich zumute. Hatte ich es mit einer Irren zu tun? Auf dem Weg sprach sie nicht. Beim

Wäldchen angelangt, änderte sich die Lage plötzlich. Tusja fand wieder Worte. Wie eine Wildkatze sprang sie mich an und rief: »Liebe mich, Otto Richardowitsch.« Ihr Griff raubte mir fast den Atem. Mit Mühe schüttelte ich die Rasende ab und zeigte auf den 1 km entfernten Bahnhof: »Der Zug fährt ein!« Wie ein Hündchen folgte sie mir, immer fest an mich geschmiegt. Fast wäre ich zu spät gekommen. Der Zug setzte sich schon in Fahrt. Ich sah die Lampe und sprang auf. Starke Arme zogen mich ins Wageninnere. Draußen aber lag Tusja am Boden und stieß einen markerschütternden Schrei aus. Ich sollte sie nie mehr wiedersehen. Doch ein Brief von ihr erreichte mich in Jekaterinoslaw, den ich bis heute aufbewahre. Ein erschütternder Brief, der die tiefe Not einer in den Haß der Revolution hineingeborenen Seele, einer mißbrauchten, freudlos heranwachsenden Frau, des vom Lebensschicksal schrecklich heimgesuchten unschuldigen Menschenkindes. Der Brief begann wörtlich: »Ich kann nicht Sie nicht lieben.« ... Sie waren das erste Licht in meiner trostlosen, dunklen, ja schrecklichen Jugend.« Weil ich ihr am Weg zum Bahnhof gesagt hatte: »Ja, ich glaube an Gott?« Ihr Brief erreichte mich unter meiner Feldpostnummer in Jekaterinoslaw.
Die mehrtägige Fahrt an den Bestimmungsort offenbarte die prekäre Lage der deutschen Besatzung der Ukraine. Das Kornland, für die Versorgung der Heimat schon unentbehrlich, war nicht nur von Partisanen verseucht. Auch an den Grenzen zur erstarkenden Sowjetmacht mehrten sich die Vorstöße der »Roten«. Der »Bund« der kaiserlichen Regierung mit den »rechtsstehenden« Elementen in der Ukraine war von vornherein falsch. Außer den bolschewistischen Gegnern gab es noch demokratische Kräfte, die man überhaupt nicht berücksichtigte.
Jekaterinoslaw selbst zerfiel in eine deutsche Zone und in die Fabrikvorstadt jenseits des Stromes. Diese Vorstadt überhaupt zu betreten war lebensgefährlich. Jeder Versuch wurde mit MG-Feuer der Arbeiter vereitelt und von deutscher Seite verboten.

Der Divisionskommandant, ein Hamburger Oberst d. R. stand der gespannten Situation ziemlich ratlos gegenüber.
Schon in den ersten Tagen mußte ich eine Unterredung mit einem »Petljura«-Offizier (ukrainischer Hetmann bzw. Atamann) vermitteln. Dieser brachte die Bitte vor, ihm sechs deutsche Geschütze zu überlassen, um sie im Kampf gegen die Bolschewisten einzusetzen. Oberst P. war empört und verlangte, daß ich das Zitat des Götz von Berlichingen als Antwort übersetze. Da konnte der ukrainische Offizier plötzlich deutsch und verabschiedete sich mit den Worten: »ich brauche keinen Übersetzer; ich habe in Berlin studiert. Sie werden wieder von uns hören.« Jetzt war der gute Oberst doch etwas unsicher und gab mir den Befehl, mich umgehend in einen Zivilisten zu verwandeln und in der Stadt Erkundigungen über die Lage einzuziehen. Geld spielt keine Rolle. Die künstliche Währung der besetzten Ukraine wurde ja in Berlin gedruckt.
Am folgenden Tag suchte ich, mit Falschgeld überreichlich ausgestattet, das erste Kaufhaus auf und kleidete mich mit bester Wäsche und einem eleganten Anzug von Kopf bis Fuß neu ein.
Meine »Arbeit« begann sofort. In Arztpraxen war ich häufiger Gast, hörte den Gesprächen in den Wartezimmern aufmerksam zu und führte ausgedehnte Gespräche mit den behandelnden Ärzten. Obwohl ich mich damals kerngesund fühlte, fanden sie doch meine Krankheiten heraus. So lernte ich viel Nützliches aus der Medizin, mehr noch aber über die »Rache« der Petljura-Leute. Jeden Abend erstattete ich dem »ungläubigen« Oberst über die Pläne der Sozialrevolutionäre, denen man die Kanonen vorenthalten hatte. Jetzt waren nicht mehr die Bolschewiken Gegenstand der Vorbereitungen, sondern die deutsche Garnison. Die Lage war in der Tat sehr ernst. Täglich kamen neue Trupps der Petljura-Leute als Bauern verkleidet über den großen Markt in die Stadt herein. Unsere Soldaten waren weit zerstreut in Hotels, Schulen u. a. in öffentlichen Gebäuden untergebracht. Ich erfuhr,

daß alle diese Unterkünfte immer von versteckten Kampftruppen umzingelt waren. Ich riet dem Oberst, alle deutschen Soldaten in dem Kasernenviertel oberhalb der Stadt zusammenzuziehen und mit der verfügbaren Artillerie zu verteidigen. Oberst P. aber war unbelehrbar. »Wir werden überall diese Brüder in die Pfanne hauen.« Ich sah das Unheil sich nahen. Damals hatte ich in einem Luxus-Restaurant, wo viele Offiziere der ehemaligen zaristischen Armee verkehrten, die Bekanntschaft einer eleganten jungen Dame gemacht, von der ich so manches erfuhr. Durch das Abenteuer und das flotte Leben war mein Leben aus dem Glauben gänzlich zu Ende. Jetzt, da ich von der schönen Russin gefangen genommen war, faßte ich den verrückten Entschluß, zu heiraten. Der Weg führte über das katholische Pfarramt. Der Priester hörte mein Verlangen geduldig an. Dann sagte er sehr ernst, daß eine Eheschließung nicht möglich sei. Seine Gründe waren mein eigener Seelenzustand, die Religionsverschiedenheit und die Kürze der Bekanntschaft. Er redete sehr ernst und menschlich mit mir. Ein kopfloser Entschluß war Gott sei Dank verhindert.

Die Russin, die an sich zur Sofortheirat bereit schien, nahm das »Urteil« hin und willigte in eine bedingte Verlobung ein. Wir wußten ja beide, daß der Verbleib der Deutschen in der Ukraine nur mehr wenige Tage dauern konnte. »Wenn wir nach einem Jahr nichts mehr voneinander hören, gilt die Verlobung als aufgelöst.« So lautete die Abmachung. Vielleicht hatte die »Braut« gehofft, als meine Frau aus Rußland zu entkommen.

Die Ereignisse entwickelten sich rasch. Mein Quartier war im Hause des Oberstaatsanwaltes. In der Nacht konnte ich nicht schlafen. Das Zimmer meines Quartiergebers stieß an mein Zimmer. Auch dieser fand keine Ruhe. Während der ganzen Nacht ging er ruhelos in seinem Zimmer auf und ab, stets die gleichen Worte wiederholend: »Oh, bosche moj« (mein Gott). Beim gemeinsamen Frühstück erlaubte ich mir die Frage nach dem Warum seiner Ruhelosigkeit. Er gab zur Antwort: »Ihr Deutschen

seid ja so blind und dumm; ihr merkt ja nicht, was sich hier abspielt. Die Leidtragenden aber sind wir alten Zaristen.«
Noch während unseres Gesprächs hörten wir aus der Richtung des Bahnhofs Kanonendonner und MG-Feuer. Ich verabschiedete mich rasch, um in das Divisionsquartier zu eilen. Dort konnte ich mich im Fernschreiberraum über die Vorgänge bestens orientieren. Eine Verbindung nach der anderen riß ab. Zuerst die Verbindung mit Kiew, dann zum Bahnhof; dann zu den Hotels, Schulen u. a. Unterkünften. Auf dem Stadtplan konnte man das langsame Vorrücken der Petljura-Soldaten in Richtung auf unser Divisionsquartier verfolgen. Es dauerte nicht lange, bis die Spitzen des »Feindes« zu uns kamen. Wir waren eine kleine Mannschaft. Ein Parlamentär mit weißer Flagge kam herein und forderte unsere kampflose Kapitulation. Sie wurde bewilligt. Die Waffen wurden abgenommen. Nur ich, der »Zivilist«, behielt sie.
Unser »Marsch« zum Bahnhof Jekaterinoslaw glich einem Trauerzug. Auch die Stadt schwieg. Die Bewohner waren über den »Sieg« der Bauernarmee Petljuras eher bedrückt. Vielen schien der Abzug unserer Garnison Grund zur Angst zu sein, war doch der stärkere Teil der Revolution, die Rote Armee, die größte Gefahr. Die ganze Ukraine war mit Bolschewisten durchsetzt. Trotzkis, aus dem Boden gestampfte Rote Armee umklammerte die Grenzen. Das rote Fabrikviertel jenseits des Dnjeprs stand den Verbänden der sozialrevolutionären Bauern mindestens ebenso feindselig gegenüber als den Deutschen, die vor einer größeren Katastrophe standen, als wir sie je erlebten. Wir wurden einfach abgeschoben. Unser kleines Divisionskommando stieß in der Innenstadt zu den Trupps aus den Schulen und Hotels. Wir erfuhren, daß die Narretei unseres Obersten P. schwere Blutopfer gefordert hatte. Allein am Bahnhof waren 21 Soldaten gefallen. Unterwegs suchte der Oberst P. meine Nähe. Er sprach eine Bitte aus: »Wenn Sie nach Hause kommen, erzählen sie nichts von meinem Fehler.«

Es waren nicht alle »Soldaten« in unserer geschlagenen Kolonne. Viele kamen einzeln zu uns. Sie waren beim Überfall gar nicht in den Unterkünften, sondern auf Märkten und bei den Materiallagern der deutschen Garnisonen. Viele auch bei ihren russischen »Freundinnen«. Manche hatten Riesengeschäfte gemacht, indem sie Autoreifen u. a. gegen bar an mehrere Käufer verschachert hatten. Ihnen blieb nichts. Sie stritten sich um nichts; denn mit der von Berlin gedruckten Währung war es zu Ende.
Am Bahnhof stand ein langer Zug von Güterwagen, in dem wir wahl- und quallos eingeladen wurden. Es gab keine Rohheiten; alles war eher still. Als sich der Zug in Bewegung setzte, schossen die Petljuras mehrere Salven über die Wagendächer. Ein Abschieds-Salut.
Die Fahrt zur deutschen Grenze dauerte drei Tage. Verpflegung erhielten wir keine. Wer deutsches Geld hatte, konnte sich auf Bahnhöfen etwas Eßbares kaufen und Wasser trinken. An den Bahnknotenpunkten gab es immer wieder Stauungen und Aufenthalte, denn die wenigen Rückzugslinien mußten ja die ganze deutsche Besatzungsarmee aufnehmen. Bei einem dieser Aufenthalte erlebte ich eine große Freude. Ein Militärgeistlicher war gekommen und zelebrierte mitten im Bahnhofsgelände eine hl. Messe. Einer unserer Offiziere diente als Ministrant. Mir fiel es wie Schuppen von den Augen. Ich erkannte mein gottfernes Leben der letzten Monate. Wie lange war ich im »Kino« abenteuerlicher Ereignisse gewesen, wie lange war ich vom Abenteuer und Sinneslust vom Beten abgekommen und in keinem Gottesdienst mehr gewesen. Mein »unerschütterlicher« Glaube war in einer Dunkelkammer versteckt gewesen. Jetzt aber holte ich ihn heraus und bekannte mich aufs Neue zu ihm.

Beruf und Eheschließung

Der mühselige und gefährliche Transport endete in Berlin. Die deutsche Besatzungsarmee war mit Schimpf und Schande aus der Ukraine und aus dem zur Freiheit erwachendem Polen vertrieben. In der »Reichshauptstadt« tobten Kämpfe zwischen den aus Frankreich zurückströmenden Truppen und den Verteidigern einer demokratischen, der sogenannten Weimarer Republik. Oft im Laufschritt erreichten wir die Entlausungsstation. Dort ging der Dienst noch nach Vorschrift. Man gab uns frische Wäsche und Uniformen. Nach unseren Regimentern wurde nicht mehr gefragt. Wir erhielten Entlassungsscheine und überließen es dem Einzelnen, mit der Bahn oder zu Fuß nach Hause zu gelangen. Ich kam nach Stuttgart und fand zum Elternhaus. Wie überall war auch da die Stimmung trübe. Mein Vater hatte das letzte seiner Amts-Ideale verloren: die alldeutsche Vaterlandspartei. Ein großer Teil des mütterlichen Vermögens. Die Kriegsanleihen waren wertloses Papier. So war es meinem Vater Trost und Lebenssinn, den Kranken im Krankenhaus ein guter Seelsorger und Tröster zu sein.

Was aber sollte aus mir werden? Für ein Weiterstudium mit väterlicher Unterstützung konnte ich nicht rechnen. Da griff wieder die göttliche Vorsehung in mein Leben ein. Durch zwei Broschüren hatte ich da und dort Interesse gefunden. Ich erhielt eines Tages einen Brief vom Studentenseelsorger in München, Prof. B. Professor B. fragte mich, angeregt durch meine Programmbroschüre »Weltverband der katholischen Akademiker«, ob ich in München Sekretär des katholischen Akademikerausschußes werden wolle. Das war für mich eine willkommene Gelegenheit, meine Ideen zum Tragen zu bringen. Einheit in der Vielheit. Schlagkraft statt korporative Inzucht. So sagte ich alsbald zu.

In jenen Tagen war München eine unruhige, leicht manipulierbare Stadt. Zerrissen war auch ich. Ein kleines Gehalt reichte kaum zum Leben; ich mußte als Mitarbeiter von Zeitschriften und als Redner Geld dazu verdienen. Der katholische Akademikerausschuß war wenig durchorganisiert. Mein Wiederanschluß an der C. erneuerte manche Freundschaft, konnte aber wenig in meiner Richtung zum W. V. K. A., der mir vorschwebte, beitragen. Mein Gesundheits- und Seelenzustand legten mir eine baldige Ehe nahe. Noch einmal prüfte ich meine Eignung zum Priester genau. In Privatexerzitien zog P. Duhr (SJ) das Fazit: »50 % genügen nicht«. Also heiraten. Eine katholische Ehe wurde Ziel und Vorsatz.

Aber wie bekomme ich die Frau, die meinen Vorstellungen entsprach? Im Vinzentinum wohnte ich mit einem guten Freund zusammen. Wir schmiedeten, jeder für sich, unsere Pläne. Eine Anzeige in der »Kölnischen Volkszeitung« brachte ein überraschendes Ergebnis. Über 350 Zuschriften von Mädchen, Frauen, Kriegsbräuten und Kriegerwitwen waren das überraschende Ergebnis. Die Briefe der Heiratslustigen wurden sorgfältig sortiert und geprüft. Inhalt, Graphologie u. a. m. ließen die meisten in den Papierkorb wandern. Der Rest wurde immer kleiner. Zuletzt blieb nur einer, der Brief meiner späteren guten Frau. Erkundigung bei ihrem Pfarramt ergab ein sehr gutes Ergebnis. Das Foto der »Künftigen« war bezaubernd schön. Übrigens stand in der gleichen Zeitung auch ihr Inserat.

So schlug ich in einem Brief eine erste Begegnung in Magdeburg vor, wohin ich zum Katholikentag sowieso fahren wollte. Ihre Heimat war in Egeln, ganz nahe dabei.

Unsere erste Begegnung fand in einem bekannten Magdeburger Café statt. Es war zuerst eine stumme Begegnung. Gegenseitiges Beobachten ohne mehr als allgemeine Redensarten. Mein Gegenüber war schön und aufmerksam beim Servieren. Ihrem Lieblingsgebäck, Streuselkuchen, blieb sie auch später treu. Ich schlug vor, ins Freie zu gehen, wo man sich ungestörter unterhalten konnte. Wir saßen dann auf einer Bank im nahen Stadtpark.

Auch hier wollte zuerst kein Gespräch in Gang kommen. Wir sahen einander noch nicht ins Herz, obwohl es unser Wunsch war. Margarete übte eigentlich keinen Reiz auf mich aus. Sie ist schön und gut, das war mir klar. Irgendwie aber schien sie für ihr Alter eher kindlich, während ich nach so vielen Erfahrungen mir ja schuldig vorkam. Mit der Spitze ihres Schirms schrieb sie immer wieder Zeichen in den sandigen Boden. Ich war ungeduldig, wartete auf ein sachliches Wort und fand selbst ein solches nicht. Es reifte in mir schon der Entschluß, die Begegnung ergebnislos abzubrechen und Margarete dies vorzuschlagen. Als ich schon mit einer Erklärung aufstehen wollte, bat sie mich, doch erst einmal ihr Elternhaus aufzusuchen und dort über unsere Verbindung zu sprechen. Ich war von dem Vorschlag gar nicht begeistert, konnte ihn aber bei der Nähe von Egeln nicht ablehnen. Irgendwie tat mir Margarete leid. Ich spürte ihren ernsten Willen und tiefen Glauben. Sie aus dem Milieu jener Gegend herauszunehmen, die Diasporakatholikin in den Süden zu holen, schien mir als eine Aufgabe, die mit meinem Vorsatz, sobald als möglich, eine katholische Ehe mit allen Konsequenzen einzugehen, übereinstimmte. So trafen wir uns am nächsten Tag in Egeln, wo ich mit viel Gastfreundschaft empfangen wurde.
Das fremde Haus stand an einer verkehrsarmen Straße. Es war einfach, aber solide. Auf der Rückseite ging der Blick in einen großen, sorgsam gepflegten Garten mit viel Beerenobst und Gemüsebeeten. Es gefiel mir alles. Ich blieb einige Tage in Egeln. Margaretes Vater war streng, aber sympathisch. Die Mutter war seit mehr als einem Jahr tot. Ursache: Brustkrebs. Obwohl man uns wie Heiratskandidaten behandelte, war ich innerlich noch immer unentschlossen. Das bildhübsche »Kind« hatte ich noch immer nicht ganz in seinem eigentlichen Wert entdeckt. Ich spürte aber das Eine immer stärker: sie paßte nicht in diese Umgebung. Meine Aufgabe sei es, sie aus der kalten, unsauberen Luft dieses Ortes in ein katholisches Milieu zu retten. Egeln war protestantisch, die

Bevölkerung der Provinz Magdeburg war sittlich roh und schlecht. Ich erfuhr das aus Begegnungen mit den Menschen, auch aus dem Verwandtschaftskreis Margaretes. Der Vater selbst war als Protestant eine Ausnahme. Als Bergbeamter hatte er nichts unterlassen, um sein Wissen zu vermehren und durch seine gut katholische Frau religiöses Interesse zu wecken und tolerant zu denken und zu handeln. Bei Margaretes Erstkommunion und Firmung war er gerne in der Kirche Marienstuhl, einer Oase der Diaspora. Ein ehemaliges Kloster war durch die Jahrhunderte von der Säkularisation und Enteignung verschont geblieben. Die Kirche war ein Juwel der Baukunst. Gotik und Barock waren hier glücklich vereint. Es war die Kirche, in der wir bald getraut werden sollten.
Während der kurzen Tage näherer Bekanntschaft, wurde mir das Wegstreben Margaretes vom mutterlosen Haus immer bewußter. Ich hatte zwar vieles an ihr auszusetzen. Sie wollte durch schlecht zu ihr passende Garderobe und turnerisches Ringelspiel sichtlich imponieren. Das blieb ohne Eindruck für mich. Ich beobachtete mit steigendem Interesse ihre Emsigkeit und Tüchtigkeit, mit der sie den Haushalt meisterte, da die Mutter fehlte.
Letztlich faßte ich den Entschluß zur Verlobung, den sie schon immer gehabt aber nie geäußert hatte. Über Geld und Mitgift wurde nicht gesprochen. Ich verließ mich auf meine eigene Kraft und Gottes Führung. Wie sehr hatte ich das »Kind« unterschätzt, und wie sehr habe ich mich überschätzt.
Ich mußte nach München zurück, von wo ich schon zu lange weggeblieben war. Wir verlobten uns und wußten dabei ganz genau, daß wir fürs Leben zusammengehören mußten. Auch die Hochzeit wurde schon ins Auge gefaßt, sobald ich eine Wohnung gefunden hätte, und alle Vorbereitungen getroffen seien.
In München angekommen, wollte ich mich sofort in die Arbeit beim katholischen Akademikerausschuß stürzen. Private Exerzitien bei dem bekannten Historiker des Jesuitenordens, P. Duhr,

hatten ja ergeben, daß der Priesterberuf für mich nicht in Frage komme. Die Ehe aber, als unlösbare Verbindung für das ganze Leben, wurde vor Gott gelobt. Ich wollte ein treusorgender Gatte und Vater werden.

In der bayerischen Hauptstadt herrschte nach der Ermordung des kommunistischen Ministerpräsidenten K. E. immer eine explosive Ruhe. Ich wurde mit meinem Studienfreund (von Freiburg her) aufgefordert, einer Studentenkompanie beizutreten. Offiziere und Unteroffiziere waren in dieser Truppe wieder einfache Soldaten. Wir exerzierten, machten unsere Schießübungen. Dann wurden wir eingesetzt zur Durchsuchung von Wohnungen der entkommenen Führer der Revolution. Ich übte diese unangenehme Patrouillentätigkeit während der Nacht mit großer Nachsicht gegen die erschrockenen Frauen der Gesuchten. Diese waren längst über alle Berge.

In dieser kurzen Periode des Militärdienstes wurde ich sehr gefeiert durch die zahlreichen Wurstpakete, die meine Braut mir zusandte. Es waren ganz ungewöhnliche Leckerbissen, die ich mit meinen Freunden teilte. Dann begann wieder die angestrengte Berufstätigkeit.

Prof. B., der Begründer des katholischen Akademikerausschusses und Studentenseelsorger war seiner Aufgabe immer weniger gewachsen. Er verlor sich in eine romantische politische Welt. Als er während einer phantastischen Predigt den Faden verlor, mußte er von der Kanzel von St. Ludwig heruntergeholt und in psychiatrische Behandlung gebracht werden.

Jetzt lag die ganze Verantwortung für den K. A. A. auf meinen Schultern. Ich verfolgte das Ziel, die Ausschüsse zum Sammelbecken der katholischen Studenten zu machen und hoffte auch, die Verbände CV, KV, UV etc. unter ein Dach zu bringen in der Hoffnung, den katholischen Studenten ein Werkzeug konzentrierten Einflusses in der Neugestaltung Deutschlands zu schaffen. Dabei erlebte ich viele Enttäuschungen. Der Korporationsegoismus verstand meine Zielgedanken nicht. Ein Weltverband katholischer Studenten rückte in die Ferne. Der CV sagte kategorisch nein. In ihm dominierten die heimgekehrten Reserveoffiziere, die von Revanche und der Beseitigung des Friedensvertrages träumten. Ich mußte es erleben, daß der schuldbeladene Ludendorff zu einem großen CV-Kommers in München eingeladen und mit triumphalem Getrampel empfangen wurde. So beschränkte ich mich auf meine Tätigkeit auf den KAA, München. Unzählige Reden, Diskussionen beschäftigten sich mit der Aufgabe des katholischen Studenten in der Nachkriegszeit. Der Mission und besonders des Laiens in der Mission galten meine unermüdlichen Arbeiten. An der Gründung des missionsärztlichen Instituts hatte ich großen Anteil. Bald erkannte ich, daß ich eine eigene Organisation weiterführen könnte. Ich wagte mit den interessierten Freunden die Gründung einer »katholischen Liga für praktische akademische Kulturarbeit.« Diese Gründung hatte einen überraschenden Erfolg. Es gab Tausende von Mitgliedern. Es konnte der Ankauf eines Hauses in München ins Auge gefaßt werden. Der spätere Papst Pius XI. war damals Nuntius in Warschau; seine anerkennenden Worte hätten mich bedenklich machen müssen. In dem Brief des späteren Papstes Pius XI. stand der Satz: »Alle großen Werke in der Kirche beginnen klein, müssen klein beginnen.« Und ich wollte hoch hinaus. Ermutigt war ich durch die stürmische Zustimmung von Tausenden Katholiken, die sich zu meiner »Katholischen Liga für praktische akademische Kulturarbeit« meldeten. Die äußeren Umstände aber wurden von Tag zu Tag ungünstiger. Die Inflation machte Riesenfortschritte bis eine Billion = eine Mark – das Ende erreicht war. Alles wurde hinfällig. Die eigene Existenz war in Frage gestellt. Die Aktien, zu deren Kauf mich ein cleverer Bankier überredet hatte, waren nichts mehr Wert als ihr Papier. Ich mußte meinen Samowar, zuletzt meine Schreibmaschine verkaufen. Der schon früher ins Auge gefaßte Plan, einen Verlag zur christlich-sozialen Interpretation und

»Taufe« des Kommunismus zu gründen, hatte ein böses Ende genommen.
In einen Bekanntenkreis russischer Emigranten trat eines Tages ein russischer »Baron«, der behauptete, einen Teil seines großen Vermögens in das Verlagsgeschäft zu investieren. Die Gründung fand statt. Sie wurde – auf meine Kosten gefeiert. »Jeden Tag kann mein treuer Diener das Vermögen über die russische Grenze bringen.« Des Barons einzige Bedingung war seine Bestellung als Geschäftsführer. Er nistete sich alsbald in mein Zimmer im Vinzentinum ein und – arbeitete. Als sich das sagenhafte Vermögen nicht einstellte, hatte ich genug. Der Baron machte auf Kosten der jungen GmbH unnötige Bestellungen und Schulden. Als Inhaber der Mehrheit des Gründungskapitals mußte ich dem Spuk ein Ende bereiten. Mit großer Mühe gelang es mir, die gerichtliche Auflösung der Gesellschaft zu erreichen. K. hatte viele Bekannte bei Gericht und verfügte über eine sehr seltsame Geldquelle. Er entpuppte sich später als ein Matrose der russischen Kriegsflotte, der bei der allgemeinen Meuterei die Goldrubel seines Schiffes geraubt und in Deutschland u. a. in Baden-Baden eine feudale Villa damit gekauft hatte.
Es war eine merkwürdige Zeit. Vorläufer der NSDAP wühlten im Verborgenen. Sie verteilten Gummiknüppel an vermeintliche Gesinnungsfreunde. Auch ich wurde bei einer unverfänglichen Einladung beschenkt. Ich war immer ein nachdenklicher Zuschauer im Kino des Lebens.
Meine Bemühungen um eine Stellung hatten noch vor dem Ende der galoppierenden Inflation endlich Erfolg. Ich wurde im Generalsekretariat der Bayrischen Volkspartei angestellt. Die Gründung und Fortführung eines Archivs und Mitarbeit im Kulturreferat waren meine Aufgabe. Ich war mit Feuereifer dabei und war stolz auf meinen Entwurf eines Kulturprogramms der christlichen Partei. Mein Hauptfehler war, daß ich kein Bayer war.

Die Hochzeit

Doch zurück zum 20. August 1920. An diesem Tag wurde unsere Ehe kirchlich geschlossen. An die standesamtliche Trauung erinnere ich mich überhaupt nicht. Aber sonst an fast alles, was um mich hervorging. Ich fühlte mich während des trüben Sommertages unter der schweren Last unseres Ja-Wortes vor Gott, dessen Unwiderruflichkeit mein Glaube mir klar vor Augen stellte, ängstlich. Die gewählte Alternative zum Priesterberuf nahm ich ernst. Ich wußte, daß wir keine Vergnügungsreise ins Blaue begannen. Die Zeit stand auf Sturm. Vor den zahlreichen Hochzeitsgästen ließ ich mir meine große Angst, von deren Ursache sie nichts ahnten, kaum anmerken. Der Polterabend entsprach wohl kaum dem Bild, das man sich von dem Treiben bei solchen Gelegenheiten macht. Es waren auch zwei meiner Geschwister gekommen. Meine Frau von Morgen trug die Hauptlast in Küche und Keller. Sie wurde von allen bewundert und gelobt. Die Schönheit konnte ihr ja niemand absprechen. Was aber ging in ihr vor? Ich konnte es nur ahnen und Zeichen einer großen Nervosität feststellen.

Am Hochzeitsmorgen regnete es. Als sich unser Hochzeitszug der Kirche näherte, merkte Margarete, daß sie ihr schönes Bukett vergessen hatte. Es gab eine kleine Verzögerung bis eine Freundin den weißen Blütenstrauß herbeigeholt hatte. Dann knieten wir beide vor dem Altar. Während wir knieten, brach die Sonne durch – mit ihr die Sommerwärme. Die Last meiner Verantwortung lastete so sehr auf mir, daß mir der Schweiß ausbrach. Der sogenannte »Zwicker«, damalige Mode, rutschte mir von der Nase und wollte nicht mehr halten. Kurz vor dem Ringwechsel verlor ich den Ring bis unter den Altar. Ich konnte ihn nur mit Mühe erreichen. Der Gedanke an Flucht im letzten Augenblick riß an mir. Aber ich ermannte mich. Ich rief zu Gott um Hilfe. »Bis daß der Tod Euch scheidet.« Das Eheband ward um unsere Hän-

de geschlungen. In diesem Augenblick eines unverbrüchlichen Versprechens ward mir ganz deutlich bewußt, daß es meine angetraute Frau genau so ernst meinte, wie ich. Sie war kein Kind, wie es mir oft geschienen hatte, sondern eine starke katholische Frau, bereit, alle Lasten des Ehelebens zu tragen.

Die Hochzeitsreise

Die Nachtfahrt nach München war keine Traumreise. Der Waggon, in dem wir kaum Platz gefunden hatten, trug noch die Spuren des Revolutionskrieges. Keine Fensterscheibe war ganz, die Augustnacht kalt.

Margarete und ich sprachen kaum ein Wort miteinander. Vor unseren Augen stand die unbarmherzige dunkle Zukunft. Ich bangte um mein »Werk«. Die drohende Inflation mußte es zerstören. Ja, ich hatte viel zu sehr auf mich und für mich gebaut. Mein Wille war gut; aber meine Kraft und die Zeit? Nuntius Ratti hatte recht: »Alles Große muß klein beginnen.« Ich klammerte mich an Gott: »Führe mich durch dieses Dunkel!« Meine Frau mag für ihre Zukunft ähnlich gedacht haben. Aber wir redeten in dieser Nacht nicht darüber. Wir schwiegen und wälzten unsere Sorgen in uns.

Ich mußte nach München, zu retten, was zu retten war. Selbstbewußt und hochmütig hatte ich eine Mitgift ausgeschlagen. Was hätte sie auch genützt? Das Geld schmolz ja wie Eis.

In München wartet nur mein Zimmer auf uns, die Wohnungssuche mußte erst beginnen. Die Schwestern des Vizentinum mach-

Am 20. August 1920 heiratete ich Margarete. Vor unseren Augen stand eine unbarmherzige dunkle Zukunft. Ich klammerte mich an Gott: »Führe mich durch dieses Dunkel!« Meine Frau mag für ihre Zukunft ähnlich gedacht haben.

ten ihrem Namen alle Ehre; sie waren barmherzig. Ein Zimmernachbar schenkte uns als Hochzeitsgeschenk ein feines Porzellanservice, das Margaretes Initialen trug, obwohl es ursprünglich für die Frau des todkranken Nachbarn bestimmt war. Er war einst ein erfolgreicher Kaufmann, der die ganze Welt bereist hatte, aber im Alter, nach dem Tod seiner Frau, dem Suchtgift verfallen war. Bald nach unserer Ankunft starb er, die Giftnadel im Oberschenkel. Die kurzen Tage unserer Bekanntschaft hatten ihm und mir viel Trost und Erfahrungsaustausch geschenkt.

Die Wohnungssuche brachte sehr bald einen für uns rettenden Erfolg. Als Untermieter bei einer angesehenen Familie v. B. bekamen wir drei Zimmer mit Küchenbenützung. Diese Zimmer waren frei geworden, nachdem der Vater der verwitweten Frau v. B., ein Münchner Bankier, mit 70 Jahren in das Priesterseminar eingetreten war. Seinen Talar zu zeigen machte ihm mehr Spaß als der Beruf. Ein merkwürdiger Charakter. Noch vor Ablauf eines Jahres heiratete er ein 25jähriges Mädchen, das er in Bad Wörishofen kennengelernt hatte.

Jetzt war der Friede in unserer Wohnung zu Ende. Der alte Ehemann wollte wieder in seine Wohnung zurück. Frau v. B. beharrte aber auf unser Mietverhältnis. Immer wieder kam das ungleiche Paar in die Wohnung; aber er konnte seine sinnlosen Versuche nicht durchsetzen. Wir erlebten böse Szenen, wenn das ungleiche Paar auftauchte. Ich wurde Zeuge, wie der alte Mann in senilem Wahnsinn die junge Frau brutal behandelte, würgte und zu Boden warf, so daß ich helfend eingreifen mußte. Die ungleiche Ehe fand ein jähes Ende. Ein Schlaganfall raffte den Alten blitzartig weg.

In unserer Münchner Wohnung wurde unser erster Sohn Wolfgang geboren. Das Bild zeigt die junge Familie im zweiten Ehejahr.

In unserer Wohnung wurde unser erster Sohn Wolfgang geboren. Es war eine schwere Geburt, an der meine Frau beinahe verblutet wäre. Der erste Arzt, den ich aufsuchte, hatte eine große Party in seiner Wohnung, war also unabkömmlich. Der zweite, den ich unter Sturm und Regen fand, war hilfsbereit und schnell. Margarete wurde gerettet. Das Kind wuchs heran und wurde im Englischen Garten, wo wir es spazierenfuhren allgemein bewundert. Meinen Lebensunterhalt mußte ich mit Schreiben und Reden verdienen, bis die Stellung im Generalsekretariat der Bayerischen Volkspartei uns für einige Zeit wieder Boden unter die Füße schob.

Die Endphase der verbrecherischen Inflation erlebte ich in der kleinen Untermieterwohnung Viktor-Scheffelstraße 18. Dort wurden auch die ersten drei meiner Kinder, zwei Söhne und eine Tochter geboren. Es war eine Zeit mit viel beruflicher und familiärer Freude, aber auch durch schwere materielle Sorgen erfüllt. Im Sinne meiner hochfliegenden Ligapläne konnte ich die ersten Studentenaustausche mit Ungarn und Jugoslawien verwirklichen. Unter vielen anderen liebgewonnenen Freunden aus diesen Kreisen war auch der Bauernsohn und spätere bayerische Minister Hundhammer, der an Stelle von Geld – Speck, Käse und Brot an den ungarischen Partner in München lieferte.

Das größte Ereignis jener Jahre war nicht nur für mich, sondern für ganz Deutschland der mißglückte Hitlerputsch. Der Bürgerbräukeller mit der Ausrufung einer Gegenregierung gegen Berlin offenbarte schon die Durchsetzung der Münchner mit preußisch-nationalistischen Ideen. Die soziale Notlage (Inflation) hatte die Stimmung angeheizt. Ich hatte die gefährliche Entwicklung längst beobachtet und in Artikeln und Parteireden gewarnt.

Nachdem Ordnungskräfte den Putsch bei der Feldherrnhalle niedergeschlagen hatten – viele Rädelsführer waren nach Österreich geflohen oder hatten sich in München versteckt – kam der Prozeß gegen Hitler. Als Berichterstatter für viele Zeitungen hatte ich die beste Gelegenheit, diesen »Heros« des Nationalismus kennenzulernen. Seine stundenlangen Verteidigungsreden bestätigten mein Urteil von früher. Es waren leere Worte, messianische Selbstverherrlichung und Verächtlichmachung der Demokratie. Ebenso wahrnehmbar war sein Liebeswerben um die Armee. Hitler fand sehr gnädige Richter. Sie nahmen ihm seine »Ideale« ab und verlangten die fünfjährige Festungshaft in Landsberg a. L. Dort war der Dämon so gut wie frei, konnte das Buch »Mein Kampf« schreiben und seine Propaganda fortsetzen.

Eine Semmel kostet eine Billion

Die in der Geschichte der Staaten unbekannte Währungszerstörung hatte für die Bevölkerung verheerende Folgen. Der Tauschhandel zwischen Stadt und Land blühte. Kleider, Möbel, Teppiche, Klaviere und vieles andere mehr mußte der allgemeinen Hungersnot weichen. Die Berliner Politiker glaubten ihr Ziel, den Abwurf der Auslandsschulden, erreicht zu haben. Zur gleichen Zeit gewann der Nationalsozialismus immer mehr Zulauf.
Für meine eigene Familie begann eine neue Katastrophe. Ich verlor meine Stellung, weil in der Parteikasse das Geld fehlte. Regelmäßige Bettelfahrten aufs Land zehrten an Kleidung und Mobiliar. Unter unsäglichen Mühen brachte ich Säcke voll Äpfel, Kartoffeln, Fett und Brot in unsere Wohnung. Ein Tropfen auf einen heißen Stein. Geholfen hat uns das Hilfswerk der Jesuiten aus der Schweiz. Es half, konnte aber nicht die schweren Entbehrungen jener Jahre beseitigen.
Ich griff nach jedem Strohhalm. Für einen Betrag von monatlich 10 Gulden arbeitete ich für einen holländischen Verlag. Es war keine journalistische Arbeit im eigentlichen Sinne des Wortes, vielmehr mußte ich bei den »fliegenden Blättern« alte Klichees von Witzbildern aufsuchen, die in Holland gut ankamen.

Eine große Hilfe war meine Bekanntschaft mit dem Abt des Trappistenklosters Maria Stern in Banjaluka (Bosnien). Dieser wollte damals einige Wirtschaftsbetriebe seiner Abtei abstoßen. Hier konnte ich meine guten Beziehungen zu Mitgliedern des Wirtschaftsbeirates der BVP nützlich einsetzen. Mit einem Fabrikanten aus der Oberpfalz reiste ich nach Bosnien, wo wir einige Wochen Gäste der Abtei waren und das Land und die Leute kennenlernten. Als Geschenk erhielt ich zum Abschied einen Anzugsstoff, einen großen geräucherten Schinken und einen Laib des berühmten Trappistenkäses. Gute Produkte der Mariasterner Wirtschaftsbetriebe.

Daheim wurde ich mit großer Freude aufgenommen. Aber alles, was ich damals tat, konnte den Zustand nicht dauerhaft machen. Ich war am Ende. In der höchsten Not beschloß ich, an einer Männerwallfahrt nach Altötting teilzunehmen. Ich betete unablässig und erflehte die Hilfe Gottes und der Gottesmutter Maria. Am Tag nach meiner Rückkehr stand vor mir nicht ein Ja oder Nein. Meine Bewerbungen um einen Redaktionsposten in Oppeln und in Karlsruhe waren positiv aufgenommen worden und als dritte Möglichkeit wurde mir die Aufnahme in den Dienst des Auswärtigen Amtes in Berlin zugesagt. Diese ehrenvolle Einladung verdankte ich dem bekannten Juristen und Politiker K. Beyerle (Konstanz) und meiner persönlichen Bekanntschaft mit dem Staatssekretär von Maltzan, dem ich meine Ansichten zur Rußlandpolitik unterbreitet hatte und von dem ich bei persönlichen Besuchen in seinem oberbayerischen Wohnort examiniert wurde.

Überglücklich über die Wende in meinem Leben, besprach ich mit Margarete und vielen Bekannten das unerwartete Dilemma. Daß ich mich damals gegen das Berliner Angebot entschied, hatte seine Gründe. Ein Kartellbruder, der jahrelang im Auswärtigen Amt tätig war, riet mir dringend ab. Er sagte, Du wirst ein paar Jahre gebraucht, um den Damen des diplomatischen Korps Blu-

men zu überreichen; bei den Sprachexamen läßt man Dich an Englisch und Französisch scheitern, und bald hat der Mohr seine Schuldigkeit getan. In der deutschen Politik an der Spitze setzen sich wieder die alten adeligen Kräfte durch und besetzen die Schlüsselstellungen.« Das war mir klar. Ich liebte Berlin sowieso nicht und sah deutlich den Rückfall der Demokratie (Weimar) in das Unwesen eines pseudo-deutschen Nationalismus. Nach Oppeln wäre ich an sich gerne gegangen. Es lag der Heimat meiner Frau nahe, aber sehr weit weg vom Schwabenland. Meine Beziehungen zu Schlesien waren recht gut, da ich dort bei Veranstaltungen (heute »Symposien«) in einem großen Kreis von Förderern der deutsch-polnischen Freundschaft sprechen durfte. Meine Vorträge über die polnische Geschichte und Kultur fanden viel Beifall und Zustimmung.
Die Ablehnung preußisch-deutscher Chauvinisten war zwar in unseren Kreisen nicht spürbar, ich kannte sie und die Gefahr, für den Weltfrieden. – So entschloß ich mich für Karlsruhe.

»Sterne und Blumen«

Der Umzug nach Karlsruhe erforderte noch große Opfer. Mich beflügelte der Gedanke, bald eine lohnende und beständige Redaktionsarbeit zu übernehmen. Während ich als Quartiermacher allein vorauszog, regelte Margarete ihre Arbeit in vorbildlicher Geschicklichkeit. Sie hatte ja die Versorgung der Kinder wahrzunehmen und die letzten Verkäufe und Einkäufe und dazu die behördlichen Gänge zu erledigen. Mit viel Geschick gelang ihr der Verkauf ihres Klaviers aus der kargen Mitgift und ein gewinnreicher Kauf eines älteren Flügels in ihrer Lieblingsfarbe Schwarz. Ich selbst konnte ihr immer wieder außer dem Umzugszuschuß des Verlages nur Teile meines kleinen Gehaltes überweisen.
»Sterne und Blumen« waren eine illustrierte Beilage in katholi-

schen Zeitungen Deutschlands. Durch meine zielbewußte Arbeit konnte ich ihre Auflage in kurzer Zeit um mehrere hundert Prozent steigern. Daneben fand ich Zeit, meinen Roman »Glühende Ketten« (Erinnerungen an die Gefangenschaft in Rußland) für die Zeitschrift zu schreiben. Der Abdruck fand lebhaftes Interesse bei den Lesern. Es erfolgten an die tausend Vorbestellungen auf die Buchausgabe. Das bescheidene Honorar meines Verlages ermöglichte mir das Wagnis, im Vorort Daxlanden ein Reihenhaus zu kaufen und einzurichten. Die Sandwüste hinter dem Haus verwandelte ich in einen Garten mit viel Gemüse und Beerenobst. Der Garten in Egeln diente als Vorbild.
Als dann alles soweit vorbereitet war, konnte ich endlich meine Frau und unsere drei Kinder am Bahnhof Karlsruhe abholen. Nicht ohne Stolz brachte ich sie in unser Eigenheim in Daxlanden. Hier erlebte ich aber eine große Enttäuschung. Margaretes erstes Wort über der Schwelle war: »Hier soll ich wohnen?« Der Schlag traf mich ins Innerste. Ich konnte ihn lange nicht verwinden. Freilich, die Zimmer waren klein, aber in der Zahl genügend. Der schwarze Flügel versperrte viel Platz, aber sonst ...? Verstand meine Frau nicht, was ich an Mühe und Arbeit geleistet hatte. Verstand sie nichts von Geld und Geldeswert. Das Haus lag zwar einige Kilometer vom Stadtzentrum, die täglichen Fahrten mit dem Fahrrad mußte ich jedoch zweimal täglich zurücklegen. Ich faßte mich und überließ meiner Frau das Einräumen der Sachen. An die Stelle der liebevollen Versorgung durch die Schwestern trat die Kost vom eigenen Herd.

Das Schillerheim

Im Rückblick auf ein langes Leben erkenne ich heute (91 Jh.), daß viele Sprichwörter nicht allgemein gültig sind. Es heißt z. B. »durch Schaden wird man klug« oder »Erfahrung macht weise« usw. Bei mir war es nicht so. Leider! Der Erfolg meiner Redaktionsarbeit weckte in mir wieder das Verlangen, mit einem Schlag ein großes Werk zu vollbringen. Der Brief des späteren Papstes Pius XI.: »Großes beginnt klein«, war vergessen.
Als der Verlag Badenia kurzerhand die kaum erst gegründete Südwestdeutsche Illustrierte an einen Schweizer Verlag verkaufte, fiel eine schwere Last von mir ab. »Sterne und Blumen« blieben meine einzige Aufgabe. Sie wurden aber auch eine Basis für ein großes Werk meiner früheren Pläne in München. Im blinden Vertrauen auf die Leser (wohl über eine Million) wagte ich mich an die Verwirklichung eines Teilplanes der früheren »Liga für praktische akademische Kulturarbeit.« Das »Schillerheim deutscher Katholiken« in Marbach a.N.
Der Zweck des geplanten Heimes stand mir klar vor Augen. Es sollte dem Aufenthalt von Germanisten, Publizisten und Examenskandidaten dienen. Das Schillermuseum mit seinen reichlichen literargeschichtlichen Schätzen sollte der Forschungsarbeit der Heimbewohner dienen. Dabei war an Team- und Einzelarbeit gedacht.
Die Finanzierung erschien mir völlig gesichert durch die Unterstützung der Leserschaft von »Sterne und Blumen«. Ich rechnete fest mit ihr, zumal sie verbunden wurde mit dem Verkauf von Silber- und Goldmedaillen. Geplant war für den Besuch des Heims ein erstklassiges Restaurant und Unterkunftszimmer einzurichten. Der erste Erfolg bestätigte meine hochfliegende Erwartung. Es kam sofort so viel Geld zusammen, daß ein Bauplatz in der Nähe des Schillermuseums erworben werden konnte. Bald gab es aber unvorhergesehene Schwierigkeiten. Mein Einsatz für das

Unternehmen führte zur Trübung meines Anstellungsverhältnisses im Badenia-Verlag. Noch immer meines Erfolges sicher, entschloß ich mich, der Lösung des Redaktionsvertrages zuzustimmen. Der Eingang der Beiträge zum Verein »Schillerheim deutscher Katholiken« verlief nach meinen Berechnungen günstig. Aber zugleich war ich jetzt von dem begonnenen Werk abhängig geworden. Es verdüsterte sich der politische Himmel Deutschlands. Die N. S.-Partei drängte immer stärker zur Machtübernahme. Da unter den Gründern auch Pater Friedrich Muckermann unterzeichnet hatte, geriet der ganze Plan in Gefahr. M. war bei ihnen als scharfsinniger und unerbittlicher Gegner besonders verhaßt. Diese Wende im politischen Klima wirkte sichtlich auf die Teilnahme der erwarteten Freunde. Die Beiträge gingen zurück. Meine Familie konnte und wollte ich aber nicht von den Finanzen meines Werkes abhängig machen. Ich fürchtete auch für die gewonnenen Förderer im Hinblick auf die vorausgeahnte Auflösung oder Übernahme des Vereins durch eine N. S.-Diktatur.
In dieser Situation bemühte ich mich wieder um eine feste Anstellung in der katholischen Presse. Ich erhielt eine solche auch bald beim »Badischen Beobachter« als Feuilletonredakteur und Kolumnist. Hier konnte ich mich ganz der publizistischen und politischen Arbeit widmen. Ich betonte offen meine Gegnerschaft zum Nationalsozialismus, widerlegte in Artikeln die pseudowissenschaftlichen Thesen der machtlüsternen Partei und engagierte mich auch in der politischen Arbeit der Zentrumspartei. Es gelang mir, auf meinen Vortragsreisen durch Baden, ganze Dörfer für die Abkehr vom Nationalsozialismus für das Zentrum zu gewinnen. So geriet ich immer mehr in das Schußfeld der Gegner. Meine Mitgliedschaft im »Reichsbanner« und die Veröffentlichung eines hochaktuellen Zukunftsromanes »Krieg dem Frieden« verschafften mir einen sicheren Eintrag in die »Schwarze Liste«.

Der Plan zur Gründung des Marbacher Schillerheimes entstand vor der nationalsozialistischen Machtübernahme. Es kam zur Gründung des Vereins »Schillerheim deutscher Katholiken e. V.« mit Sitz in Karlsruhe. Zweckbestimmung des Schillerheimes sollte sein, Studierenden der Germanistik und der deutschen Literaturgeschichte, Unterkunft zu bieten und die reichen Schätze des Schillermuseums zugänglich zu machen. Gründungsmitglieder des Vereins waren u. a. Pater Friedrich Muckermann, SJ; Schriftsteller Dr. Hans Alfons Dürr; Prof. Dr. Elmar Schwartz, Budapest; Universitätsprofessor Dr. Nadler, Königsberg. Der Plan fiel der bevorstehenden Machtübernahme der Nationalsozialisten zum Opfer. Diese sahen besonders in Pater Muckermann ihren erbittertsten Gegner. Der Rückkauf des Bauplatzes durch den Diözesanbischof führte in der Folge zum Erwerb des Grundstückes für die heutige katholische Pfarrkirche zur Heiligen Familie.

Und der Tag der »Machtübernahme« brach an. Als ich wie immer am Morgen in das Redaktionsbüro fuhr, sah ich, daß auf dem Rathaus die Hakenkreuzfahne wehte und die Arme der braunen S. A. zum Hitlergruß erhoben waren. Der Weg zum Ministerium, von dem ich täglich die neuesten Informationen holte, war abgeriegelt. Fremde Gesichter versperrten mir den Weg und zu meinem Schrecken hörte ich immer wieder höhnisch meinen Namen. In der Redaktion blieb ich zunächst unbehelligt; aber unser Chefredakteur, der Geistliche Rat Mayer, war bereits abgelöst und durch einen Anhänger der neuen Machthaber ersetzt. Dieser B. engte meine Tätigkeit sofort ein und ließ keinen Zweifel darüber zu, daß »meine Tage gezählt seien.«
Hier schalte ich ein Gespräch mit dem sofort abgesetzten Polizeipräsidenten von Karlsruhe ein. Er erklärte, daß die Niederschlagung des örtlichen N. S.-Putsches mit treuen Polizeieinheiten leicht möglich gewesen wäre; aber die neue Reichsregierung in Berlin habe sofort ihre Befehle an die »untergeordneten« Landesbehörden erlassen und die Entmachtung der bisherigen badischen Regierung »verordnet«. Der deutsche Subordinationsgeist auch gegen verbrecherische Usurpatoren tat seine böse Wirkung und das »Volk« heulte mit.

Das innere Exil

Nach meiner Entlassung aus der Beobachterredaktion standen wir, meine Frau und die fünf Kinder vor dem Nichts. Ich ging zunächst in die innere Emigration in das Schwarzwalddorf Bermersbach.
Dort fand ich bei lieben Menschen freundliche Aufnahme. Gelegentliche Aufsätze konnte ich, von der Schrifttumskammer ausgeschlossen, schreiben – brachten aber wenig Honorar ein. Ohne die Hilfe von Freunden, Verwandten und Bekannten hätte ich das

Geld für Miete und Lebensunterhalt nicht mehr aufbringen können. So reifte in mir der Plan, in das noch freie Österreich auszuwandern. Der Ortspfarrer von Bermersbach, der Beziehungen zur SS durch einen Verwandten hatte, und der Bürgermeister ließen mich wissen, daß meine Verhaftung bevorstünde. Es mußte rasch gehandelt werden. Ein mehrwöchiger illegaler Aufenthalt in Österreich hatte den Erfolg, daß mir eine längere publizistische Tätigkeit von einem dem Namen nach bekannten Gremium zugesichert wurde. Zuerst sollte ich als Korrespondent den Eucharistischen Weltkongreß in Manila besuchen. Man versprach mir Gehalt und Wohnung für die Familie, alle Reisespesen und weitere Verwendung zur Mitarbeit einer katholischen Korrespondenz. Sobald der Zeitpunkt der Übersiedlung gekommen sei, würde es mir mit einer Postkarte nach Bermersbach gemeldet werden.

Während des mehrwöchigen Aufenthaltes in Wien verdiente ich mir kleine Honorare als Mitarbeiter der »Reichspost« und Übersetzer beim Bundesministerium für Auswärtige Angelegenheiten. Auch während dieser Zeit konnte ich im »armen Österreich« Lebensmittel nach Hause schicken, die im »Dritten Reich« schon Seltenheitswert hatten. Mit Hilfe meines ärztlichen Freundes in Graubünden vollzog sich der Grenzübertritt nach Österreich ohne Gefahr. In Zizers (Schweiz) hörte ich noch die Radionachrichten vom fehlgeschlagenen Naziputsch und der Ermordung des Bundeskanzlers Dollfuß.

Trübe Aussichten! – Nach Österreich!

Die ständig spürbare Bespitzelung und die wohlmeinenden Warnungen von Pfarrer S. und dem Bürgermeister trieben mich an, meine Emigration nach Österreich energisch zu betreiben. Angesichts der Gefahr und den harten Bestimmungen der RM 1000,–

Sperre war ich froh, durch einen Freund im Bezirksamt Rastatt alle nötigen Formalitäten rasch bewältigen zu können. Ich wartete nur noch auf die Postkarte aus Wien. Metallbetten und pro Person RM 50,– sowie Bücher u. a. durften ausgeführt werden. Auf einem Acker am Berghang hatte ich einen Kartoffelacker angelegt, der erwartungsgemäß reichlichen Ertrag geliefert hatte.
Und dann kam die ersehnte Nachricht. Mit meiner Frau und zwei Söhnen und der jüngsten Tochter fuhren wir unbehelligt über die Grenze. Zugesichert waren das Quartier und ein Monatsgeld für meine Frau. Ich selbst erwartete die alsbaldige Verwendung als Reiseberichterstatter.
Dann aber erlebten wir eine furchtbare Überraschung.

Brixlegg – Klagenfurt

Bis wir in Brixlegg ankamen, wurde es Nacht. Das umfangreiche Passagiergut ließen wir am Bahnhof zurück und wanderten in den Ort, wohin uns eine letzte Postkarte den Gasthof »Adler« als erstes Ziel empfohlen hatte. Die Wirtsleute empfingen uns mit großer Liebenswürdigkeit und führten uns in ein sauberes Zimmer. Zu essen trauten wir uns kaum; denn Hitlers Gesetz hatte nur 50,- Reichsmark pro Person als Reisegeld erlaubt. Wie sah unsere nächste Zukunft aus? Die verheißene Wohnung in einem alten Haus, nahe beim Ort, bestand aus einem einzigen Zimmer für die Eltern und drei Kinder. Die zwei kleinen Töchter hatten wir in Oberschwaben bei Ordensfrauen unterbringen können. In der baufälligen Dependance, eng zusammengedrängt, begann die zweite Nacht. An Schlaf war nicht zu denken. Alles war unheimlich. Das kleinste Geräusch erschreckte uns. Waren hier die zugesicherte Wohnung für meine Frau und die Kinder? Es war um Mitternacht, als wir im Parterre Schritte und Flüsterstimmen vernahmen. Ich verstand die Worte: »Sie sind schon da!«

Früh am Morgen ging ich hinunter, um die Lage zu klären. Ich traf einen Herrn v. R. und stellte ihm sofort meine Frage nach der zugesicherten Wohnung und meiner Verwendung.
Der Herr, der die Korrespondenz mit uns nach Bermersbach geführt hatte, war sehr verlegen und stotterte: »Es ging alles eigentlich zu rasch. Leider sind im Augenblick Schwierigkeiten aufgetaucht. Wir müssen Sie um Geduld bitten.« Ich verstand das nicht recht.
»Wieso!?« »Ja, sehen Sie; die organisatorische Vorbereitung Ihrer Korrespondentenreise verzögerte sich. Wir haben aber für Sie eine Zwischentätigkeit vorgesehen. Zur Überbrückung natürlich.«
»Was wäre das?« »Unsere Proponenten – er betonte das Wort, aber mit unverkennbarer Unsicherheit – haben noch ein verlegerisches Konzept, bei dessen Verwirklichung Sie uns helfen sollen.« Verärgert und mißtrauisch wollte ich wissen, was damit gemeint sei.
»Wir haben ein großes Werk über die österreichischen Diözesen in Vorbereitung. Die Finanzierung soll außer durch Unterstützung von seiten der Bischöfe, durch Inserate gedeckt werden. Wir möchten die Werbung in Kärnten Ihnen anvertrauen. Ich werde Sie begleiten und dafür sorgen, daß Ihnen jeweils sofort fünf Prozent der Inseratenpreise ausgezahlt werden.« Ich widersprach sofort und machte darauf aufmerksam, daß ich über keinerlei Erfahrung in der Werbung verfüge. Das ganze sei gegen die Versprechungen, die man mir schriftlich gemacht hatte. Sonst wäre ich ja nicht unter so schweren Opfern nach Brixlegg gekommen.
V. R. war sehr verlegen. »Wir haben getan, was wir konnten. Die Schwierigkeiten liegen nicht bei uns.« Ich sah das Nichts vor mir. »Alles muß ich sofort mit Generalsekretär H. (dem geistlichen Emigranten aus Deutschland) besprechen. Als einer der »Proponenten« trägt er die Hauptverantwortung.« »Wenn Sie wollen, bitte!«

Ich erreichte H. in Wien. Mit aller Bestimmtheit verlangte ich Aufklärung. H. antwortete: »Wir haben getan, was wir für Sie tun konnten. Die Hindernisse kommen nicht von uns.« »Warum holten Sie mich dann hierher? Es gibt fast kein Zurück mehr.« »Herr v. R. hat Ihnen ein Angebot für die Zwischenzeit gemacht. Zur Überbrückung.« »Ein Angebot, das auf meine Eignung keine Rücksicht nimmt und keinerlei materielle Sicherheit hat.«
H. brach das Telefonat ab mit den barschen Worten:
»Wenn Sie auf unseren Vorschlag nicht eingehen, können wir nichts mehr für Sie tun.«
Da stand ich und sah mich solcher Erpressung gegenüber wehrlos.
Mit dem v. R. fuhr ich nach Klagenfurt. Hier fühlte ich mich auf fremdem, unfreundlichem Boden. Liebevolle Aufnahme fand ich im katholischen Gesellenhaus, wo ich auch verköstigt wurde. Wer aber sollte die Rechnung bezahlen.
Vom ersten Tag stürzte ich mich in die ungewohnte Arbeit. Welche Enttäuschung! Überall Ablehnung. Der Diözesanbischof zeigte sich pessimistisch. Er habe das Werk nie gesehen oder gebilligt. Den einzigen Erfolg brachte eine Bank, die in dem »proponierten« Werk eine Anzeige für öS 150,– aufgab. Das waren für mich ganze öS 7,50.
Es gab Orte, wo man die Hunde auf mich hetzte. Ich war brotlos und fühlte mich verzweifelt.
Oberhalb von Viktring setzte ich mich auf eine Bank mit dem Blick auf das ehemalige Stift, in dem die Lodenfabrik Moro untergebracht war. Ich war todmüde und des Lebens überdrüssig, daß ich von der Versuchung, mir das Leben zu nehmen, überwältigt wurde. Gott schien aus meinem Bewußtsein verdrängt. Dann, im dumpfen Halbschlaf mischten sich die Bilder zu einem wirbelnden Kaleidoskop. Der ragende Ast über mir, ideal für den Lebensmatten, meine Frau in Brixlegg, ohne mich dem Schmerz und hilfloser Verlassenheit preisgegeben. Mahnung des Gewissens.

Zuruf von oben: »Halte durch! Sündige nicht!« Selbstmord? Ich habe aber keinen Strick. Woher einen nehmen? Aus dem Wirrwarr der Bilder und Gedanken riß mich plötzlich ein Lied.
Ein Lied, ein süßes Kärtner Lied, slawische Wehmut und Freude. ich öffnete langsam die Augen. Die Melodie kam von unten aus dem Garten Moros. Ein etwa 17jähriges Mädchen in hellblauem Kleid pflückte Blumen. Es war wie ein Tanz in der Sonne. Der Glanz des Goldhaares flog um ein wohlgeformtes, ausdrucksvolles Antlitz. Ihre Augen strahlten Frohsinn, Sicherheit und Güte aus.
Entschlossen raffte ich mich auf. Wozu war ich denn nach Viktring gekommen. Doch, um eine Anzeige der bekannten Textilfirma zu werben. – Lange vor meinem Entschluß, allem Elend ein Ende zu bereiten, suchte ich vergeblich nach Weg und Worten, um Herrn v. Moro anzusprechen. Dieses Mädchen da unten mußte es wissen, wie ich hineinkommen könnte.
Ich ging zu ihm, sprach sie an und fragte, ob sie mir einen Besuch vermitteln könnte.
Lachend sagte sie: »Aber natürlich. Es ist ja mein Vater! Kommen Sie, bitte!«
Sie führte mich rasch zum Büro Moros. Unerfahren im Werbegeschäft hatte ich mir meine Worte überlegt. Johann v. Viktring, einer der wertvollsten Chronisten des 14. Jahrhunderts hatte hier gelebt und sein Grab in der Stiftskirche gefunden. Mit dieser »Weisheit« wollte ich meine Werbung einleiten.
Herr v. Moro stand vom Schreibtisch auf, sah mich sehr ernst an und fragte nach meinem Anliegen. Als ich ihm mein Interesse an dem berühmten Chronisten des Mittelalters mitteilte, zwinkerte er belustigt mit den Augen. »Ich werde Ihnen seine Grabstätte zeigen. Wissen Sie, ich habe über den Viktringer selbst ein kleines Buch geschrieben.«
Nach dem Besuch des Sarkophags gingen wir wieder ins Büro. Ich war sehr verlegen und wußte keinen Übergang zu dem mir so

fremden und widerwärtigen »geschäftlichen Teil« meines Besuches. V. Moro sah meine Verlegenheit und wurde ernst. »Sie haben doch sicher noch ein anderes Anliegen?«

Jetzt erzählte ich ihm alles. Meine trostlose Lage, der abgepreßte Auftrag für ein noch gar nicht vorhandenes, geschweige denn finanziertes Werk; meine erfolglosen Bemühungen, der Hunger. Herr v. Moro nickte sehr ernst.

»Ich kann Ihnen nur den einen Rat geben: brechen Sie den Verkehr mit diesen Leuten sofort ab, fahren Sie zu Ihrer Frau nach Brixlegg und schalten Sie sofort einen Anwalt ein.«

Dankbar verließ ich Herrn v. Moro, kehrte nach Klagenfurt zurück und meldete auf der Post ein Ferngespräch mit Generalsekretär H. in Wien an. Meine Mitteilung an H., daß ich sofort jede Geschäftsverbindung mit den »Proponenten« abbreche, löste nur den monotonen Satz aus: »Dann können wir nichts mehr für Sie tun.«

Meine Antwort: »Aber ich werde etwas für mich tun.«

Das Wiedersehn mit meiner Frau in Brixlegg war traurig bei aller Freude. Mein erster Gang war zum »Adler«, wo ich die freundliche Wirtin fragte, ob sie mir einen guten Anwalt wüßte. Sie sagte, ein bekannter, sehr berühmter Anwalt, sei z. Z. in Brixlegg als Kurgast, wolle aber noch am selben Tag nach Innsbruck zurückkehren.

Es gelang mir, den Anwalt, der schon seine Koffer gepackt hatte, zu erreichen. Ich entdeckte in ihm einen hilfsbereiten Kartellbruder. Ihm erzählte ich alles.

»Der Fall ist klar. Ich werde für Dich eine Schadensersatzklage einreichen und das Gebahren dieser Herren auf Strafwürdiges untersuchen. Auch wegen Deiner Zukunft will ich bemüht sein.«

Nach dem Abschied ging ich ermutigt in die verheißene »Wohnung«. Den Herrn v. R., der mich nach Klagenfurt begleitet hatte, sah ich nicht mehr.

Innsbruck

Unser Aufenthalt in Brixlegg dauerte nun nicht mehr lange. Vieles hatten wir uns zu erzählen. Beunruhigt waren wir über ein Erlebnis, das meine Frau und die Kinder in meiner Abwesenheit hatten. Es war ein nächtlicher Einbruchsversuch, bei dem meine Bücherkiste am Dachboden geöffnet worden war. Obwohl auch die Möglichkeit eines nicht harmlosen Fensterlns gegeben war, vermutete ich eher eine Aktion vaterlandsloser österreichischer Nazis am Platze. Die Gendarmerie fand natürlich keine Spur. Wie glücklich war ich, als ich nach einigen Wochen vom Rechtsanwalt die Mitteilung erhielt, daß die Anklage eingereicht worden war und mir eine provisorische Stellung im Tyrolia-Verlag zunächst in der Leihbibliothek angeboten wurde. Noch einmal mußte ich meine Frau verlassen. Aber nur für kurze Zeit und viel beruhigter; denn wir hatten in Brixlegg Freunde gefunden, die sich um uns sorgten und meiner Frau und den Kindern zur Seite standen. In Innsbruck konnte ich wieder selbstverdientes Brot essen. Die Arbeit war nicht ganz berufsfremd. Es bestand bald auch Aussicht, daß ich bald im geliebten Presseberuf tätig werden dürfte. Mein Bemühen um eine Familienwohnung – ein lockendes Ziel nach den bösen Jahren – hatte bald Erfolg. Ich richtete sie mit Liebe ein und wurde in der Dreiheiligenstraße heimisch.

Die Familie war endlich beisammen – schwere Tage standen uns bevor.

Vom ersten Tag an warf ich mich in die neue Arbeit. Mein Auftrag war für damalige Verhältnisse der österreichischen Presse ungewöhnlich. Ich wurde als »Chef vom Dienst« eingestellt, verantwortlich die Verlagsinteressen in der Redaktion wahrzunehmen. Mein erster Angriff galt dem aufgeblähten Umfang des »Tiroler Anzeigers«. Das hieß nichts anderes als oberstes Limit zwölf Seiten festzulegen. Weiter mußte ein kaum mehr zu überblickender Übersatz abgebaut werden. Vorausbestellungen von Artikeln und

Serien bedurften meiner Zustimmung. Der Verkehr von der Redaktion in die Setzerei erfolgte über mich.
Es gab manchen Widerstand zu brechen, bequeme Gepflogenheiten abzuschaffen. Zu der Betreuung des Feuilletons lud ich mir noch die Arbeit auf, Übersichtsrubriken einzuführen, die dem Leser eine rasche Orientierung an Ort und Stelle ermöglichten. Z. B. die wichtigsten Ereignisse in einem Satz, Kurzkommentare von Politikern u. a. Zeitungen.
Die Tage waren voll ausgelastet. Jeden Morgen war ich schon um 4 Uhr im Büro. Mehrmals in jeder Woche hielt ich Vorträge in Verbindungshäusern oder bei Vereinen. Ich muß auch meine Beiträge und gelegentliche Leitartikel im T. A. erwähnen. Nicht zum Eigenlob, aber zum Verständnis meiner persönlichen Denkart. Die Umwälzung in Spanien distanzierte mich von Franko. Ich billigte zwar seinen Kampf gegen die roten Mörder seines Landes. Seine Zusammenarbeit mit den Nazis, die über Spanien wüteten, mißbilligte ich jedoch als große Gefahr für Frieden und Freiheit. Damals wurde mir bewußt, daß Demokratie ein gutes Ziel war, jedoch zugleich die Tatsache, daß es keineswegs nur eine Form der »Volksherrschaft« gab. Alle Gesichtspunkte zusammen erschwerten mir, eine rückhaltlose Stellung zu beziehen. Die Moral der Herrschenden erkannte ich als das wichtigste Kriterium. Leichter ist es, auf der Seite der Erfolgreichen zu stehen, als sie gerecht zu beurteilen.
Wohl ahnte ich, daß Österreich in Gefahr war. Ich dachte aber nicht daran, mich zu fürchten. Daß die Nazis nach dem Dollfuß-Mord ihr imperialistisches Ziel – Österreich – nicht aufgegeben hatten, war mir klar. Ich warnte publizistisch und in meinen Vorträgen immer wieder vor Sorglosigkeit. Meine Beobachtungen des Illegalen-Lagers (Nordalb), den Ausbau der gegen Österreich gerichteten Autobahn, behielt ich nicht für mich. Nach den Berchtesgadener Abmachungen verlor ich dann jede Hoffnung auf Österreichs Sicherheit. Im Interesse meiner Familie knüpfte

ich alte Beziehungen zu einem Freund in Argentinien an. Er war Landwirtschaftsminister in einem Teilstaat. Er bot mir Land zur Errichtung einer Zitrusplantage an und versprach, mit Rat und Tat zur Seite zu stehen und den Anfang mit staatlicher Hilfe zu fördern.

Meine Frau stand dem Plan ablehnend gegenüber. Sie behielt recht; aber erst viel später, als wir den langen Tunnel schwersten Leids und unbeschreiblicher Not durchfahren hatten.

Der Tyrolia-Verlag traf frühzeitig seine Vorbereitungen auf den Tag X. Ein neuer Chefredakteur war nicht pupillensicher. Er stoppte alle Meldungen und Artikel, die vor dem Nazitum warnten. Die Einstellung der aktuellen Nachmittagszeitung I. Z. leitete meine Kündigung ein. Ich hatte aber Zeit, ein Angebot des Wiener Gewerbeverbands anzunehmen. Er, ein Glied der Vaterländischen Front, wollte eine Zeitschrift herausbringen, deren Chefredaktion ich übernehmen sollte.

Ein Himmelfahrtskommando! Immer mehr zogen die Anhänger der Nazis, militärisch eingekleidet und mit Hakenkreuzfahnen ausgestattete Demonstrationszüge durch die Straßen der Hauptstadt. Sie waren leicht als »Importware« zu erkennen: Dreierreihen, Sprüche und Fahnen verrieten das Heimatland der Banden, die provozierten, Schlägereien auslösten oder simulierten.

Man wollte der Hitlerregierung Vorwände für den lange geplanten Einmarsch der Armee liefern.

In allerletzter Minute, der drohenden Vernichtung gegenüber, ordnete die Regierung Schuschnigg eine Volksabstimmung an mit der Alternative: Österreich oder Hitlergroßdeutschland.

Berlin ahnte den überwältigenden Sieg der Anhänger eines freien Österreichs und befahl den Einmarsch.

Alle diese hektischen Ereignisse erlebte ich in der Redaktion von Stunde zu Stunde. In der mir anvertrauten Zeitschrift brachte ich in fieberhafter Nachtarbeit die erste und letzte Nummer heraus. Das Bild Schuschniggs auf der Titelseite.

Bald danach dröhnten die Tritte der Knobelbecher über die Grenzen und über Wiens Straßen. Das Unternehmen war sorgfältig vorbereitet. Im Nu waren alle Ämter und die Rundfunkstationen von den vorgesehenen Illegalen oder »Reichsdeutschen« besetzt. Eine gigantische Verhaftungswelle setzte ein, entsprechend längst aufgestellter Listen.
Im Gewerbeverband entpuppte sich mein Chef, der den deutschen Namen Czech trug, als ergebener Diener Hitlers. Er hatte seine Illegalität bis zum Einmarsch des Feindes sorgfältig getarnt. Er begrüßte mich bei meiner Vorsprache mit den Worten: »Sie werden verstehen, daß Ihre Tätigkeit im Gewerbeverband hinfällig geworden ist.«
Das ganze Personal wurde in den Keller getrieben, wo wir 24 bange Stunden gefangen gehalten wurden. In dem Dunkel des Raumes wurden bittere Tränen um Österreich geweint. Als wir wieder ausgelassen wurden, erhielten wir den Befehl, in unseren Wohnungen zu bleiben. Bis zum Monatsletzten wurde noch der letzte Betrag ausbezahlt.
Dann begann eine bange Wartezeit. Eines Morgens suchte mich meine so gütige und treu um mein Wohl besorgte Wirtin auf (Lenaugasse 8).
»Herr Doktor, gestern Abend kam ein Polizist und fragte nach Ihnen. Er will sie heute abholen.«
Ich wußte nur zu gut, was das bedeutete. Ich verließ sofort mein Quartier und begab mich in ein Kaffeehaus um zu frühstücken. Es war eine reichhaltige Mahlzeit, Vorbereitung auf Hungerzeiten.
Kurz nach der Rückkehr in die Lenaugasse kam der gefürchtete Besuch. Er erklärte, daß ich verhaftet sei und ja keinen Fluchtversuch machen solle. Ich verlangte seinen Ausweis und fragte, von wem dieser Haftbefehl ausgestellt worden sei. »Der Befehl kommt von Berlin, Reichssicherheitshauptamt.«
Daß der Haftbefehl vom RSA erlassen worden war, überraschte

mich nicht. Hitlers Verschwörernetz umspannte ja halb Europa. Seine »5. Kolonne« hatte längst ganz Österreich durchsetzt und eine Liste aller Widersacher vervollständigt. Schon in Innsbruck hatte das dortige deutsche Konsulat mich vorgeladen und die Rückkehr ins »Reich« dringend empfohlen; obwohl ich die österreichische Staatsangehörigkeit erworben hatte. Der Empfehlung zur Rückkehr (ins KZ!) machte ich von der Bedingung abhängig, daß ich entsprechende Arbeit und Wohnung garantiert bekäme und meine Freiheit gesichert sei. Diese Garantie konnte mir der Konsul nicht geben.

In Wien wurde ich dauernd beschattet. Detektive, primitiver als in billigen Krimis, folgten mir auf Schritt und Tritt. In den Restaurants, wo ich meine Mahlzeiten einnahm, fand sich der Beschatter immer ein. Er bediente sich des alten Tricks der vorgehaltenen Tageszeitung mit dem von seiner Zigarre gemachten Loch. Fast amüsant.

Oft rieten mir Freunde zur Flucht in die Schweiz. Ich verwarf solche Pläne. Ich wollte meine Familie nicht im Stich lassen und wählte den Weg durch das dunkle Tunnel in eine bessere Zukunft.

Den Weg von der Lenaugasse 8 zur Rossauer Lände (das Polizeigefängnis) legten der Polizist und ich mit einer Taxe zurück, da es regnete.

Der Empfang am Gefängnistor war brutal und unheildrohend. Ich mußte meine Hosenträger und Tascheninhalte abgeben und wurde in einen oberen Stock getrieben. Eine Tür zur Zelle öffnete sich. Ich schaute mich ratlos in dem düsteren Raum um und zählte sechs oder sieben Insassen, die alle Pritschen belegt hatten. Bei der gegenseitigen Vorstellung stellte sich heraus, daß es sich um einen Bundesminister und lauter hohe Ministerialbeamte handelte. Ein Spitzel schien nicht darunter zu sein. Österreicher, die um Österreichs Freiheit willen nach dem Einmarsch festgenommen worden waren.

Der düstere Schrecken des großen Gebäudes wurde vermehrt durch die Verzweiflungsschreie aus allen Stockwerken. Mütter riefen nach ihren Kindern, Frauen nach ihren Männern, diese nach ihren Frauen. Tausende friedlicher Menschen waren in den ersten Tagen der »Heimkehr ins Reich«, oft von der Straße weg verhaftet worden. Die Mehrzahl waren Juden, denen Freiheit, Geschäfte und Vermögen geraubt wurden.
Die Ruhe – eine unheimliche Ruhe – kehrte erst am späten Abend ein. Ich bekam eine »Liegestatt« auf einer Bank. Eine Decke war nicht vorhanden. Wie gerädert stand ich früh auf. Unser Hunger wurde mit einem Ersatzkaffee und einem kleinen Stück »Brot« gestillt.
Dann brüllte eine Stimme: Färber! Mitkommen! Ich wurde in das Erkennungsbüro gebracht und von allen Seiten fotografiert. Fingerabdrücke wurden abgenommen.
Am Ende der »Aufnahmeprüfung« kam man zu einem Schalter, wo der künftige Ort der Inhaftierung dem Polizisten mitgeteilt wurde. Einen unbeachteten Augenblick benützte ich, um einen Zettel zu lesen, der von oben mitgegeben wurde. Ich las: »Delikt: Hoch-und Landesverrat.« Tief erschrocken sah ich ein Todesurteil voraus.
In der Zelle erzählte ich dem Minister der Justiz, dem prominentesten Zellengenossen meine Wahrnehmung und meine Befürchtung.
Er sagte lachend: »Hoch- und Landesverräter sind wir alle. Es wird nicht so heiß gegessen, wie gekocht.«
Kurz danach wurde ich in das Landesgerichtsgefängnis in eine Einzelzelle gebracht. Diese Zelle in der auch ein ungarischer Revolutionsführer einmal untergebracht war, wurde für zwei Monate mein »Heim«. Eine harte Prüfung. Einziger Vorteil: die Wachmannschaften waren gut und nachsichtig. Sie beförderten jeden Brief an meine Frau und die Vermieterin ohne Gegenleistung gewissenhaft. So bekam ich wärmere Kleidung und manchen Trost.

Streng verboten waren Besuche von Priestern und der Besuch von Gottesdiensten.
Was trieb ich sonst die lange Zeit über? Aus der Bibliothek wurden mir Bücher über Sprachwissenschaft erlaubt. Ich spezialisierte mich auf die Vertilgung der Wanzenkolonien und trieb »Sport«. Einmal in der Woche wurden Zellennachbarn zusammengesperrt. Das war eine willkommene Gelegenheit, unsere Ansichten auszutauschen und Schach zu spielen mit den aus Brot geformten Figuren. Die Verpflegung war besser als in der Rossauer Lände. Gegen Geld bekam man auch gewisse »Zubußen« wie Marmelade u. a.
Einer der Zellennachbarn war der ehemalige Tiroler Landeshauptmann St., der von Optimismus strahlte und immer wiederholte: »Die lassen uns eine Zeitlang dünsten, dann lassen sie uns frei.« Er erlebte die Freiheit nicht, sondern wurde im KZ erschossen (»auf der Flucht«).
Die Mauerklopfzeichen erlernten sich schnell. Eines Tages wurden wir alarmiert. Ein besonderes Ereignis stand bevor. Eine Massenmörderin sollte gehenkt werden. Wenn man den Schemel auf die Pritsche stellte, konnte man einen Blick in den Hof werfen. Ich sah, wie man die Delinquentin auf einen Sessel gebunden, hereintrug. Eine marmorne Schönheit. Sie krallte sich an die Lehnen und war ganz Widerstand gegen das Unvermeidliche. Ein schreckliches Schauspiel, aber ein verdientes Urteil. Fünf Menschen hatte sie vernichtet, um Versicherungen zu betrügen. Ihr Mittel: Thallium im Brotaufstrich einer guten »Freundin«.

Der Fronleichnamstag 1938 entschied das Schicksal vieler österreichischer Insassen des Landesgerichtsgefängnisses. Schon am frühen Morgen ging eine hektische Unruhe durch das große Haus. Rufe der Gefangenen hallten durch die Gänge, gemischt mit harten Kommandoworten der SS. In der Gewalt der Totenkopfvandalen befanden wir uns von jetzt an. Auch mich holten

sie aus der Einzelzelle und stießen mich in den Sammelraum im Parterre.
Am Ausgang warteten die Transportwagen. Die Opfer wurden hineingepreßt. Es waren mehr als die »Lisl« erlaubte. Die Türen knallten zu und der Wagen ratterte durch die Straßen Wiens. Durch eine Fensterluke stellten wir fest: Es ging nach Westen, zum Bahnhof.
Weit draußen wartete eine Schnellzugsgarnitur auf uns, die uns, dem Ersticken nahe, so »vornehm« ins Konzentrationslager Dachau bringen sollte. Wieder beherrschte Nervosität die Szene. Es hagelte Schläge. Wir mußten den Tascheninhalt auf eine Wolldekke am Boden abwerfen und so schnell wie möglich die Abteile besteigen. Jeder von uns trug nur die Toilettensachen und das eine oder andere Kleidungsstück mit. Ich teilte das Coupé mit einigen Schicksalsgefährten. Die Jalousien waren heruntergezogen und mit Schrecken stellten wir fest, daß die Heizung trotz des warmen Tages voll eingeschaltet war. Meinen Mantel durfte ich nicht ablegen. Auch er gehörte bald zu den Marterwerkzeugen. Der Zug fuhr an. Jetzt begannen die SS-Leute ihre bald gefürchteten Rundgänge durch die Waggons. Höhnische Fragen und Mißhandlungen setzten nicht aus. Einen Sektionschef, der mir gegenüber saß, rissen sie an den weißen Haaren und schlugen seinen Hinterkopf etwa fünfmal gegen die Rückwand. Auch zu mir kam so ein »Totenkopf« und fragte: »Warum bist Du denn nicht bei der Prozession?« Ich antwortete: »Weil ich hier bin.« Darauf befahl er mir, 100 Kniebeugen zu machen. Im Mantel bei sicher über 50 Grad Temperatur war es eine höllische Qual. Jeder meiner Kniebeugen folgte ein Stoß mit dem Seitengewehr in die Nierengegend. Ich war völlig erschöpft. Mein Herz schlug wild. Als diese schreckliche Tortur, die ich laut mitzählen mußte, zu Ende war, gab der Kerl den Befehl: »Ein Lied!« Ich sang – was sollte ich anders tun –: »Freut Euch des Lebens, solang noch das Lämplein glüht!« Das gefiel dem Sadisten so gut, daß er ein zweites Lied

befahl. Jetzt sang ich das Studentenlied: »Gaudeamus igitur!« Da verließ der Bursche das Abteil.
Ein Kamerad, der noch in Innsbruck wohnt, beschrieb in seiner Schilderung all diese Vorgänge: »Färber war schon bewußtlos.« Das stimmt nicht ganz. Zwar war ich nicht mehr auf dieser Welt, aber ich habe beide Lieder absichtlich gewählt, auch wenn meine Kräfte mich verließen. Insgesamt sind fünf Menschen auf dieser Schreckensfahrt ums Leben gekommen.
Als der Zug im Lagerbahnhof stillstand, begann wieder die allgemeine Hektik. Schnell, schneller mußten wir die Waggons verlassen. Es setzte Prügel, Kolbenstöße und Fußtritte. Auch mich, als ich eine Jacke, die auf den Boden gefallen war, aufheben wollte. Rasch rannten wir durch das Tor, über das die furchtbaren Worte standen: »Die Arbeit wird Euch frei machen«.

»Die Arbeit wird Euch frei machen«

Im Lager wurden wir zuerst mit dem Gesicht an eine Mauer gestellt. Wir wälzten die Fragen: »Werden wir erschossen oder nicht?« Es war »nur« eine stundenlange Tortur einer raffiniert geplanten Methode. Jetzt führte man die Neulinge in einen »Friseursalon«. Wo man uns die Haare bis auf die Kopfhaut abschnitt oder ausriß. Es war die milde Beschäftigung für kriminelle oder längere Zeit internierte Lagerinsassen. »Protektion für den Abschaum.« Endlich gab es die erste Mahlzeit dieses Tages. An langen Tischen im Freien. Die Brühe einer Krautsuppe, deren »dikker« Inhalt vor uns Angekommene herausgelöffelt hatten.
Endlich – die Sonne neigte sich, wies man uns die Baracke an, unser »Heim« für eine lange Zeit. Der Blockälteste machte uns darauf aufmerksam, daß im Spind und bei den Betten, die man nur

beim Läuten der »Abendglocke« – einem mißtönenden Gongschlag – aufsuchen durfte, größte Ordnung sein mußte. Die Strafen für Unordnung und Unsauberkeit waren barbarisch (so erhielt z. B. der Direktor des Bundesgymnasiums Innsbruck, M., die Baumstrafe mit 25 Nierenschlägen, weil die Falte seiner Bettdekke nicht mit dem Lineal gerade durchgezogen war).
Nachdem wir in fieberhafter Eile unsere wenigen Toilettensachen in den zugewiesenen Spind eingeräumt hatten, warteten wir auf das häßliche Zeichen, das uns die Bettruhe erlaubte und die Lichter auszuschalten befahl. Ich spürte meine völlige Ermattung und einen Bewußtseinsverlust. Ich hörte immer wieder den Befehl: »Färber, komm heraus.« Die gewitzteren Kameraden mußten mich zurückhalten. »Sei nicht verrückt! Wer die Baracke verläßt, wird »auf der Flucht erschossen.«
Die erste furchtbare Nacht in Baracke 14 war ein wilder Wechsel von schrecklichen Wachträumen und Tiefschlaf.
Geweckt wurde meist um 5 Uhr, oft schon früher. Wenn Entlassungen vorkamen, kam der Melder vom Lagerkommando oft schon um 2 Uhr und raubte uns die Ruhe.
Über Dachau sind schon viele Bücher geschrieben worden. Daher beschränke ich mich darauf, einige persönliche Erinnerungen wiederzugeben:

Der Zigeunerbub

Angehörige der Zigeunerstämme waren in einer besonderen Baracke untergebracht. Eng zusammengepreßt lagerten sie sich mit oder ohne Stroh auf dem Fußboden. Zur Arbeit wurden sie meines Wissens weniger geholt. Man hatte ihnen ein paar Geigen gelassen.
Eines Abends – es dunkelte schon – sah ich vor dem Fenster das Gesicht eines Zigeunerbuben. Er hatte große Augen, aus denen

Sehnsucht und Not sprachen. Auf seiner Geige spielte er ein Lied der Pußta, voll lockender Melodie. Wehmut und Verlassenheit, aufbäumende Lebenslust und tiefe Verzweiflung, Worte des Klanges. Als der junge Künstler eine Pause machte, hob er die Hände hoch. Seine Gebärde war eine einzige Bitte um Brot. Von unserer kargen Wochenration konnten wir ihm ein paar Stücke geben. Ein Glück, daß es niemand bemerkte.
Ich sah diese Augen niemals wieder. Der Abtransport der Zigeuner führte in den Feuerofen.

Die »Dampfwalze«

Einmal wurde ich dem »Walzenkommando« zugeteilt. Etwa 100 Gefangene wurden vor die Straßenwalze gespannt. Es handelte sich um die Planierung der Straßen vor den eleganten Villen der SS-Offiziere. Wie Pferde wurden wir geduldige Zugtiere mit Peitschen angetrieben. Ein Lagertag, schmerzhaft und beschämend.

Der Arzt als Retter

Eines Mannes erinnere ich mich noch heute. Wetter und Arbeit hatten meine rechte Hand anschwellen lassen. Um den Ehering hatte sich eine dicke Eiterwunde gebildet. Der Ring war nicht zu entfernen und verursachte große Schmerzen. Der Innsbrucker Universitätsprofessor Hittmair nahm sich meiner an und wußte, wie der Ring herausgehoben werden konnte. H., dem jede ärztliche Tätigkeit verboten war, half vielen Kameraden in ihrer Not. Sein hartes Los verdankte er lediglich der Tatsache, daß er ein treuer Österreicher war und den Barbarismus Hitlers bekämpfte. Wir sind ihm ewigen Dank schuldig.

»Taufe im Jordan«

Ein verhältnismäßig leichtes und begehrtes Arbeitskommando war das der Nägelklopfer. Man stand an einer Ziegelmauer und mußte während eines langen Arbeitstages krumme und rostige Nägel zur Wiederverwendung gerade klopfen. Der Blick ging auf den Grenzstreifen des Lagers. Während ich die ermüdende und langweilige Arbeit leistete, wurde die Szene plötzlich lebendig. Unter Flüchen wurde vor mir ein völlig nackter Mann in das Blickfeld getrieben. Er war groß und stark. Seine ganze Körperhaut war mit blutenden Striemen bedeckt. Am Lagerrand staute sich das grünschillernde Wasser eines Grabens. Die »Totenköpfe« prügelten ihr Opfer an das Ufer und befahlen ihm in das Schmutzwasser zu tauchen. S. (ich glaube es war der Wiener Anwalt Sperber) kletterte auf einer schwankenden Leiter in den Pfuhl, in den er tauchen mußte. Als er wieder mit Wasserlinsen und Kot bedeckt heraufgeklettert war, hagelte es wieder Schläge. Einer der »Totenköpfe« brüllte ihn an: »Jetzt bist Du im Jordan getauft, du dreckiger Saujud!«
Nach drei Tagen starb S. an allgemeiner Sepsis. Seine Mörder lebten wahrscheinlich als »ordentliche« Bürger unter uns. Solche »Kleinigkeiten« sind ja vor kein Strafgericht auf Erden gekommen.

Kiesgrube

Unser erster Arbeitseinsatz am Tag nach der Ankunft im KZ Dachau war die Kiesgrube. Ein tiefer Graben, der ins Grundwasser reichte. Nach dem oft ein bis zwei Stunden währenden Appell führten die Kapos ihre Truppen an den Bestimmungsort. Die Schaufeln, unser Arbeitsgerät, lagen als wirrer Haufen bereit. Die älteren Kazetler hatten es leichter, die brauchbaren neueren Ge-

räte herauszufischen. Den Neuen blieben die abgenützten über, wobei natürlich die flinkeren und stärkeren im Vorteil waren. Von der SS überwacht, stiegen wir in den Graben und begannen unseren »Achtstundentag«. Wir mußten ununterbrochen den Kies schöpfen und über die Bodenkante werfen. Eine harte Arbeit für »Intellektuelle«.
Bald hatten wir gelernt, auf das Wort: »Achtzehn« zu hören, das die Kameraden von links oder rechts weitergaben. Es bedeutete: »Achtung! Ein »Totenkopf« kommt!« So konnten wir kurze Rastpausen einschalten.
Die wenigen Priester, die mit uns im Graben arbeiteten, waren vielen Unverschämtheiten preisgegeben. Als z. B. ein Reporter des »Völkischen Beobachters« zu meinem Nachbarn, den Pfarrer X. von einem Dorf bei Augsburg interviewte, hörte ich die Frage: »Das ist wohl das erste Mal, daß Du eine anständige Arbeit leistest?« Kam ein »Totenkopf« zu dem Interview, dann mußte der Priester ununterbrochen weiterarbeiten, bis der Spuk vorbei war. In Wirklichkeit dauerte der »Achtstundentag« bei völlig ungenügender Ernährung oft bis zu fünfzehn Stunden (Appell, Essenfassen, Wartezeiten und nächtliche Störungen incl.).

Ein kommunistischer Freund

Eines solchen muß ich in tiefer Dankbarkeit gedenken. R. wußte um meine viel zu schwere Arbeitslast. Zum Essenholen mußte ich einmal an einem der 100 kg schweren Kessel von der Küche bis zum »Block« mittragen. Die Suppenbrühe war siedendheiß. Schwappte beim Gehen der Kesselinhalt über, dann schlugen die »Totenköpfe« brutal auf die Hände der Träger. R. hatte meine Not erkannt und löste mich unbemerkt beim Essentragen ab.
Nach der Befreiung sah ich R. wieder und konnte ihn in der neuen Lage öfters unterstützen.

Der »Todesengel« vom »Berg Sinai«

Der wachsende Berg wurde von uns mit dem Abraum der Kiesgrube und Baustellen aufgeschichtet. Er hatte schon eine beträchtliche Höhe erreicht, als ich dem »Scheibtruhen-Kommando« (»Schubkarren-Kommando«) zugeteilt wurde. Der lange Weg führte an einer Reparaturstelle vorbei. Dort hatten Kameraden einen gegen Sicht getarnten Rastplatz eingerichtet, wo man gegen Tabak u. a. ein paar Minuten sich niederlegen konnte. Streng geheim. Als ich einmal mit meiner vollgeladenen Schubkarre aus dem Reparaturplatz herausfuhr, mußte mich der Kapo X. bemerkt haben, der oben auf dem »Berg Sinai« seinen Beobachtungsstand hatte. Langsam stieg er herunter und ging mir entgegen. Ich wußte, was seine Augen aussagten.
In meiner Angst rief ich Maria, die Mutter Gottes an. Wie vom Blitz getroffen machte der Kapo kehrt. Ich blieb unbehelligt. X. war ins Dachauer Lager als Verbrecher eingeliefert worden. Er war ein Blutschänder und Raubmörder; der den »Totenköpfen« ein willkommener Helfer wurde. Auf seiner Schulter saß meist ein Affe. Wo der Sadist auftauchte, drohte Unheil. Seine Hiebe konnten tödlich sein. Wenige Wochen später schlugen ihn Internierte, die er mißhandeln wollte, mit ihren Schaufeln nieder. Seine Leiche verschwand im Graben. Nach der Bestie krähte kein Hahn.

Ein Bundesminister »kommt« ins KZ

Auch diese Szene bekam ich mit. Eines Tages stießen die »Totenköpfe« den österreichischen Bundesminister für Verteidigung durch das Tor, hinter dem »Arbeit frei machte«. Als man ihn prügelte, wagte er sich der Behandlung zu widersetzen. »Ich bin ein Soldat und trage das EK I, verbat er sich die Mißhandlung. »Das hilft Dir nichts, Du ...« und schwere Hiebe begleiteten seinen Einzug. Herr v. B., ein alter österreichischer Adeliger, war tagelang arbeitsunfähig, bis ihn der schreckliche Alltag umfing. Was aus dem Herrn v. B. geworden ist, weiß ich nicht.

Ein Bekenner?

Der Domkapitular X. aus Linz wurde zum Rätsel und Mittelpunkt vieler Diskussionen. In den Tagen, da die Priester im Lager noch nicht in einem Sonderblock untergebracht waren, hatte ich u. a. Gelegenheit, während der seltenen Pausen (Nebel aus Ursache) mit ihm auf und ab zu gehen. Er bot uns auch Gelegenheit, »ambulant« die Beichte abzunehmen, und die Absolution zu erteilen.

Einmal geschah es, daß sich die »Totenköpfe« mit dem Priester einen makabren »Scherz« erlaubten. Sie hießen ihn auf einen Tisch steigen und von dieser »Kanzel« aus Fragen zu beantworten, z. B. »Du glaubst doch selbst nicht, was Du predigst?« Antwort: »Nein«. Frage: »Du hältst die Messe doch bloß, um Wein zu saufen?« Antwort: »Ja«. »Du bist also ein Volksbetrüger?« »Ja«. Solche und ähnliche blöde Fragen beantwortete der Priester und schien seinen Glauben zu verleugnen. Wir Zuseher waren bestürzt. Der »Bekenner« wurde nachher verprügelt. Er entschwand nach Fertigstellung der Priesterbaracke in dieser. Wir hörten erst später in Freiheit, daß auch er Dachau überlebte und im Wahnsinn gestorben sei. Wer ermißt das Ausmaß der im Lager herrschenden Todesangst. Anmerkung: Die Priesterbaracke war jedem Einblick verschlossen. Ihre Fenster waren mit weißer Farbe verschmiert. Die Außenarbeit der Priester dauerte um zwei Stunden länger als bei uns.

Ein Nachbar aus Innsbruck

Zwei Tage lang war ich dem Arbeitskommando der Sackträger zugeteilt. Das Tragen der Zementsäcke zu einer Baustelle war eine mörderische Belastung für den durch Hunger ermatteten Körper. An der Stelle, wo die Säcke niedergelegt werden mußten, entdeckte ich in dem Kommandoführer einen 17jährigen Nachbarn aus der Dreiheiligenstraße. Er als »Totenköpfler?« Vor ihm mußte man strammstehen, wenn man eine menschliche Not hatte: »Gestatten, Herr . . . , daß ich austrete.« »Hau ab, Du . . .«. Einmal, kurz vor dem Ablageplatz, konnte ich den Zementsack nicht mehr festhalten. Er fiel zu Boden und zerbrach in zwei Teile. Das konnte als Sabotage oder als Schädigung des Rüstungsgutes bewertet werden. Das bedeutete körperliche Strafe, entweder 2 x 25 Schläge mit dem Ochsenziemer oder den »Baum«.
Der zur »Macht« gelangte junge Nachbar zog feierlich sein Rapportbuch und notierte etwas. Anzeige? Angst! Glücklicherweise wurde ich tags darauf einem anderen Kommando zugeteilt. Es handelte sich um die Ausschachtung eines Bunkers. Die Sohle lag schon 2 m tief. Den Abraum mußte ich über die obere Kante werfen. Für meinen kriegsbeschädigten rechten Arm war das nicht möglich. Ich beschloß daher eine Plattform zwischen Sohle und oberer Kante aufzuschichten, so daß der Wurf halbiert wurde. Dazu waren zwei Kameraden nötig. Der Kapo hatte unser Vorhaben gebilligt. Als der Kommandoführer an unsere Stelle kam, schrie er mich an: »Wer hat das erlaubt?« »Der Kapo hat es gebilligt.« Der Kapo zitterte und sagte: »Das habe ich nicht angeordnet!« Der »Totenkopf« zückte sein Rapportbuch. »Dein Name? Nummer?« und dann: »Warum bist Du hier?« »Verzweifelt machte ich mir Luft und log: »Weil ich den Rosenberg ein Rindvieh (ich wählte ein schwäbisches Schimpfwort) genannt hatte.« Der SS-Mann starrte mich an. Tat meine Frechheit ihren Dienst? Der Eintrag erfolgte prompt. Der schrecklichen Strafe entging

ich, denn ehe die Exekution erfolgte, wurde ich aus dem KZ in Dachau entlassen.

Der Lebensmüde

Ein hoher Erdwall, der eine Menge von Granaten, Blindgänger zudeckte, sollte abgetragen werden. Mit einem Mitgefangenen teilte ich die lebensgefährliche Arbeit. Der Schicksalsgefährte fiel mir durch seine verbissene Arbeitsweise auf. Er schlug mit seiner Hacke wie wild auf die festgetretene Erde ein. Ich warnte ihn, er solle nicht so blindlings draufloshacken wegen einer möglichen Detonation.

»Das ist doch egal, wir sind alle hoffnungslos verdammt.« Danach erzählte er mir seine Geschichte: »Ich war Unteroffizier bei der Reichswehr. Einen Heimaturlaub benützte ich zu einem Ausflug nach Algier. Das kam heraus und ich wurde wegen »Hochverrates« aus der Armee ausgestoßen und ins KZ verdammt. Es ist schon Jahre her und ich frage nicht mehr nach meinem Leben.«

»Du bringst aber auch mich in Gefahr, redete ich ihm zu.« »Du hast recht.«

Von da an war unsere Arbeit vorsichtiger. Auch Schn. wurde etwas hoffnungsfroher.

Kapo unseres Todeskommandos war übrigens Graf v. L., der schon vor der Hitlerzeit in München wegen Hochverrats zuerst zum Tode verurteilt worden war. Jetzt war v. L. Kapo. Abgestumpft, verroht tat er seine Pflicht. Er war zum Schlägertyp geworden. Seine Schuld? Unter der roten Herrschaft in München hatte er Zugang zu Geheimarchiven und brachte eindeutige Beweise für die Kriegsschuld Preußen-Deutschlands an die Öffentlichkeit. – Ich habe von seinem ferneren Schicksal nichts erfahren.

Ein heißer Tag

Den Salzburger Hotelier W. (Österr. Hof) lernte ich an einem heißen Spätsommertag kennen. Wir waren zum Stopfen von Strohsäcken in einer Baracke eingeschlossen. Hitze und Müdigkeit übermannte uns. Schlaftrunken stellten wir die Arbeit ein. Auf einmal stieg ein »Totenkopf« durch das Fenster in die dumpfige Baracke ein. Das Fenster hatten wir gegen das strikte Verbot geöffnet. Als ersten ergriff der SS-Mann W., der in tiefem Schlaf im Stroh lag. Er wurde als Einziger von uns gemeldet und erlitt die lebensgefährliche Prügelstrafe (2 x 25) auf den entblößten Rücken. Eines der Hunderttausende von Opfern des regierenden Terrors. Wie starb er? Oder überlebte er?

Tag der Freiheit?

24. Dezember 1938. Wenn ich heute, nach über 40 Jahren an die Zeit in Dachau zurückdenke, dann weiß ich: Das KZ war eine schreckliche Kreuzung zwischen preußischem Drill und dämonischem Sadismus.

Der »Heilige« Abend brachte mir die Entlassung. Schon vorher hatte ich gerüchtweise erfahren, daß ich freikommen würde, aber Bestimmtes wußte man nie. Die Briefe meiner Frau waren streng zensuriert. Schwarze Tusche oder Schere unterdrückten jede Frohbotschaft.

Tatsächlich wußte meine Frau, daß schon am 8. Dezember, dem hohen Marienfesttag, meine »Begnadigung« in Berlin ausgesprochen war. Das unermüdliche Beten und Bitten der Gattin und Mutter hatte Erfolg gehabt. Ich selbst bangte noch lange nach dem Tag in Ungewißheit. Der Innsbrucker Gestapooberst H. mahnte meine Familie immer wieder: »Das letzte Wort hat der Lagerführer.« – Früher als gewöhnlich – um 2 Uhr nachts kam dann in unsere Baracke der Befehlsübermittler der Kommandozentrale, um die Namen der zur Entlassung Bestimmten bekanntzugeben. Wie immer lauschte die Baracke gespannt. Es fielen drei Namen, als letzter der meinige. Es traf mich wie ein elektrischer Schlag. Nach so vielen Tagen: »Endlich.«

Jetzt aber kam eine böse Überraschung. Der Mitgefangene unter mir, ein Dachdecker aus der Pfalz, erlitt einen Nervenzusammenbruch. Auf den Heiligen Abend hatte er seine letzte Hoffnung gesetzt. »Du bist erst ein halbes Jahr hier und ich fünf Jahre. Das ist ungerecht; der Teufel soll Euch alle holen.« Er wollte mich schlagen, wurde aber von Zeugen der Szene festgehalten. »Ich bin doch nicht schuld an der Ungerechtigkeit«, suchte ich ihn zu beruhigen, »wenn ich könnte, würde ich ja für Dich bleiben.«

Um 5 Uhr früh war dann der letzte Appell. Die zur Entlassung bestimmten Kameraden hatten in einem besondern Viereck anzutreten. Nach stundenlangem Stehen wurden wir zum Entlassungsraum getrieben. Hier standen wir, mußten uns zur »Beschau« splitternackt ausziehen und warten, warten. Mit Entsetzen sah ich, daß meine vereiterten Beine mit Binden umwickelt waren, die Kameraden für mich im Krankenrevier »organisiert« hatten. So würde ich niemals entlassen werden. Nur Gesunde konnten Dachau verlassen. Die schreckliche Angst gab mir übernatürliche Kräfte. Ich riß die Binden quer von oben nach unten durch (selbst ein Gesunder würde das nicht fertigbringen) und warf das »corpus delicti« in eine Ecke. Auch die Fingerverbände löste ich und warf sie fort.

Endlich kam der Lagerarzt. Er musterte die in Reih und Glied stehenden Kandidaten der Freiheit und blieb vor mir stehen. »Was hast Du da?« Er griff nach meiner wunden rechten Hand. »Das verdanke ich den Russen während der Gefangenschaft.« Die Antwort gefiel ihm. Ohne meine schlimmen Füße zu beachten, ging er zum nächsten.

Die angstvolle Ouvertüre der Entlassung war zu Ende. In der

Kleiderkammer erhielten wir wieder unsere Zivilkleider. Sie strömten den Geruch der Mottenkugeln aus, waren gepflegt, nichts fehlte. Diabolische Systematik.
Als »Zivilisten« durften wir in einem Saal Kaffee trinken. Die Fenster gingen auf das Lager. Dort stand ein hoher Tannenbaum. Ich hörte in Gedanken das eiskalte Lied: »Hohe Nacht der kalten Sterne.« Dann wurde ich Zeuge der »Bescherung« der Gefangenen. Hitlers braune Oberschwester Pia kam auf einem Lastwagen an das Lagertor. Die unglücklichen Kameraden waren in Reihe rechtsum angetreten. Die »Barmherzige« warf je ein Paket Feurich-Wasserkeks dem nächsten aus der Reihe zu. Wer das Paket fallen ließ, bekam von einem »Totenköpfler« einen Schlag mit dem Ochsenziemer über den Rücken. Weihnacht 24.12.1938!
Nach unserem Frühstück wurden wir in das Büro der Gestapo geführt, wo uns ein erschütterndes Protokoll erwartete. Dreimal sollten wir eine eidesstattliche Erklärung unterschreiben. Darin hieß es, wir hätten es gut im KZ gehabt und gelobten, nichts anderes draußen zu erzählen. Natürlich unterschrieben wir, lehnten aber im Inneren jede Eidesverpflichtung ab. Es war Zwang und die Drohung, »sonst« wieder ins Lager zu kommen, was lange Zeit nachwirkte. Der Nervenarzt, den ich später in Stuttgart aufsuchte, zog sorgfältig die schweren Vorhänge der Ordination zu, als ich ihm vom KZ berichtete).
Der Tag neigte sich, als wir den schrecklichen Ort verließen. Die Arbeit hatte uns freigemacht. Mit mir waren drei Bekannte in einer Kolonne, die meist aus sudetendeutschen Sozialisten und Bibelforschern bestand. Diesmal wurde kein Lied kommandiert. Alles schwieg. Die begleitende Wachmannschaft ließ uns ungeschoren und war in der Nähe des Bahnhofes auf einmal wie vom Boden verschluckt. In der Tasche hatten wir die Fahrkarte und den Geldbetrag, wie ihn jeder auf seinem Konto hatte.
Der Zug lief ein. Wir stiegen ein, suchten verschiedene Plätze auf und redeten kein Wort. Unser kahlgeschorener Kopf machte den

Passagieren klar, woher wir kamen. Alle mieden uns. Das Schweigen war bedrückend bis wir München erreichten.
Mit den drei bekannten Österreichern suchten wir das nahegelegene Hotel Europa auf. Seltsam! Eine Speisekarte in der Hand zu halten, den Hunger endlich stillen zu können, bayrisches Starkbier zu trinken. Gefährlich! Ich aß zwei Portionen Kalbsgulasch und wollte schon die zweite Maß Bier bestellen, als mich die Kameraden abhielten. Nur nicht laut werden oder vom Alkohol benebelt die Nazis verdammen. Nur nicht mehr nach Dachau.
Im Zug nach Innsbruck war ich nicht allein. Wir hatten Abschied genommen. Kurz nach der Abfahrt verlor ich die Fassung. Ich weinte bitterlich. Bald werde ich Frau und Kinder wiedersehen. »Nur eine Minute frei sein und sie in die Arme schließen«, war oft mein Gebet im Lager. Und jetzt! Die im Coupé Mitreisenden waren eine vornehme italienische Familie, auf der Fahrt nach Tirol. Sie sorgten sich lieb um mich und fragten nach dem Grund meiner Tränen. Ich antwortete nur: »Meine Frau ist gestorben.«

Das Wiedersehen

Es war 4 Uhr morgens als ich vom Bahnhof Innsbruck zu unserer Wohnung in die Dreiheiligenstraße ging. Die Straßen waren menschenleer. Überall tödliche Stille. Furcht und Schrecken zitterten in der Luft. Jetzt stand ich vor dem Haus, in dem meine Frau und unsere Kinder schliefen, vom Vater träumten oder um ihn weinten. Meine Frau wußte zwar, daß Berlin meine Entlassung bewilligt hatte. Aber der Lagerkommandant hatte das letzte Wort. Meine »Umerziehung« sei noch nicht beendet, hatte er meiner Frau geschrieben. Lange stand ich im Dunkel. Rufen wollte ich nicht; es hätte die »Hornissen« aufwecken können! Die Klingel war außer Betrieb. Weit und breit keine Menschenseele. Plötzlich hörte ich leise Schritte. Aus dem Dunkel kam der Meßner, den ich so gut kannte. Er schloß die Tür unserer Pfarrkirche auf und betrat das Gotteshaus, um den Altar vorzubereiten. Rasch ging ich ihm nach und sank auf die hinterste Kniebank. Ich war bei Christus. Es war kein ordentliches Beten, Gedanken und Worte konnten meinen Dank nicht ausdrücken. Ich weinte, weinte bitterlich. Der Meßner ging an mir vorüber, er erkannte mich und ich verstand seinen guten Blick.

Nach innigem Dankgebet, stand ich auf und ging auf die Straße. Im Gesellenhaus neben unserer Wohnung schien Leben zu erwachen. Lichter!

Dort waren unsere Freunde. Die Familie Thaler. Die Haustür war offen und ich betrat den Frühstückssaal. Überraschung, Freude und Jubel empfingen mich. Die kleine Mariedl sprang wie eine Katze an mir hoch. Bald stand der Milchkaffee vor mir und warme Buchteln gab es dazu. Ich mußte furchtbar hungrig ausgeschaut haben. – Erzählen konnte ich nichts. Die Angst saß mir noch immer im Nacken.

Als das Wiedersehn mit unseren lieben Nachbarn gefeiert und ich satt geworden war, erbot sich Mariedl, in unsere Wohnung zu gehen und meine Familie »schonend« vorzubereiten. Das Tageslicht war heller geworden und ich wollte ohne Aufsehen über die Straße kommen. Mariedl holte mich ab und in fieberhafter Spannung nahm ich die Stufen in den zweiten Stock. Freudiges Rumoren hinter der Glastür zeigte die Wirkung der Frohbotschaft. Die Tür ging auf und ich lag in den Armen meiner Frau. Die Kinder sprangen an mir hoch. Ein endloses Küssen und Ans-Herz-drükken. Den Jüngsten, Peter, sah ich zum ersten Mal. Das war der schönste Weihnachtsmorgen. Das Hochamt in Dreiheiligen war ein unvergeßliches Ereignis. Freude und Musik verschmolzen in ein einziges Fest des Dankes und der Hingabe an Gottes Vorsehung. – Frei?

Preis der Freiheit

Das schönste Weihnachtsgeschenk meines Lebens, die Entlassung aus dem KZ Dachau, bescherte uns zwei Tage des Wiedersehens. Wir hatten uns ja so viel zu erzählen, wobei ich immer vorsichtig sein mußte. Die Wirklichkeit des Freiseins unter dem Terror wurde von Freude und Jubel verschlungen.
Dann aber begann die drückende Sorge um meine künftige Existenz. Am ersten Werktag mußte ich mich »befehlsmäßig« beim Chef der Gestapo H. vorstellen. Er ließ mir keinen Zweifel an dem Dunkel der nächsten Zukunft. Ich müsse, so sagte er, alsbald eine Beschäftigung finden, sonst drohe mir wieder das Tor Dachau zur Freiheit. »Arbeit wird Euch frei machen«. Am nächsten Tag brachte mich SS in das Landhaus, wo der unwürdige Träger des Namens Hofer residierte. Dort spielte sich eine feierliche Zeremonie ab. Gauleiter Hofer hielt mir eine Rede des Inhalts etwa: »Sie haben schwer gebüßt und ich hoffe, daß Ihnen das KZ klar gemacht hat, wie Ihre Treue zu Führer, Volk und Staat beschaffen sein muß. Hiermit nehme ich Sie wieder in die deutsche Volksgemeinschaft auf und hoffe, daß Sie dies in Zukunft zu würdigen wissen.« H. konnte nicht ahnen, was in mir vorging. Am liebsten wäre ich ihm ins Gesicht gesprungen. Ringsum stand die bewaffnete SS. Nach dem »feierlichen Akt« kam ich wieder in das Gestapo-Hauptquartier, wo H. mir auftrug, am nächsten Morgen in das Gasthaus »Mondschein« zu kommen, wo mir eine passende Arbeit angeboten würde.
Die Armut und Not meiner Familie war eine Tatsache. Ich mußte nach jedem Strohhalm greifen.
Im Mondschein erwarteten mich einige Dachauer SS-Bonzen in Zivil. Auf dem Tisch vor mir lagen in Holz gebrannte Bilder des »Führers«, Himmlers u. a. Koryphäen des Regimes. Es waren Porträts, die in Dachau von den Zwangsarbeitern hergestellt wurden und Geld in die Kasse des Lagers bringen sollten. Ich sollte diese

Bilder verkaufen und würde vom Erlös je RM 5,– als Provision erhalten.
Was blieb mir anderes übrig als zuzugreifen? Zunächst begann ich bei Bekannten, denen ich mein sonderbares Hausieren erst klar machen mußte. Das Interesse war überall sehr gering. Einen größeren Posten des Kitsches nahm mir eine gute Bekannte in der Universitätsstraße ab. Sie besaß eine gute Trafik gegenüber der Jesuitenkirche. Ihren Spitznamen hatte sie von ihrem weißen Spitzhund, der bei schönem Wetter vor der Ladentür schlief. Die »Spitzerfrau«, nur als Bezugsquelle für Rauchwaren bekannt, erfaßte die Situation und war großzügig. Über unsere Einstellung zu Hitler und den Nazis bestand volles Einverständnis.
Dann begann aber das völlige Nachlassen des Interesses an den »Brandbildern«. Unser Brotlieferant in besseren Tagen, K. mit Namen, hatte sich nach dem Einmarsch der »Deutschen« als begeisterter Parteimann entpuppt. Er kaufte kein Hitlerbild, aber ein Himmlerbild, das er wie narrisch an seine Lippen drückte. »Mein lieber Heinrich«
Angesichts der Hoffnungslosigkeit dieser Existenz, hatte ich mich unterstützt von Bekannten, um eine Arbeit bemüht, die die große Not besser steuern sollte. Ich fand die Stelle in einem Baugeschäft in der Völserstraße. Als Lohnrechner, Holzmesser und so weiter wurde ich für monatlich RM 140,– eingestellt. Jeden Morgen um 4 Uhr pendelte ich mit dem Fahrrad zu meinem Arbeitsplatz. Während der Fahrt genoß ich die reine Luft, lauschte den Stimmen der wachen Nachtigallen und freute mich auf die Begegnung mit den »freien« Arbeitskameraden. Ich wurde bald ihr guter Freund; denn ich war großzügig beim Aufrunden angebrochener Arbeitsstunden. Aber müde war ich. Das »Gehalt« reichte ja hinten und vorn nicht. Mein Zustand äußerte sich auch in der Schrift. Einmal schlief ich am Schreibtisch ein und durchstrich eine ganze Seite der Tabelle, die ich geschrieben hatte. So kam unverhofft der Besitzer der Baufirma, um mir Vorhaltungen zu ma-

chen. Meine Schrift sei unleserlich, die Zahlenreihen stünden nicht gerade untereinander usw. Bei diesen Vorhaltungen platzte mir der Kragen. »Ich bin todmüde und hungrig, Herr H. Probieren Sie es mit RM 140,– Frau und sechs Kinder zu ernähren. Wenn Sie mir eine Aufbesserung bewilligen, werde ich bemüht sein, die Kanzleischrift besser zu lernen und gerade Reihen einzuhalten.« Meine Worte hatten Erfolg; denn H. wußte sicher, was ich hinter mir hatte. Er bewilligte eine Aufbesserung um RM 100,– und ich lernte es, meine Berufshandschrift dem neuen »Beruf« anzupassen. Dabei hatte ich Erfolg.

Immer bestrebt, meine Stellung zu verbessern, verfolgte ich alle Zeitungsanzeigen. Eines Tages fand ich eine Anzeige mit der sprachkundige Persönlichkeiten für eine lohnende Bezahlung gesucht wurden ...

Schon bald kam die ersehnte Antwort auf meine Bewerbung. Ich war überrascht, aber zugleich in meiner Vermutung bestätigt. Hinter der Chiffreannonce stand die deutsche Wehrmacht. Sie hatte das Netz über alle Sprachkundigen geworfen und einen großen Fang gemacht. Das Oberkommando des XVIII. Armeekorps in Wien, forderte mich auf, mich am nächsten Tag im ehemaligen österreichischen Kriegsministerium zur Sprachprüfung einzufinden. Ich mußte meine Büroarbeit (Lohnauszahlung) übergeben, nach Hause eilen, Abschied nehmen und zum Bahnhof eilen. In Wien angekommen, begab ich mich sofort an den Sitz des Armeekorps und betrat den Prüfungsraum. Die Prüfung war so eingeteilt: Eine junge Dame mußte den Prüfling nach Aussehen und Benehmen beurteilen, dann wurden schriftliche Übersetzungstexte ausgeteilt. Russisch fiel mir leichter, für Französisch genügte mein Schulwissen. Alles war schnell erledigt und wir wurden nach Hause geschickt und auf die eventuelle Einberufung hingewiesen. Irgendwie fühlte ich mich erleichtert; denn als Angehöriger der Wehrmacht würde ich der ständigen Bewachung durch die Gestapo entzogen und besser bezahlt werden.

Der Krieg Hitlers gegen Polen kam blitzartig. Keine Woche war vergangen, als der Einberufungsbefehl eintraf: »Sie haben sich ...« Sofort benachrichtigte ich meinen Arbeitgeber und meldete mich ab. In der Kaiserjägerkaserne wurde ich eingekleidet und nach Berlin »in Marsch gesetzt«. Ich war wieder Feldwebel wie am Ende des Ersten Weltkriegs. Und der Zweite stand bevor. Die Dolmetscherkaserne in Moabit nahm uns auf. Es war eine alte Kaserne, altbekannter Betrieb, primitive Stuben, je einem Stubenältesten und was so dazu gehört. Der Tagesablauf umfaßte nicht nur den Unterricht, sondern auch Exerzieren und Scharfschießen in Tegel. Im Unterricht lernte ich vor allem die spezifisch militärischen Worte und Abkürzungen, weiters die Kunst der Verschlüsselung und Entschlüsselung von Nachrichten. Strenger wurde das Sprechen in russisch beurteilt, wobei der Kompanieschef, ein Reservehauptmann aus dem Baltikum, mit dem Rücken zum Sprecher Klang und Betonung kontrollierte. Der erste englische Luftangriff auf die Reichshauptstadt erfolgte damals. Er brachte mich während eines Stadtaufenthaltes in eine kritische Lage. Ich konnte erst nach dem »Zapfenstreich« das Kasernentor erreichen. Der scharfe Posten wollte mich aufhalten; mein Dienstrang half mir nicht. Da schob ich den Posten einfach zur Seite und rannte über den Kasernenhof in meine Stube im dritten Stock. Schon ehe ich mich in meine »Falle« gelegt hatte, wurde Alarm ausgelöst und das ganze Kasernengelände taghell erleuchtet. Der »Frevler« wurde ausgeforscht und meine Personalien zwecks Meldung festgestellt. So früh als möglich meldete ich mich selbst beim Hauptmann und erstattete gegen mich selbst Anzeige. Meine Entschuldigung war plausibel. Der Luftangriff, Stillstand der Straßenbahnen und meine Erregung. Der Dolmetscherchef war gnädig. Meine Vorstellung war »zackig«. Beim Heil Hitlergruß hatte meine Hand ein Lineal, auf dem die Morgenpost lag, so wuchtig getroffen, daß die Briefe im Büro herumwirbelten. Lachen, aber keine Strafe.

Unter den neuen Kameraden in der Stube war auch eine merkwürdige Nummer. Man nannte ihn nur den »General«. Es handelte sich um einen Saarländer, der es in der russischen Revolution unter Frunse bis zum General der Roten Armee gebracht hatte, dann aber in Deutschland »politisches Asyl« fand. Die Herren um Himmler hielten große Stücke auf ihn. Er genoß jede Freiheit, trat stets mit einer Tabakspfeife auf und unterhielt uns durch seine Späße und Anekdoten aus Rußland. Um wen es sich handelte, erfuhren wir einige Wochen später. Die Kriegsmaschine rollte. Noch stand Hitler nur mit den Westmächten im Krieg. Sein »Freundschaftsvertrag« mit der Sowjetunion schien zu halten. Wie es wirklich vor unseren Fenstern aussah? Zug um Zug rollte das Kriegsmaterial Dutzender von Divisionen »gen« Osten. Und da sollte Moskau nichts bemerken!?

Auch wir Dolmetscher erhielten eines Tages verschlossene Order – erst jenseits der Weichsel zu öffnen –. Ich wurde mit einigen Kameraden der 35. I. D. in Ortelsburg zugeteilt.

An einem trüben Morgen trafen wir beim Divisionsstabsgebäude ein. Alles schlief. Im leeren Speisesaal stand ein Klavier. Um Stimmung zu machen, setzte ich mich an das Instrument und spielte einen Straußwalzer. Es dauerte nicht lange, da trat ein geschniegelter Oberleutnant in den Saal und fauchte mich drohend an: »Was erlauben Sie sich, Exzellenz schläft noch.« Gehorsam schloß ich den Klavierdeckel. Wir waren wieder unter uns und warteten, warteten. Endlich wurden wir in ein Zimmer geholt, wo wir sofort einer Prüfung unserer Sprachkenntnisse unterzogen wurden. Damit schnitt ich schlecht ab – nicht ohne eigene Mithilfe, denn das Klima in Ortelsburg gefiel mir nach dem Anraunzen gar nicht und das Abhören des Radios fiel mir in der Aufregung schwer. Also weiter nach vorne, abkommandiert zum Regiment nach Allenstein.

Mit einigen Kameraden wurde ich im leerstehenden Hause eines der »Honorationen« der Stadt einquartiert. Platz gab's genug; der

Besitzer aber ließ uns in einem Parterrezimmer auf Stroh schlafen. An Verpflegung dachte er nicht. Wir schritten zur Selbstbedienung, trugen Bettstellen vom Dachboden, dazu Matratzen und Federbetten. In der Küche fanden wir Eier und Mehl und was zum richtigen Pfannkuchen gehört. Am ersten Morgen gab es einen riesen Krach. Der Hausherr kam, sah die Bescherung und fuchtelte mit einer Reitpeitsche herum. »Was erlauben sie sich«, brüllte er. Ich bin preußischer Hauptmann der Reserve und gebe Euch den dienstlichen Befehl, die Betten wieder nach oben zu tragen. Verpflegung gibt's bei der Feldküche!« Ich übernahm die Antwort: »Sie sind Zivilist und haben uns nichts zu befehlen. Uns hat man hierher befohlen, um Ihre Heimat zu schützen und wir verbitten uns Ihren Ton.« Der Mann war verblüfft und zog es vor, das Feld zu räumen. Noch am gleichen Abend saßen wir am Honorationsstammtisch im Gasthof und tranken Bruderschaft.
Einige Wochen in Allenstein waren ausgefüllt mit Sprachunterricht für die weit verstreuten Einheiten der Division. Die warmen Frühsommertage ließen viel Zeit für das Erwandern der Wälder und Heiden der Umgebung; dienstlich als Unterrichtsstunden in der Natur mit den mir unterstellten Dolmetschern, Soldaten und Unteroffizieren. Meine Unterrichtsmethode entwickelte ich aus den gegebenen Umständen und den vordringlichsten Bedürfnissen einer nach Rußland vordringenden Truppe. Eigenes Lernen vervollkommnete die Kenntnisse. Wir lernten die wichtigsten Worte für Verständigung und Bedarf. Landschaft: Baum, Holz, Metalle, Tal, Fluß, See, Straße, Weg usw. Bedarf: Wasser, Milch, Eier, Bier, Brot, Fleisch, Wurst, Honig u. a. Vorangegangen war das Alphabet. Ich gliederte das russische in lateinische, griechische und spezifisch russische Buchstaben. Schon damals erfand ich meine eigene »Regentropfen«-Methode. D. h. ich ließ die auf öffentlichen Aufschriften, Stationsnamen, in Zeitungen usw. lesbaren Worte notieren und wo immer möglich durch Adjektiva und Verben erkennbaren Wortverbindungen dazuschreiben, so

daß die Regentropfen immer näher zueinander fanden. Ich selber bereicherte meinen Sprachschatz auch auf diese Weise, wobei ich eine große Hilfe in der Lektüre russischer Dramen erfuhr.
Bei den Fahrten zu den Divisionstruppen machte ich meine erste Bekanntschaft mit dem Motorrad. Ich wurde jedes Mal von einem »Krad«-Fahrer abgeholt. Den brachte ich fortwährend in Gefahr und Zorn, weil ich mein Körpergewicht an Kurven anfangs immer auf die falsche Seite verlagerte. Ein Wunder, daß nichts passierte. Meine elegante Schwungmütze hatte ich längst gegen den Stahlhelm vertauscht. Es ging immer näher zum Krieg im Osten.
In Allenstein konnten wir das noble Haus einvernehmlich mit einem Hotelzimmer vertauschen. Die Wirtsleute stammten von Zillertaler Protestanten ab. Freundliche Leute, unterhaltsame Stammtischabende. Sehr wertvoll wurde meine Bekanntschaft mit dem Chef des Feindnachrichtendienstes, dem Calwer Teppichfabrikanten S. und dem Divisionspfarrer R., der mir freundschaftlich verbunden blieb.
Die Bevölkerung Ostpreußens war offenkundig preußisch-monarchisch, Hitler und Stalin gleichermaßen abgeneigt.
Eines schönen Tages zuckte Leben in den in Ruhe erstarrten Heerwurm. Von der Ostsee bis zur Adria. Der Tausendfüßler begann nach Osten zu kriechen. Den Befehl gab das Gehirn des allmächtigen »Führers«. Das Riesentier wurde zum nächtlichen Ungeheuer. Es kroch erst, wenn die Sterne am Himmel aufblitzten. Auch unsere Dolmetscherabteilung mußte mitkriechen durch dunkle von Gelsen (Stechmücken) wimmelnde Wälder und Buschholz. Bei Tage lagen die Straßen fast leer. Nordische List sollte den russischen Bär fangen. Nur in Gelenburg und Arisch bekamen wir Quartier. Einmal im Bahnhofsgasthof, dann in einer leeren Artilleriekaserne.

Der verhängnisvolle Junitag

Wir hatten auf einer Anhöhe mit Blick nach Rußland Stellung bezogen und hörten im Nachtdunkel den Befehl Hitlers. »Um 3 Uhr 10 herrscht Kriegszustand mit den Sowjets. Sie wollten uns angreifen. Wir aber kommen ihnen zuvor.« So oder ähnlich lautete der Befehl. Als der Zeitpunkt kam, wurde die Luft von dem Höllenlärm der Luftflotten erfüllt. Die Stukas suchten ihre Ziele. Städte gingen in Flammen auf. Abertausende Menschen wurden vom Flammentod vernichtet. Neben mir lag ein Oberst, den ich von Karlsruhe her kannte. »Das ist das Ende Deutschlands« sagte er zu mir. Diesen Tag wird Hitler ewig bereuen.« Dann begann der Vormarsch. Wir stießen kaum auf Widerstand. Vor einem Zollhaus standen drei Soldaten, ihre Brust dem Feind zugewandt. Sie schossen auf uns bis zur letzten Patrone. Das Lied der Internationalen starb mit ihrem Leben.

Ein neues Tagwerk hatte für mich begonnen. Ich erhielt Schriftstücke zum Übersetzen oder mußte Zivilisten verhören. An das Tagebuch eines erschossenen Leutnants erinnere ich mich besonders gut. Der Text endete mit dem Tag seines Todes im MG-Feuer. Es war ein Programm, etwa: »Ich bin der Partei und Stalin ergeben. Deshalb ertüchtige ich meinen Körper und halte meine Sinne wach. Nach dem Wecken mache ich eine Stunde Gymnastik, wasche mich kalt. Dann folgt das militärische und parteipolitische Studium usw.«

Am Straßenrand lag ein toter Sowjetsoldat, ganz von Geschoßgarben zerfetzt. Ich entnahm seiner Jacke ein Buch, das »Evangelium« des Marxismus, ein Miniaturlexikon des motorialistischen Kommunismus. Jeder Soldat trug es bei sich. Das Handbuch des Atheismus, Zeile für Zeile im Dialog zu widerlegen, aber in der Sowjetunion gab es längst keinen Dialog mehr. Der arme Muschik, der da zerkrümmt vor mir lag, hatte keine andere Lektüre. Ihm nützte das »Wunder der allgemeinen Volksbildung« nichts.

Lesen und Schreiben ist eben nicht alles! Was liest man? Was schreibt man?

Vormarsch

Der Vormarsch begegnete in den ersten Wochen kaum einem nennenswerten Hindernis. Der rasche russische Rückzug war ein Meisterstück der Roten Armee. In Polen war der Unterschied zwischen deutschen und russischen Methoden augenscheinlich. In dem Abschnitt, der an Hitler (Vertrag) gefallen war, hatte der Germanisierungsfimmel schon sichtbare Spuren hinterlassen. Den polnischen Häusern waren schwäbische Fachwerke und Spitzdächer aufgesetzt worden. Der Dom von Suwalki war Pferdestall geworden, die polnischen Apotheken hatten einen wenig sachkundigen deutschen Verwalter, dem der hervorragende polnische Besitzer als Assistent zur Seite stand. Die Bevölkerung war mißtrauisch und verängstigt. Auf sowjetischer Seite spürte man die Absicht, Polen als Gliedstaat der Föderativen Union anzuschließen. Die Bevölkerung war irgendwie freier.
An der Grenze zu Litauen erkannte man die ungeheure Lüge Hitlers von der Angriffsabsicht der Russen. Diese hatten nämlich erst in letzter Minute damit begonnen, eine Verteidigungsfront aufzubauen. Die Baustellen waren verlassen. Es gab reiche Beute an Geräten, pharmazeutischen Rohstoffen u. a. Überall hingen noch die Plakate, die zum Arbeitseinsatz aufforderten und die Namen der besten Arbeiter mitteilten.
Wochen vergingen. Ich wurde der neu gebildeten Gefangenenkompanie zugeteilt, deren Hauptmann – ein blutjunger Leutnant – nichts zu tun hatte, als seine mäßigen Reitkünste zu demonstrieren. Mir fiel es zu, für die Sicherung der Gefangenen zu sorgen, ihre Verpflegung aus dem Land zu organisieren. Für uns gab es keine Feldküche; ich nützte meine botanischen Kenntnisse und fand

Unterstützung bei katholischen Priestern. Vor Lida kam es zu einem heftigen Gefecht mit einer versprengten Abteilung turkmenischer Sowjets. Es gelang mir, alle Gefangenen vor Verlusten und durch Beruhigung die Disziplin zu bewahren. In Lida bekam jeder Gefangene eine Handvoll Mehl. Damit konnte jeder anfangen, was er wollte. Die meisten schluckten das Mehl roh hinunter und tranken Wasser dazu.
Lida war durch die Stukas fast ganz zerstört. Unvergeßliche Werbeplakate, die zur Vernichtung der Stubenfliegen aufriefen. Jetzt legten sich Schwärme dieser »Volksfeinde« auf das Aas und die Speisereste der toten Stadt.
In der Nähe organisierte ich ein herrenloses Pferd und nannte es Lida. Es trug mich tagelang, bis es wegen Erschöpfung und Darmkrankheit einging.
Auf den Bahngleisen standen lange Güterzüge mit Waren für Deutschland und die Sowjetarmee. Uns wurde verboten, etwas herauszuholen. Ein großes Lager mit gesteppten Winterjacken war für uns »tabu«. Der Krieg dauert nicht lange. Noch vor Weihnachten ist er zu Ende. Der »Führer« hat alles eingeplant. Die dreckigen Sachen der Russen brauchen wir nicht.
Nach Ablieferung der Gefangenen wurde die Kompanie aufgelöst, d. h. ich wurde zur Division als Dolmetscher kommandiert. Feindberühungen wurden jetzt häufiger. Mehrmals mußte ich mich auf Hörweite den Partisanengruppen nähern und sie auffordern, ihren nutzlosen Widerstand aufzugeben. Meist ohne Erfolg. Eine Kugel vom Wald her brannte mir am linken Ohr vorbei. Weiter! Der Krieg war wie ein Kaleidoskop der täglichen Wechsel, fast ein Filmschauspiel. In dem Ort Wassilizewka stockte der Vormarsch. Russenfrauen brachten viele Kinder, damit sie unser Divisionspfarrer taufe. Der treffliche Divisionär begünstigte das und ließ Handwerker aus der Division, die Ortskirche restaurieren. Hitler hatte das alles verboten. Russen waren für ihn »Ost-Untermenschen«.

Dann ging es langsam weiter. Der Divisionszahnarzt mußte mir auf einmal acht schöne Zähne ziehen – ohne Narkose.
Die Nähe eines organisierten Widerstandes wurde spürbar. In einem Wald aus mächtigen Schwarzerlen gruben wir uns ein. Einige Male besuchte ich ein nahes Dorf. Ich brachte einer Witwe Schokolade u. a., was mir als Liebesgabe von meiner Familie geschickt worden war. Als Gegengabe erhielt ich Sauermilch in einer unsauberen Holzschüssel. Den Löffel schleckte die Frau ab und trocknete ihn an ihrem schmutzigen Rock ab. Ich überwand mich und aß die Hälfte der »Buttermilch«. Mein Begleiter aus Karlsruhe (A.) weigerte sich, es mir gleichzutun. Erst als ich ihm (im Spaß) den »dienstlichen Befehl« gab, überwand er sich.
Jetzt hob die Bäuerin ein Brett des Fußbodens ab und stieg hinunter. Mit einem zappelnden mageren Hähnchen kam sie zurück, machte dem Tier ein Kreuzzeichen auf die Stirn und – hieb ihm den Kopf ab. So kamen wir nicht mit leeren Händen in den Unterstand zurück.

Moskau?

Das Verbot, ins nahe Dorf zu gehen und die Verstärkung unserer Bunker im Wald, zeigte uns das Ende der Pause im Feldzug an. Die Division brach auf und trat langsam zum Vormarsch an. Mir wurde ein erbeuteter russischer Funkwagen angewiesen. Er war ein gemütlicher Aufenthaltsraum. Ein »Kanonenofen«, schnell und stark Wärme spendend, leistete in den kälter werdenden Nächten gute Dienste. Durch den Funk bekamen wir stets ein gutes Bild der Ereignisse an der Front und in der übrigen Welt. Es schien als ob Hitler den direkten Vormarsch auf die Hauptstadt abgebremst hätte und zu einer weitausholenden Umklammerung der Sowjetarmeen in der Ukraine ausholte. Die Zahl der uns begegnenden Gefangenen wuchs täglich, zuletzt war es ein Strom

ausgehungerter, wunder Menschen, die verendete Pferde im Vorbeiweg skelettierten.
Nach den Schlachten im Kursker Bogen und auf der Krim wurde es wieder ruhiger. Der Endsieg war es nicht, trotz stolzer Kundgebungen des »Größten aller Feldherren«. Auch die Zahl der Partisanenüberfälle nahmen zu. Die Melodie des Schnees – mir aus der Gefangenschaftszeit so wohl bekannt, wurde immer vernehmlicher. Nachtblindheit machte mir sehr zu schaffen. Die vitaminlose Kost hatte Folgen.
An einem ruhigen Abend beordete uns Oberleutnant S., der die Feindnachrichten bearbeitete, in sein Quartier. Alle Divisionsdolmetscher waren versammelt. An einer Wand war eine große Karte, die die Feindstellungen um Moskau zeigte. S. erklärte uns, wie aus den Abhörberichten der Dolmetscher, aus Gefangenenverhören und Luftbildern ein aufschlußreiches Dokument hergestellt worden war, das den Triumphbotschaften aus Berlin völlig widersprach. Moskau war mit einem Feuerwall und undurchdringlichen Hindernissen umgeben. Starke sibirische Truppenverbände hatten zum Schutz Moskaus breite Stellungen bezogen. Dazu kam eine wichtige Nachricht: eine neuaufgestellte sowjetische Armee formierte sich im Mündungsgebiet der Wolga; Zentrum Astrachan.
Ein ehemaliger zaristischer Oberst, der in unserer Division Dienst machte, ergänzte S's Nachrichten bei einer abendlichen »Party« in seinem Unterstand. »Ich sage es ganz offen, der Plan, Sowjetrußland in die Knie zu zwingen, ist schon gescheitert. Die Front wird immer breiter. Die Wolga kann nur bei Stalingrad evtl. erreicht werden. Eine deutsche Armee, die dieses Ziel erreicht, steht unter der Bedrohung vom Kaspischen Meer her. Der Winter steht vor der Tür und eines Tages wird eine großangelegte Gegenoffensive der Sowjets unseren Rückzug einleiten. Die Siege um Kiew, auf der Krim und im Kaukasus werden wie Seifenblasen platzen.« Wir waren durch den Vortrag schwer erschüttert und es

mußte viel Wodka konsumiert werden, damit wir bei Laune blieben. »Was dann mein Schicksal sein wird, könnt Ihr Euch denken: die Kugel.«

Uns war nicht wohl zumute, als die Auswerter unserer Arbeit die Lage an der Ostfront so drastisch schilderten. Als dann der längst melodisch angekündigte Schneefall einsetzte, stand uns die Hoffnungslosigkeit des hitlerischen zwei bis drei Frontenkriegs unmittelbar vor Augen. Die Front rückte noch langsamer vor. Wir mußten manche Nacht im Schnee eingegraben, nur mit einer Zeltplane eingehüllt, zubringen. Partisanenüberfälle mehrten sich und über uns ratterten im Dunkel die russischen Flugzeuge. Was hatte man uns gesagt, als wir die Winterjacken aus einem Feindlager holen wollten? »Ja Weihnachten ist der ganze Zauber vorbei und Ihr seid daheim!« Die patriotischen Partisanen bedienten sich vieler Mittel. Sie waren oft als friedliche Bewohner in den Häusern am Wege. Eine russische Ärztin, die aus einem zerstörten Fahrzeug geborgen wurde, entpuppte sich als perfekte Funkbedienerin.

Die propagandistisch aufgemöbelte Besteigung des Elbrus durch eine deutsche Patrouille änderte gar nichts an der Gesamtsituation und an dem Schicksal der Stalingradarmee. Der Eckpunkt Leningrad blieb trotz furchtbarer Verluste, den Sowjets unter unvorstellbaren Entbehrungen uneinnehmbar, und wir Dolmetscher, die schon als Funktionäre einer deutschen Verwaltung im eroberten Rußland eingeteilt waren, mußten das Los Napoleons 1812, erleben.

Krank nach Hause

Daß ich davon verschont blieb, verdankte ich einer plötzlichen Verschlechterung meines Gesundheitszustandes. Kälte und Verpflegung bewirkten eine Art Ruhr. Die Darmblutungen wurden immer stärker. Ich meldete mich krank und wurde dem Arzt vorgestellt. Ich schilderte ihm mein Leiden und bat, in ein Heimatlazarett überwiesen zu werden. Die Antwort des »Mediziners« war sehr ungnädig. »Sie können doch noch schießen und wir brauchen jedes Gewehr an der Front. Trotz seines Widerwillens mußte er aber einsehen, daß meine Fronttauglichkeit gleich Null war. Mürrisch stellte er den Transportschein aus. »Schauen Sie zu, wie Sie heimkommen, Fahrzeuge haben wir keine zur Verfügung.« So konnte ich mich abmelden; erhielt ein Päckchen Tee und zwei Fleischbüchsen.

Es war an der Straße nach Moskau, wenige Stunden östlich von Wjasma.

In einem Koffer trug ich meine Habseligkeiten, darunter den großen russischen Beuteatlas. Das Tragen fiel mir schwer und einsam auf der Autostraße mußte ich mich auf Partisanenkugeln gefaßt machen. Keiner der nach Westen fahrenden Kraftwagen hatte Platz für mich. Erst nach Einbruch der Nacht nahm mich ein Kamerad in seinen Wagen und brachte mich in das Feldlazarett beim Bahnhof Wjasma. Dort war reger Verkehr. Schwestern und freiwillige Helferinnen nahmen sich um der deutschen Soldaten an. Andern Tages wurden wir im Lazarettzug verladen. Wohltuende heiße Getränke und – weißes Brot erquickten meinen kranken Leib.

Wieder in Innsbruck erhielt ich einen kurzen Urlaub, den ich bei meiner Familie in der Dreiheiligenstraße verbrachte. Die Darmblutungen hörten nicht auf. Ich kam dann in die damals »braune« Universitätsklinik. Dort stand ich viele Ängste aus, weil den braunen Schwestern, die Spritzen verabreichten, kein Vertrauen entgegengebracht wurde. Gelegentlich konnte ich einen Privatarzt aufsuchen, der ein ernstes Gesicht machte und den Verdacht auf Krebs im Mastdarm äußerte.

Eine Wiederholung der Rektaluntersuchung in der Klinik verlief seltsam. Ich lag nackt auf dem Operationstisch, als Fliegeralarm gegeben wurde. Man ließ mich ohne Decke liegen. Alle rannten in die Luftschutzkeller. Ich rappelte mich nach langem Warten auf und ging in das Krankenzimmer. Die Untersuchung wurde dann wiederholt und außer Schummerungen an den Darmwänden wurde nichts festgestellt und bald wurde ich als heimatdienstfähig entlassen.

Meine »Verwendbarkeit« brachte mir dann die Kommandierung in das »Stalag« Glasenbach. Dort gab es für mich wenig Dienst. Ich fand genug Zeit, um für das Manuskript eines Buches »Der Papst im Bergwerk« zu arbeiten. Es galt dem 17. Nachfolger des hl. Petrus in Rom, Papst Pontianus, auf den ich beim Studium der frühen Kirchengeschichte gestoßen war. Von den Erinnerungen an das Konzentrationlager Dachau beeinflußt, fand ich interessante Vergleiche der Methoden fanatischer Kirchenfeinde aller Zeiten.

Indes brachte der Dolmetscherdienst auch furchtbare Einblicke in die brutale Behandlung der Kriegsgefangenen. Einmal mußte ich beim Verhör eines solchen dolmetschend mitwirken. Der Russe war verdächtigt, zwei deutsche Urlauberinnen auf seiner Flucht ermordet zu haben. Es war ein Verhör mit Peitschenhieben, denen der Kriegsgefangene ausgeliefert war, sobald er stockte, schwieg oder sich in scheinbare Widersprüche verwickelte. Durch eigene Fragen konnte ich den Aussagen entnehmen, daß der gequälte Russe den Mord unmöglich begangen haben konnte. Ich ließ ihn seinen Fluchtweg rekonstruieren und so beweisen, daß er immer auf dem rechten Innufer nach Westen geflohen war. Die verschwundenen Frauen aber wurden auf dem linken Ufer im Unterinntal gefunden. Die beiden waren in eine Schlucht gestürzt. Meine Kenntnisse der Tiroler Landschaft hatten mir das Verhör erleichtert. Ob der Arme trotzdem mit dem Leben davonkam, möchte ich eher bezweifeln. Bald danach wurde ich in das »Stalag« nach »Markt Pongau« versetzt. Der schöne Ort durfte damals nicht mehr St. Johann genannt werden. Mein Quartier war in einem Gasthaus, wo ich es gut hatte. Mein Dienst war nicht aufregend. Ich mußte »Papiere« von Gefangenen übersetzen. Die Militärlieder, die die Russen bei sich trugen, übertrug ich ins Deutsche, was mir ausgezeichnet gelang. Einige Vorkommnisse traten aus dem Alltag scharf hervor. Ein deutscher Feldwebel, Vater von sechs Kindern, stellte der Tochter meines Wirtes nach. Ich hielt es für meine Pflicht, das Mädchen auf die Sinnlosigkeit eines Verhältnisses hinzuweisen und ihr die Familienverhältnisse des Mannes zu schildern.

Die Folgen waren unerwartet. Ich wurde am folgenden Tag zu einem Hauptmann befohlen, der mir mit Bestrafung drohte, wenn ich mich in Privatangelegenheiten einmische und einem deutschen Soldaten den außerehelichen Verkehr untersagen wolle. Ich schlug die Haken zusammen und verließ das Dienstzimmer. Der Hauptmann war ein Münchner Kaufmann, der sich durch die Anzeige des Feldwebels selbst betroffen fühlte.

Die Garnison in St. Johann i. P. unterstand abwechselnd einem österreichischen und preußischen Oberst. Letzterer hatte einen friderizianischen Tick. Wenn er vom Ort zu den Unterkünften abstieg, mußte der Wachposten befehlsgemäß so laut wie möglich »Achtung« rufen. Auf einen Spazierstock gestützt, mimte er in Gang und Haltung den großen Fritz, sparte nicht mit Lob, wenn der Ruf lautstark genug ausgefallen war. Wehe aber, wenn der Ruf ihm nicht gefallen hatte. Die Garnison aus Landesschützen war mehr österreichisch als hitlerisch gesinnt. In der Schreibstube waren Männer des Widerstandes, die mich vielleicht kannten. Ich erhielt ohne weiteres den angesuchten Urlaub und freundliche Winke. Der Krieg war in ein Stadium getreten, das den Horizont leuchten ließ.

Eines schönen Tages überraschte mich der Befehl, einen serbokroatischen Unteroffizier in das schreckliche Militärstraflager Germersheim zu transportieren (Im Lager wurde zehnstündiges Strafexerzieren bei halber Kost »geübt«, viele Priester waren auch dort als Gefangene).

In Silz (Tirol) machte ich mit meinem Schutzbefohlenen Pause. Er wie ich brachten eine Nacht beim Postenkommandanten zu. Aber es wurde spät bis der Kriegsgefangene in eine vergitterte Zelle eingeschlossen wurde. Den Abend verbrachten wir im Wohnzimmer des Kommandanten zu. Wir saßen mit dem Ehepaar an einem Tisch und erhielten aus der Küche friedensmäßigen Kaiserschmarrn und dazu Rotwein.
Als ich das Fahndungsbuch des Kommandanten durchblätterte, las ich zu meinen Erstaunen den eigenen Namen. Grund zur Festnahme: »Fluchtgefahr.« Es war wirklich zum Lachen.
In Ulm mußten wir übernachten. Den Gefangenen mußte ich in einem Kasernenarrest abgeben. Die Nacht brachten die Hotelgäste in den Katakomben des Luftschutzkellers zu. Es war ein schwerer Luftangriff auf die Donaustadt.
Während der Weiterfahrt durchzuckte eine Nachricht die Passagiere: »Landung der Amerikaner in der Normandie.« Erstaunlich: Niemand gab einen Kommentar ab. Nazis und Gegner konnte man kaum an den steinernen Mienen der Reisenden unterscheiden.
Am Ziel in Germersheim angelangt, mußte ich den Häftling im Lager abgeben. Ich hatte seinen Transport erleichtert und den Armen gut durchgefüttert. Bis zur Erledigung der Übergabeformalitäten hörte ich das Brüllen der SS-Bewacher. Die Kommandos: »Hinliegen! Auf! Robben! Laufschritt marsch-marsch!«

Massensterben in Villach

Meine nächste Kommandierung führte mich nach Villach. Nahe der schönen Stadt befand sich eines der größten Kriegsgefangenenlager. Die Dolmetscher hatten ihren »Dienst« in einem Zimmer des Obersten. Er empfahl uns Sprachstudien, und wenn uns das langweilig wurde, gab er lächelnd den Rat, den heiligen Geist

in Bewegung zu setzen, der in Gestalt einer Taube – kunstvolle Schnitzerei eines Gefangenen – von der Decke herabhing. In den Schubladen lagen Tausende Erkennungsmarken russischer Soldaten. Sie lagen da – völlig nutzlos; denn eine Benachrichtigung von Angehörigen stand nicht im Programm. Bei einem Besuch im gerade leer stehenden Büro las ich auch eine Kopie des Befehls von General R., der sich auf die Behandlung der Gefangenen bezog. Sie sollte um 180 Grad geändert werden, d. h. zum Nachteil der Gefangenen. Die Versorgungslage im Hitlerdeutschland wurde damals kritisch. Wie sich das auf die Gefangenen auswirkte, konnte ich bei einem Besuch im Lager mit eigenen Augen sehen. Die Russen glichen eher Gespenstern als lebendigen Menschen. Jene, die aus der Baracke wankten, stürzten in der frischen Luft oft bewußtlos zu Boden. Kein Wunder! Die Ernährung bestand aus Wasser, in dem das Kraut von Karotten und Rüben ausgekocht wurde. 36 Fleischbüchsen für die Tausenden verschwanden in den Bäuchen der »Küchenbullen«.
Um billige Arbeitskräfte für die Landwirtschaft aus der sowjetischen Zivilbevölkerung heranzuschaffen, wurden willkürlich zusammengetriebene Frauen aus der Ukraine an Bauern verschachert. Nur eine Minderheit von diesen, so hoffe ich, beutete die Helfer unbarmherzig aus. Oft aber kamen Fälle vor, wo die schlechte Behandlung zu Arbeitsverweigerung oder sinnloser Flucht führte (das russische Getreide mußte zur Versorgung bevorzugter Schichten der Deutschen dienen).
Bei Verhören, die ich als Dolmetscher vermittelte, erlebte ich viele Fälle von grausamer Behandlung oder von Selbstverstümmelung. Ein SS-Mann, der mich als »vertrauenswürdig« angesehen haben muß, zeigte mir eines Tages eine Sehenswürdigkeit. Er führte mich in eine Baracke, wo sich ein Pole an einer Pritsche erhenkt hatte. Das Antlitz des Toten strahlte Frieden, ja Heiterkeit aus. Der Mann sollte vor ein »Gericht« gestellt werden. Die Angst vor dem im voraus bekannten »Urteil« trieb ihn in den Tod.

Etwas später setzte die Rekrutierung gelernter Handwerker für die Erstellung bzw. Restaurierung von Schloß Klessheim bei Salzburg ein. Dieses Schloß war für Hitler bestimmt. Er wollte dort seinen »europäischen Frieden« diktieren. Gefangene, die ausgewählt wurden, hatten zunächst Glück. Der ärgste Hunger war für die Bauzeit einigermaßen gestillt.
Kurz vor dem Ende der Villacher Zeit ereignete sich in dem Lager englischer Offiziere ein sensationeller Ausbruch. Es gelang einigen der Gefangenen in SS-Uniform ungehindert aus dem Lager zu entkommen. Soviel ich weiß, wurden sie nicht entdeckt und dürften ihr Ziel erreicht haben.

Zurück nach Glasenbach

Dort kam ich in die Zensurabteilung. Berge von Briefen an Gefangene in den Vernichtungslagern des Ostens und von Angehörigen mußten geöffnet und gelesen werden. Fotos waren herauszunehmen, konspirative Sätze mußten gemeldet werden, ebenso Drohungen oder wahrheitsgetreue Schilderungen der Lagerzustände oder Klagen über Heimatsorgen (Hunger). Um mit der Brieflast fertig zu werden, drückten die Zensoren schnell ihren Unbedenklichkeitsstempel auf den Brief. Hätte es denn einen Sinn gehabt, den verzweifelten Todeskandidaten im Vernichtungslager noch eine »Sonderbehandlung« zu bescheren.
Kost und Logis in Glasenbach förderten wieder meine unaufhörlichen Darmblutungen und eine schmerzhafte Kolitis. Ich mußte mich in einem Salzburger Lazarett untersuchen lassen. Das Resultat: dienstunfähig. So kam ich zurück nach Innsbruck zur Erledigung der letzten Formalitäten. Gleichzeitig hatte es mein Freund, Rechtsanwalt R. in Augsburg erreicht, daß ich von der Gögginger Zwirnerei- und Nähfadenfabrik als »kriegswichtige« Fachkraft reklamiert wurde. Abgesehen von meinem Interesse

am neuen Wirkungskreis, hatte ich während der »Stalag«-Zeiten eifrig einen Fernkurs für Buchhaltung absolviert. So kam ich nach Göggingen in das große Textilwerk. Nach der Einarbeitung wurde mir die Aufgabe gestellt, mögliche Verlustquellen aufzuspüren und Verbesserungen im Gesamtbetrieb vorzuschlagen. Das Resultat: Der Binnentransport vom Rohmaterial zum Nähfaden war zu veraltet und umständlich. Dazu fand ich einen »Dreh« mit dem Nähfaden, der sich bei der Massenerzeugung günstig auswirkte.

Die Gögginger Zeit

Sie war ein mit Spannung erwartetes Warten auf das Ende des unheilvollen Krieges. In meinem russischen »Beuteatlas« trug ich die Etappen der völligen Einkreisung Hitlerdeutschlands täglich ein. Trotz seiner verzweifelten Lage posaunte der Propagandachef Göbbels noch immer seine Endkriegstiraden in den Äther und fand erstaunlicherweise immer noch Gläubige. Deren Zahl schmolz aber angesichts der Wirklichkeit von Tag zu Tag. Namentlich seit der Rheinüberwindung bei Remagen.
Unser Alltag war damals gekennzeichnet von vielen Ereignissen, freudigen und leidvollen. Unsere liebe Mutter erkrankte schwer. Die Herausoperierung eines großen Myoms brachte sie in die Nähe des Todes. Der Arzt betete, der teuere Patient betete. Ich schlief in der kritischen Nacht bei unserem Nachbarn, dem Chemiker des Werkes, um jederzeit telefonisch erreicht werden zu können. Da kam der beglückende Anruf: »Ihre Frau ist gerettet.« Wie sie mir am nächsten Morgen sagte, hatte sie nach Empfang der Sterbesakramente die Schwester um eine Wanne eiskalten Wassers gebeten, um ihre Arme einzutauchen. Danach sei das Fieber zurückgegangen. Die Krise war überstanden. Ein übergroßes Glück nach all der Angst. Weitere freudige Ereignisse waren die Heim-

kehr der älteren Söhne aus der Gefangenschaft und Militärdienst. Unseren Ältesten konnten wir nicht gleich empfangen. Er war nach Innsbruck entlassen worden, so daß wir ihn erst später »illegal« an der Grenze in die Arme schließen konnten. Für ihn, der uns schon früher als tot gemeldet worden war, hatten wir damals eine Sterbemesse darbringen lassen. Auch unsere älteste Tochter, die zu einer Flakabteilung nach Böhmen eingezogen worden war, kam zu Fuß nach Hause.
Der vernichtende Bombenangriff auf Augsburg traf Göggingen nur mit Splitterbomben. Unsere Mutti ließ sich nicht abhalten, in der Küche ein Bohnengemüse zu kochen. Sie kam nicht in den Keller, als die Glassplitter in das Gemüse prasselten. Wir im Keller lagen um einen Scheiterhaufen, auf dem unser kleiner Peter wegen der geringeren Erschütterung gebettet war. Der mutige Bub betete uns den Rosenkranz vor. Ein Beispiel für uns alle.
Dort, wo Augsburg lag, war ein einziger roter Feuerschein. Zwei schwer atmende Männer pochten an die Haustür. Wir ließen die Erschöpften ein. Sie sagten, daß sie im Laufschritt von Augsburg herausgerannt seien, um dem Unheil zu entgehen. Nach einer Labung fielen sie im Keller sofort in tiefen Schlaf. Es waren zwei bekannte Vorarlberger.
Als ich tags darauf nach Augsburg kam, sah ich an einem Kino das zerfetzte Plakat der letzten Vorstellung. »Zum Leben verdammt« hieß der Film, der für Euthanasie warb.
Der Krieg ging noch immer weiter. Er forderte einen hohen Blutzoll. Doch die stählernen Ringe um Hitlers »Großdeutschland« wurden immer mehr geschlungen. Jetzt zog man auch mich zum Volkssturm ein. Sinnloses Exerzieren während weniger Stunden am Tag sollte uns zur Endschlacht fit machen.
Im Werk ging die Arbeit stockend weiter. Als Dolmetscher kam ich mit einer Klasse von sowjetischen Lehramtskandidatinnen zusammen. Ich erfuhr die erschreckende Tatsache, daß keine der Deportierten das Wort »Gott« jemals gehört hatte. Was ist das

»Gott« fragten sie mich. Der Kommunismus hatte die Religion ausgelöscht.
Die Amerikaner kamen immer näher. Nachts standen wir auf dem Fabrikturm und beobachteten die erlahmenden Artillerieduelle im Süden. Am Tage näherten sich die gepanzerten Patrouillenfahrzeuge der Brücke über den Gebirgsnebenfluß des Lechs. Wir hängten weiße Leintücher aus dem Fenster. Fliehende SS wollte die Häuser, aus denen das Weiß hing, stürmen. Sie mußten rasch weiter fliehen. Unser Werks-Chemiker hatte das Kommando an der Brücke übernommen, ließ die Hindernisse beseitigen. Die Amerikaner marschierten ein. Der Tag der Freiheit war endlich gekommen. Sie besetzten und durchsuchten die Häuser. Unser Haus blieb verschont. Ich hatte ein Plakat angebracht: »Vorsicht«, nicht eintreten, ansteckende Krankheit!« Peters Erkrankung rettete uns. Dem vorübergehenden Sergeanten schenkte ich ein wertvolles ungarisches Ordenskreuz und – Muttis »Mutterkreuz« zum Andenken.
Unsere neuen Nachbarn waren schwarze Soldaten, die uns Lebensmittel und Rauchwaren über den Zaun warfen und von uns Andenken erhielten.

Zurück zum Beruf

Der amerikanische Stadtkommandant brachte bald Ordnung. Gefangene SS und die Bevölkerung räumten die Trümmer weg. Der zerstörte Bahnhof wurde provisorisch hergestellt, die ausgerissenen Gleise ersetzt, der Zugverkehr wieder möglich.
Gänzlich unerwartet lag ein Formular auf dem Tisch, das ich zur Bewerbung um Pressearbeit ausfüllen sollte, wenn ich wollte. Ich tat es sehr nachlässig. Mit Bleistift. Eigentlich wollte ich noch zuwarten. Aber schon bald wurde ich eingeladen, bei der neu lizensierten Tageszeitung als Redakteur einzutreten.

Naumann, einer der eingesetzten Verleger legte Wert auf meine Mitarbeit. Er kannte mich von früher her und wollte verhindern, daß zu viele »Linke« bei der Zeitung eingestellt würden. Jetzt sagte ich Ja und bezog ein notdürftiges Büro in dem schwer beschädigten Bau. Natürlich hatte das Gehalt, das viel größer war als in der Gögginger Fabrik, eine Rolle gespielt.
Die Ressorts waren am Anfang noch nicht genau verteilt. Ich hatte außer dem Feuilleton noch das Land, die Auswahl der Mitarbeiter und die Stadt- und Landdirektion zu leiten. Eine arbeitsreiche, aber ebenso interessante Tätigkeit.
Scherz und Ernst. So erlaubte ich mir einmal ein Inserat aus einer alten Zeitung abzudrucken. Darin wurde Butter, Speck u. a. m. mit den Preisen des Jahres 1902 abgedruckt. Spottbillig. Der Name des Kaufmanns war stehengeblieben. Die Folge: Schon am nachfolgenden Tag kamen ganze Wagenkolonnen vor das betreffende Geschäft, um so billig einzukaufen. Die Enttäuschung war groß, als es keine Waren gab. Der Geschäftsmann kam in mein Büro gerannt und drohte mit Prügeln. Es gelang mir, ihn zu beruhigen. »Haben Sie denn den Begleittext zu dem alten Inserat nicht gelesen? Dort heißt es doch deutlich, daß diese Preise fast noch heute gelten könnten, wenn Hitler Deutschland nicht in den Ruin gestürzt hätte. Zeitungen muß man eben genauer lesen.«
An einem anderen Tag weckte mich ein amerikanischer Soldat. Es war erst vier Uhr. Ich sollte mich fertigmachen, um in Landsberg der Exekution von Totenkopf-SS-Leuten als Zeuge beizuwohnen. Im Landsberger Gefängnis hätte ich gerne mit unserem Dachauer Kapo gesprochen, der auf die Hinrichtung wartete. Der Zugang wurde mir verweigert.
Das Henken der Übeltäter vollzog sich »nach Protokoll«. Einer nach dem andern mußte die Treppe zur Plattform des mit Brettern eingehüllten Galgens hinaufsteigen, begleitet von einem Geistlichen seiner Konfession (wenn er eine solche hatte). Oben angelangt, wurde dem Todeskandidaten ein letztes Wort gestat-

tet. Nur wenige machten von der Erlaubnis Gebrauch. Das Wort: »Es lebe Deutschland!« wiederholte sich mehrmals.
Unser schrecklicher Kapo (er war gewiß nicht der schlechteste) hielt eine Rede, aus der ich mich an die Worte erinnere: »Wenn ich hier stehe, dann verdanke ich das nur der SS. Sie hat mich schlecht gemacht. Ich bitte, meine arme Mutter, die ohne Hilfe dasteht, zu unterstützen.« Mitten in seiner Rede drückte der Sergeant den Hebel und Christian sauste in die Tiefe. Auch einer der schlimmsten KZ-»Ärzte« war unter den zwei Dutzend der Exekutierten.
Wir Zeugen wurden anschließend in einer Kantine mit Tee gelabt. Ein makabrer, ungewohnter Genuß. Mein Artikel über das Strafgericht stand am nächsten Tag in der »Schwäbischen Landeszeitung.«
Der Titel der ersten Augsburger Nachkriegszeitung stammte von mir. Ich hatte mir viele Gedanken darüber gemacht, wie Deutschland in der neuen Zeit aussehen sollte. Die Gedanken darüber waren ja damals ganz frei. Man sah zwar Umrisse der amerikanischen Vorstellungen, aber sonst waren die Dinge im Fluß.
So schrieb ich damals einen Artikel, der großes Aufsehen erregte. Sein Titel: »Schwaben, gestern, heute und morgen.« Ich ging dabei von der Tatsache aus, daß ein neues Deutschland nach der Auflösung Preußens föderalistisch neu einzuteilen sei. Auch alle durch Fremdmächte geschaffenen Dynastiestaaten sollten unter Berücksichtigung des vorwiegenden Stammescharakters ebenfalls neu geordnet werden.
Im Süden bedeutete das ein Oberschwaben südlich der Autobahn, bzw. der Alb und Unterschwaben. Die Hauptstädte: Augsburg und Karlsruhe. Ich untermauerte meinen Vorschlag mit der Geschichte des Raumes. Oberschwaben sei kein »Fleckerlteppich« gewesen, sondern ein Nebeneinander von reichsunmittelbaren Herrschaften, die gesinnungsmäßig zur alten Hauptstadt Wien tendierten und die wirtschaftlich das Band zwischen Frank-

reich und dem Habsburgerstaat bildeten. Die erbetene Antwort der Leser glich fast einer Volksabstimmung. Eingefleischte »Bayern« warfen mir Wahnsinn oder Hochverrat vor. Die überwiegende Mehrheit stimmte begeistert zu, namentlich die Augsburger. Ich wurde in das Bayerische Regierungspräsidium, von den Amerikanern nach Stuttgart zur Darlegung meines Gedankenganges eingeladen.
Eine Massenversammlung, die mit der Proklamation des Bundeslandes Schwaben enden sollte, verfehlte ihren Zweck, weil der Vorsitzende den Aufruf so beendete: »Es lebe Schwaben im Rahmen – Bayerns.« Immerhin hat die Aktion bewirkt, daß man künftig in München die Augsburger Interessen sorgfältiger beachtete. Meine Bezeichnung als »Herzog von Schwaben« in einer Faschingszeitung machte mir Spaß.
Noch ein Augsburger Intermezzo. Eine Delegation christlicher Stadträte lud mich ein, als neuer Oberbürgermeister der alten Reichsstadt zu kandidieren. Daraus wurde aber nichts; denn ein paar Heimatvertriebene machten die absolute Mehrheit unmöglich. Sie glaubten, ich hätte für ihre Interessen zu wenig übrig.
Meiner Augsburger Pressetätigkeit machte ein Vorschlag aus Stuttgart ein Ende. Ich wurde von der CDU eingeladen, als Lizenzträger die »Stuttgarter Nachrichten« aufbauen zu helfen.
Meiner großen Familie zuliebe nahm ich die Gelegenheit wahr.
Ich wurde vom amerikanischen Befehlshaber aufgefordert, mich mit dem bereits bestimmten Konsul Bernhard bekannt zu machen. B. war Demokrat und wie der Amerikaner prominentes Mitglied einer Freimaurerloge. Die erste Begegnung war mehr als kühl. B. hatte ein Zimmer im Hochhaus der »Stuttgarter Zeitung«, die in einer zweiten Zeitung eine Konkurrenz erhalten sollte. – In das Zimmer von B. eingetreten, sah ich mich einem arroganten und betont unhöflichen Mann gegenüber. Er bot mir keinen Stuhl an und begann kein Gespräch.
Ich nahm ohne Aufforderung Platz und sagte nach der Vorstel-

lung: »Ich soll nach dem Willen der Amerikaner als Angehöriger der CDU in das Triumvirat aufgenommen werden.« Sehr kalt erwiderte B. »So ist es bestimmt; alles Weitere wird sich finden.« »Ich hoffe, daß wir gut zusammenarbeiten, und daß von Anfang an die Kompetenzen richtig verteilt werden.« Meine Meinung dazu werde ich Ihnen aus Augsburg schriftlich mitteilen.« Dann verabschiedete ich mich und kehrte zur Familie zurück. Später erst, nach B.'s Tod, kam ich in den Besitz von Briefen, die B. seit seiner Bestellung mit amerikanischen Stellen gewechselt hatte. Sie liegen z. T. im Stuttgarter Staatsarchiv. Ein nicht unwichtiger Beitrag zum Studium der Presse nach dem 2. Weltkrieg. Sie dienten dem Versuch, die Hinzunahme eines CDU-Angehörigen in die Stuttgarter Nachrichten zu verhindern.
Mit dem Sozialisten Schoettle, den die Politik an Bonn fesselte, hoffte er leicht fertig zu werden und die kleinste Partei des Landes in der Tagespresse führend zu machen. Sein einziges Hindernis blieb ich bis zu seinem frühen Tod. In Augsburg wurde mein Entschluß, nach Stuttgart zu übersiedeln, endgültig gefaßt. Ich teilte dem »Kollegen« mit, daß ich mir vorbehalte, den kulturellen Teil der neuen Zeitung zu übernehmen und auch als Kolumnist und Leitartikler gleichen Anteil zu haben wie B. und Sch.
Bei der Einweihung der »Stuttgarter Nachrichten« hielt ich eine Rede, in der ich auf die demokratische Tradition des Landes hinwies und auf den demokratischen Grundcharakter des Zentrums und der CDU Bezug nahm.
Meine Freude an der wiedergefundenen Redaktionsarbeit war jedoch von kurzer Dauer. Ich mußte die Entdeckung machen, daß B. die meisten Ressorts im Verlag und in der Redaktion bereits eigenmächtig vergeben hatte. Seine Gesinnungsgenossen tauchten mit fixen Verträgen und Zusicherungen hervor. Zum Teil waren es frühere Mitarbeiter der »Frankfurter Zeitung«. Im Verlag waren Logenbrüder und auch solche »Persönlichkeiten«, die B. nahestanden und seine Gewinnsucht unterstützten.

Zeitenweise gab es auch Versuche B.'s mich zum Eintritt in seine Loge zu bewegen, was ich entschieden ablehnte. Die Krönung seiner Pläne erreichte B., als er mit 2/3-Mehrheit seine Bestellung als Chefredakteur durchsetzte. Er, der vorher so argumentiert hatte, daß die Verleger außerhalb der Redaktion stünden, hatte sein Ziel erreicht.
Materiell standen zwar die Lizenzträger gleichrangig nebeneinander. Jeder bekam sein Auto und seinen Chauffeur, aber B. versuchte gleich zu Anfang, durch fingierte Pressereisen von dem einströmenden Geld Löwenanteile herauszureißen. In dieser Hinsicht konnte ich ihm aber einen Strich durch die Rechnung machen. Er stand sich aber sehr gut mit dem damaligen Buchhalter, den ich wegen seiner Sittenlosigkeit nur mit Mühe ausboten konnte. Die Logenbrüder halten wie Pech und Schwefel zusammen.
Durch die Behinderung freier und verantwortungsvoller Redaktionsarbeit kam ich in eine sehr kritische Lage. Nur das nicht geringe Gehalt eines Geschäftsführers der GmbH einzunehmen, entsprach in keiner Weise meinem Arbeitsdrang. Da ich merkte, daß B.'s Pläne für mich noch gefährlicher wurden als ich zunächst angenommen hatte, mußte ich vorsichtiger werden. B. dachte nämlich daran, mich wegen meiner – doch von ihm bewerkstelligten – »Arbeitslosigkeit« den Vorwurf der Interesselosigkeit anzuhängen. Mitbetraut mit der Aufgabe, die »Stuttgarter Nachrichten« zu konstruieren, sah ich mich zu den wiederkehrenden Einberufungen von Gesellschafterversammlungen veranlaßt, immer wieder auf meinen Anspruch einer geregelten Mitarbeit in der Redaktion hinzuweisen. So war protokollarisch der Vorwurf der »Inertität« entkräftet. In dieser Zeit betätigte ich mich intensiv im katholischen Vereinsleben, besuchte Mitgliederversammlungen und wurde zu größeren öffentlichen Veranstaltungen als Redner geholt. Ich erinnere mich, daß nach einem Vortrag über den Kardinal Mindszenty, Bundeskanzler Adenauer mich am Saalportal

abwartete und ins Gespräch zog. Er fragte mich, ob ich nicht Lust hätte, Stuttgart aufzugeben und als Chefredakteur der »Rundschau« nach Köln überzusiedeln. – Meine Antwort war Dank und ein entschiedenes Nein. Als Grund gab ich an, daß ich nicht aus Süddeutschland weggehen wolle und mich nördlich des Mains nicht heimisch fühlen würde. Natürlich dachte ich auch an meine Familie und die Unzumutbarkeit eines neuerlichen Ortswechsels nach so vielen schweren Jahren. Auch die finanzielle Seite spielte eine Rolle. A. nahm mir meine offene Antwort nicht übel; wir verabschiedeten uns sehr herzlich.
B. kreidete es mir auch an, daß ich wegen der Unfreiheit in der Nachrichtenredaktion manchmal in der anderen »Stuttgarter Zeitung« meine Meinung äußerte. Was sollte ich tun?
So kam eine längere Periode, wo ich (mit Rückendeckung) größere Reisen nach Italien machte. Einmal nach Venedig, wo ich im Staatsarchiv Studien über den württembergischen Herzog Karl Eugen und seine Aufenthalte in der Lagunenstadt machte. Der Herzog verlor dort sein sehr offenes Herz an die junge Sängerin Katharina Bonafine deren Heimat Lendinara war. Der dortige Pfarrer konnte mir dabei sehr helfen, denn er hatte eine Broschüre über berühmte Männer und Frauen des Ortes gemacht und dabei die Bonafine ausführlicher behandelt. Auch nach Modena, dem Sterbeort der Bonafine kam ich und fand weitere Details über die Laufbahn des »Weltstars«. Sie war nach ihrer unfairen Verbannung aus Württemberg und einer formalen Ehe mit einem Offizier nach Petersburg gekommen, wo sie Ruhm und Geld in Fülle erntete. So wurde sie in Modena auch eine große Förderin von Künstlern und Wissenschaftlern. Wie ich daheim feststellte, war ihr Bruch mit Karl Eugen beschleunigt durch das Drängen ihrer Familie, die Verbindung durch eine Heirat zu besiegeln. Immerhin hatte Katharina dem Herzog drei Kinder geboren, von denen zwei in württembergischen Familien untergebracht wurden. Genug davon. Da das Hochzeitsdokument mit dem Offizier ein-

mal von mir eingesehen werden konnte (Pfarramt Hofen), bei einem zweiten Besuch aber herausgerissen war, machte ich mir so manche Gedanken. Aber einen Kriminalroman wollte ich ja nicht schreiben. Ich verfolgte neue Pläne.
Frühere Anregungen veranlaßten mich, dem Schicksal des 17. Nachfolgers Petri als Bischof von Rom nachzugehen. Dadurch kam ich zweimal nach Sardinien, wo ich große Hilfe erfuhr. Ich fand den alten Hafen, wo die verbannten »Staatsfeinde« ausgeladen wurden. Den teilweisen Leidensweg der verfolgten Christen zu den Silber- und Kupferbergwerken konnte ich mit einem lieben Freund und einem sehr interessierten Professor des Gymnasiums aus Iglesias zurücklegen. Ich kroch in die Höhlen, wo die Gefangenen mit primitiven Werkzeugen das erzhaltige Gestein herausbrachen. Drei große Steine schleppte ich im Rucksack nach Hause, für eine geplante Kapelle. Beim Besuch eines Sammlers von Altertümern aus römischer und byzantinischer Zeit erfuhr ich eine auffallende Begebenheit vom Monte San Pietro. Der Sammler hatte dort eine byzantinische Glocke gefunden. Die scheuen sardischen Bauern hüteten die Fundstelle immer mit größter Ehrfurcht. Als der Entdecker die Glocke abholen wollte, war sie spurlos verschwunden. So viel über diese Reisen. Mein Buch »Der Papst im Bergwerk« ist ihre Frucht.
In die fünfziger Jahre fällt auch die neuerliche schwere Krankheit meiner lieben Frau. Sie mußte sich einer sehr schweren Unterleibsoperation unterziehen. Einer sogenannten Totalexstirpation. Wieder ging es um Leben und Tod. Es waren schwere Wochen. Um die Probleme der Kinder konnte ich mich viel zu wenig kümmern. Es fehlte an geeigneter Hilfe. Die Krankheit meiner Frau stürzte mich in schwere sittliche Probleme. Meine Treue wurde auf schwerste Proben gestellt. Zum Ehebruch entschloß ich mich nicht, obwohl das weibliche »Angebot« groß war. In jedem Ehebruch sah ich immer auch die »fremde Sünde«, d. h. das Mitschuldigwerden des Partners. Schönheit und geistige Qualitäten, ja

selbst Religiosität wurden mir oft zum sexuellen Versuch. Pater Columban, ein Franziskaner, half mir mit Rat und Tat. »Widerstehe den Anfängen!«

Meine Reisen

Ich reiste nie ohne die Rückendeckung durch die Gesellschafterversammlungen. In diesem Gremium verfiel mein Verlangen nach verantwortungsvoller Mitarbeit in der Redaktion immer der Mehrheit unserer unheilvollen Dreiuneinheit. Im Verlag konnte ich mich immer wieder von der Sympathie der Belegschaft überzeugen. Es war ein großer Erfolg, daß z. B. mein Vorschlag, die Weihnachtsgratifikation für alle Betriebsangehörigen gleichmäßig zu zahlen, einstimmig angenommen wurde. Ich konnte nicht einsehen, daß die Hochbezahlten das Weihnachtsgeld prozentual vom Gehalt beziehen sollten. Was die Redaktion betraf, so war kein Fortschritt zu erzielen. B. ließ sich in einer Gesellschafterversammlung zu dem bösen Wort hinreißen: »Ja, schreiben kann das Luder (!), aber die Linie.« Augenscheinlich standen sich Liberalismus und Sozialismus näher als Sozialismus und CDU. B. entschuldigte sich nur matt. Mir war es genug.

Moskau - Adenauer - Marusa

Das ereignisreiche Jahr 1955 führte mich wieder nach Moskau. Die Teilnahme an Adenauers historischem Besuch im Kreml mußte ich mir förmlich erzwingen. Es war meine letzte Bestätigung für die Redaktion der »Stuttgarter Nachrichten«. Der »Kollege« Bernhard wollte einen seiner Freunde für die Fahrt einsetzen. Ich wehrte mich dagegen unter Hinweis auf meine russischen Sprachkenntnisse und die persönliche Bekanntschaft mit

Adenauer. Mit hartnäckigem Widerstand gegen den Konkurrenten erzwang ich die Teilnahme. Auch Kollege Schöttle unterstützte mich in diesem Falle. »Fahren Sie halt in Teufels Namen«, war der Abschiedsgruß B.'s.
Unser Flug begann vom ostdeutschen Flughafen in Berlin aus. Dank meinem Russisch konnte ich viel zur Abkürzung der Formalitäten beim Zoll und Behörden beitragen. Die russische Maschine glitt fast im Tiefflug über Ostpreußen, Weißrußland und Rußlands Ebenen dahin. Der »Service« war sehr einfach. Nur eine Stewardesse in Zivil, die Frau eines Fliegers, erfüllte unsere bescheidenen Wünsche und erzählte viel von ihrem Leben. Ihr Dienst ließ fast keine Zeit für ein Zusammensein mit ihrem Mann. Natürlich war sie eine pupillensichere Kommunistin. Sie und ihr Mann hafteten füreinander.
Am Flughafen wurde die deutsche Delegation und ihr großes Gefolge, Presseleute und Fachberater von der Sowjetregierung und einer großen Menschenmenge begrüßt. Ganze Schulklassen, Fähnchen schwingende Jugend war anwesend. Alles klappte vortrefflich. Ich selbst wurde mit Kollegen im Hotel National abgesetzt. Das Prunkgebäude stammte aus der Zarenzeit. Eine Dame am Rezeptionstisch musterte unsere Pässe. Ein Paar Seidenstrümpfe, die ich ihr heimlich zuschob, machte sie sehr freundlich und beschleunigte die Formalität. In jedem Stockwerk saß im Vorraum eine gestrenge Person, die uns sorgfältig musterte und Notizen machte. Sie gab uns den Zimmerschlüssel. Mein Zimmer war sehr vornehm und sauber. Nur die Installation im Badezimmer war außer Betrieb. Die erste Nacht schlief ich sehr gut. Ich verschlief den Omnibus, der uns in die kleine katholische Kirche brachte, wo Adenauer auf seinen ausdrücklichen Wunsch dem Amt beiwohnen wollte. Die freundliche Empfangsdame besorgte mir ein Taxi. Ein altes klappriges Vehikel. Das längere Ausbleiben des Fahrers rügte sie mit den harten Worten: »In Sibirien werden Chauffeure auch benötigt. Nehmen Sie sich in acht,

Iwan!« Trinkgeld und Zureden setzten das schäbige Auto in Bewegung, so daß ich noch rechtzeitig in die überfüllte Kirche kam. Dort erlebte ich erstmals die ganz große Persönlichkeit des Bundeskanzlers. Er hatte seinen Ehrenplatz verlassen und kniete an der Kommunionbank in tiefem Gebet versunken. Er erwartete die Hilfe von oben. Erbetet wurde die Freilassung von Zehntausenden Kriegsgefangenen. Andere, politische Erfolge, hatte er nicht erwartet. Sein Motto war: Zeit gewinnen.
Sein späterer Nachfolger Kiesinger, der am Portal stand, war sein Gegenteil. Er war furchtbar nervös und der Presse gegenüber weniger freundlich.
Eine zweite Gelegenheit, den großen Adenauer aus der Nähe zu beobachten, bot sich mir im Bolschoi-Theater, wo für die Gäste »Eugen Onegin« aufgeführt wurde. Schon körperlich überragte er das damalige Duumvirat, Malenkow und Bulganin um Haupteslänge. Er strahlte Freude und Selbstbewußsein aus und klopfte seinen Nachbarn zur Rechten und zur Linken freundlich auf die Schultern, während aus dem Zuschauerraum stürmische Hochrufe auf Adenauer aufbrausten. Da mein Platz unter der Ehrenloge war, konnte ich die Szene genau beobachten. Wer aber saß neben mir? Marusa! Ich hatte ihr eine Freikarte geschenkt. Sie war sehr schlicht angezogen, trug noch das gleiche Kostüm wie beinahe 40 Jahre vorher in Atamanskoje Lesnitschestwo.
Das Wiedersehn mit Marusa verdient eine Schilderung. Mein Wunsch, sie in Moskau zu finden, hatte mich während der ganzen Reise erfüllt. Aber wie sie finden? Es gab kein Adreßbuch, keine Telefonnummer. Und so fand ich sie: Während ich auf der Hauptstraße sinnend spazierte, redete mich ein Russe freundlich an. »Kann ich Ihnen irgendwie behilflich sein?« Ich staunte über das leicht schwäbisch gefärbte gute Deutsch des Fragenden. Er sagte, daß er Ingenieur sei und in Stuttgart studiert habe. Unumwunden nannte ich ihm mein Problem, die Suche nach Maria Dimitriewna Uschahowa, meiner früheren Herrin. »Das ist sehr einfach,«

meinte er. Zwar haben wir kein Adreßbuch, aber einen vorzüglichen Informationsdienst. Gehen wir zu diesem Kiosk.« Dort verlangte er ein Suchformular und ließ es mich ausfüllen. Vor- und Zuname von ihr und mir. Wo zuletzt in Verbindung? Letzte bekannte Moskauer Adresse usw. Ich füllte das Formular aus. »In wenigen Minuten werden wir alles wissen.« In dem nahen großen Hotel wurden wir nicht bedient. Das Restaurant war hoffnungslos überfüllt. Wir kehrten zum Kiosk zurück, wo ich bei einer Limonadenverkäuferin, die ihren fahrbaren Betrieb auf Rädern montiert hatte, eine köstliche Fruchtlimonade kaufte. Jetzt war der Augenblick gekommen. Der staatliche Informationsdienst hatte prompt geantwortet. Ich hielt das Papier mit Marusas jetziger Adresse in der Hand. Die Straße war ziemlich nahe beim »National«. Ich nahm mir vor, sie am kommenden Tag unverhofft aufzusuchen.

Da die Sowjets mit der deutschen Regierungsspitze meist hinter verschlossenen Türen verhandelten, hatten wir viel freie Zeit und waren meist auf Gerüchte angewiesen. Am nächsten Nachmittag suchte ich das Haus, in dem Marusa wohnen sollte. Ihre Wohnung war aber nicht an der Vorderfront, sondern erst hinter dem zweiten Hof, einem verwahrlosten Ziegelbau. Die beiden großen Höfe waren dicht bevölkert von Buben, die Karten spielten, Wodka tranken und allerlei Unfug trieben. Das waren die sogenannten aufsichtslosen Kinder, die nach dem Tod der Eltern in das Chaos des revolutionären Rußland hineinwanderten. Nach und nach wurde die Regierung mit diesem schrecklichen Unwesen fertig. Auf ihre Art.

Ich gewann das Zutrauen einiger Jungen, indem ich ihnen Kartenspiele austeilte und etwas Geld gab (Geld hatten wir von der Regierung genug bekommen. Rubel, made in Germany?). Vor dem Haupttor hatte ich Marusa entdeckt. Das war nicht die alte Frau, die ich erwartet hatte, sondern fast noch die alte junge Freundin. Sie handelte gerade um eine Wassermelone, wobei sie wie damals mit einer Gerte die grünen Kugeln abklopfte, um den Reifegrad festzustellen. – Sie war fast erschrocken, als ich sie anredete. Aber glücklich schien sie mir.

»Ich gehe voraus, bitte kommen Sie eine Weile später; der Hausmeister soll uns nicht zusammen sehen.« So konnte ich mich mit den Obdachlosen länger unterhalten. Als ich dann im Hinterhaus die Treppe hinaufging, sah ich viele Bruchstücke ehemaligen Glanzes. Teile von Fahrrädern, rostige Zeugen einer »kapitalistischen« Zeit. Marusa öffnete die Glastür im dritten Stock, wobei sie mir mit dem Finger das Zeichen des Schweigens gab. Sie bewohnte ein einziges Zimmer, mit Möbeln aus alten Kisten, die aber sorgsam mit Tüchern und Teppichresten verkleidet waren.

»Es wohnen 5 Parteien in der Dreizimmerwohnung. Wir verstehen uns gut; aber man weiß ja nie. Die Küche benützen wir in einem festen Turnus. Abwaschen und Ordnunghalten sind geregelt. Eine Ärztin hat auch einen Raum. Da sie viel in der Klinik beschäftigt ist, helfen wir ihr alle.

Glücklich war ich, als ich Marusa viele Geschenke mitgebracht hatte. Eine Weckeruhr, Strümpfe u. a. m. Wir kamen auf die alten Zeiten zu sprechen und was dazwischen lag. Marusas Abstieg war grausam. Aus der Stadtwohnung vertrieben, vegetierte sie in dem vom »Proletariat« geräumten Quartier. Ihr Brot verdiente sie als unterbezahlte Stenotypistin im Rathaus, wo ihr eine kupferne Medaille aus Anlaß ihres 20jährigen Dienstjubiläums verliehen wurde. Zu allem Elend war sie die gleiche Marusa geblieben, ohne Verlust ihrer persönlichen Würde trotz . . ..

Der Verleger Nannen vom »Stern« war sehr erfreut, daß ich ihm mit der Erzählung von Marusas Erlebnissen und den Fotos von ihr und mir Lesestoff verschaffen konnte. Tausend Rubel gab er Marusa dafür.

Mit Marusa machte ich große Spaziergänge. Überall, besonders in der Lermontow-Universität mußte sie mich mahnen, leise zu reden. Angst! Mein Schüler Walodja, unser Liebling, war in Sibi-

rien als Konterrevolutionär erschossen worden. Seine Frau, eine Tungusin, lebte in Moskau. Ich lernte sie kennen.
Den letzten Aufenthalt in Moskau beschloß ein halsbrecherischer Rückflug nach Berlin. Der Pilot behandelte seine Maschine wie ein Jagdflieger, nicht wie ein Pilot für Passagierflugzeuge. Er wollte uns immer wieder seine Kunststücke zeigen, bald hoch bald tief, oft nur ein paar Meter über dem Erdboden oder dem weißschäumenden Meer; dann wieder hoch hinauf. Es fehlte nur ein Looping. Glücklich in Ostberlin gelandet, bestiegen wir den Bus nach Tempelhof, wo uns eine amerikanische Maschine erwartete und wohlbehalten nach Stuttgart brachte.
Dort begann der Aufbau des Konsulates. Nach einem zweiwöchigen Einführungskurs beim österreichischen Generalkonsulat München, den auch meine Sekretärin absolvieren mußte, hatte ich die neue sehr befriedigende Aufgabe fest im Griff.
Mit Marusa führte ich noch einige Zeit einen Briefwechsel. Ich konnte ihr noch materielle Hilfe verschaffen. Dann beendete der Tod die Beziehung. In einem ländlichen Vorort der Hauptstadt fand sie unter vier Eichen ihre letzte Ruhestätte wie mir ihre Schwiegertochter schrieb.

Zweimal Amerika

Kurz vor dem Ausbruch des Koreakrieges nahm ich eine willkommene Gelegenheit wahr, die Vereinigten Staaten von Amerika zu besuchen. Washington lud von den wichtigsten Zeitungen der Bundesregierung je einen Verleger ein, zur »Umschulung« mehrere Wochen lang die Staaten zu besuchen. Das Stipendium umfaßte Reise, Aufenthalt und Versicherungen. Der Flug führte über Island, Neufundland nach New York. Unser Quartier in der Riesenstadt war das 13. Stockwerk eines Studentenheims. Die ersten Wochen waren dem Besuch der Kurse in der Columbia-

Universität gewidmet. Zwar waren meine Sprachkenntnisse anfangs sehr gering; ich lernte aber viel über das Pressewesen in der neuen Welt, das einfache aber klare Presserecht, über die Verpflichtung der Journalisten zur Wahrheit, das Verhältnis zwischen Anzeigenteil und Text und die ständige Überprüfung der Leserwünsche. Unser Kursleiter Curtis war sehr liebenswürdig und voll Verständnis für den »Nachholbedarf« der Kursteilnehmer nach den Jahren der Hitlerdiktatur. Den Diskussionen konnte ich in etwa folgen, aber kaum selbst teilnehmen.
Öfters wurden wir auch in die Familien von Professoren der Fakultät eingeladen. Dabei saßen wir auf Kissen am Boden vor dem Kamin. Auch das wollte gelernt sein.
Ein Abend führte uns in das Haus eines Verlegers in Trenton. Hier ahnten wir die verhängnisvolle Wirkung des Fernsehens auf die Jugend. Die Kinder des Hauses waren kaum vom Bildschirm wegzubringen. Sie waren unfolgsam und ungebärdig. Das Hausmädchen klagte mir ihr Leid und wiederholte (trotz hoher Bezahlung) ihren Wunsch, sobald als möglich in ihre Schwarzwaldheimat zurückzukehren.
Während der New Yorker Wochen gab es auch viel Freizeit. Ich lernte die Frau eines Vetters kennen. Sie hatte ihren Mann, den Leiter der Filiale der Sieglschen Farbenfabrik, durch den Tod verloren, hatte aber ein auskömmliches Leben durch eine Rente und geschickte Börsenspekulationen. Konservenkost vereinfachte den Haushalt. Als ich einmal in ihrem Haus übernachtete, fand ich auf dem Tisch einen Brief aus Deutschland, der mich als »Mönch« bezeichnete (mein Aufenthalt in Beuron) und meinen Besuch avisierte. Den Weg zu meiner Verwandten hatte ich mühsam gefunden. Ich legte ihn zu Fuß zurück durch einen großen Friedhof, wo ich erschöpft Pause machte. Ich studierte die Grabsteine und erlebte das Schicksal ganzer Generationen deutscher Auswanderer. Die ältesten Inschriften waren noch in deutscher Sprache abgefaßt. In der zweiten Generation wurden sie englisch.

Jenseits der Gräberfelder half mir ein hilfsbereiter Junge, eine Autostraße zu überqueren und die Wohnung zu finden. Wie müde ich damals war!

Die Cousine begleitete mich einmal zum Empire-State-Building. Ganz oben sah ich New York in seiner ganzen ungeheuren Ausdehnung. Ich hörte aber auch die seltsame Musik, die sich aus den Geräuschen der Tiefe zusammensetzte. Ich spürte den Sog des Abgrundes und verstand, warum so viele Selbstmörder hinabgesprungen waren, ehe man die Schutzgitter angebracht hatte.

Gegen Ende der Studienwochen verschlimmerte sich mein Zustand. Es setzten wieder Darmblutungen ein. Nur mit Mühe nahm ich an einem Zusammensein mit Redakteuren von Frauenzeitschriften teil. Eine der letzten Veranstaltungen mit Professor Curtis. Im Parterre des Pressehauses wurden die üblichen Drinks verabreicht. Zur Linderung meiner Schmerzen erbat ich ein großes Glas Whisky ohne Soda. Das genügte, um mich im Konferenzsaal völlig apathisch zu machen. In ein Fauteuil gesunken verfolgte ich das Treiben um mich im Dämmerschlaf. Ich nahm nur undeutlich wahr, wenn mir eine der weiblichen Kolleginnen auf die Schulter klopfte und im Vorbeigehen fragte: »Ist Ihnen nicht gut?«

Vor Ende der Party hatte ich nur den einen Wunsch, so schnell als möglich ins Freie zu kommen. Ich fixierte die Ausgangstür und überlegte, ob es möglich wäre, sie in einem Anlauf zu erreichen, ohne vornüber zu stürzen. Der Sprung gelang. An zwei schwarzen Türhütern vorbei, fand ich die Treppe und den Ausgang im Parterre. Auf der Straße traute ich mich nicht zur Untergrundbahn abzusteigen. Ich legte die acht Kilometer zu unserer »Hall« zu Fuß zurück. Quer durch Harlem bis zum Aufstieg zum Wolkenkratzer. Mir geschah nichts in dem berüchtigten Viertel. Ich hörte nur die Disharmonien religiöser Songs und häßliche Streitereien. Im Studentenheim gab es eine böse Überraschung. Streik! So mußte ich zu Fuß ins 13. Stockwerk. In meinem Zimmer riß ich mir die Kleider vom Leib, wusch mich am spärlich tröpfelnden Waschbecken, öffnete, vom Durst geplagt eine Dose Tomatensaft und trank sie leer. Geschlafen habe ich wie ein Bär. Zu meiner Überraschung setzten am Morgen so heftige Darmblutungen ein, daß ich ganz von Kräften kam.

Abschied von New York

In der Columbia-Universität wurden die Kursteilnehmer zu je zwei eingeteilt. Mir wurde ein angebliches Naziopfer zugeteilt, mit dem ich seltsame Erfahrungen machte. Er war Lizenzträger der »Frankfurter Rundschau«. Unsere Reiseprogramme wurden in groben Umrissen festgelegt. Pro Tag erhielten wir 10 Dollar im voraus ausbezahlt. Am vorletzten Tag überredete mich mein Zwangsgefährte noch zum Besuch eines Nachtlokals. Wir waren die ersten Gäste. Ein leicht bekleidetes Mädchen saß vor einem Flügel und klimperte auf den Tasten. Mit einem Male füllte sich das Lokal mit mehr oder weniger zweifelhaften Gästen. Alle Tische waren besetzt. Nach ein paar sehr lockeren Nummern und einem Strip-tease suchten sich die »Darstellerinnen« Plätze an unseren Tischen. Zwischen mir und meinem Kompagnon plazierte sich eine hübsche Frau. In knapper Unterhaltung erfuhr ich von ihr, daß sie verheiratet sei und nur der Bezahlung wegen den Animierjob übernommen habe. Viele Gäste bestellten für ihre Nachbarinnen eine Flasche Sekt zu einem horrenden Preis. Dazu hatte ich weder Geld noch Lust. Als mein Reisegefährte eine Flasche Sekt für unsere Nachbarin bestellen wollte, weigerte ich mich, daran zu beteiligen. Ich bestellte lediglich ein Glas Anisette. Es schmeckte mir und tat meinem Magen wohl. Da plötzlich stand ein Mann an unserem Tisch auf und brüllte: »Dieser Kerl will nicht bezahlen.« Er deutete auf mich und ich erblickte überall gezückte Messer. Seelenruhig stand ich auf und gewann die Ausgangstür. Niemand tat mir etwas. Ja, das Nachtleben in New York ist gar nicht erfreulich. Allein ging ich über den Broadway ins Heim zurück. Die Amerika-Rundreise begann am nächsten Abend. Meine Cousine kam zum Zug, um Abschied zu nehmen. Während der Nachtfahrt bis Chikago bissen mich kleine rote Ameisen am ganzen Körper. Sie kamen aus einem Cake, in dem sie ihr Quartier gefunden hatten.

Chikago

Der erste Eindruck war sehr amerikanisch. An den Ausgängen standen Taxifahrer. Sie trugen Tafeln, auf denen das gewöhnliche Wort: »Streik« geschrieben war. Ein Streikbrecher brachte mich sofort allein in das Hospital der Alexianerbrüder. Ich wußte, daß ich sofort in Krankenhauspflege gehörte. Immer wieder setzten die Darmblutungen ein.

Das Hospital der Alexianerbrothers war mir dadurch in Erinnerung, weil ich während meiner Karlsruher Zeit viel durch Wort und Bild für den aus Deutschland stammenden Krankenpflegerorden hatte tun können. Was ich vorfand, war aber nicht der kleine Bau, wie ich ihn aus alten Fotos kannte, sondern ein mehrstökkiges modernes Krankenhaus. An der Rezeption war nicht ein einziger Bruder, der Deutsch verstand. Nur Englisch und Französisch konnte ich radebrechend mich verständigen. An die Vergangenheit und meine intensive Werbung erinnerte sich niemand. Ein Bruder aus den Südstaaten ergriff die Initiative. Er nahm mich beim Arm, führte mich zum Lift und in den dritten Stock. Dort öffnete er eine Tür und sagte nur: »Zehn Dollar.« dann die nächste Tür: »15 Dollar« und die dritte: »20 Dollar.« Was willst Du?« Ich wählte das Zimmer für zehn Dollar. Hätte ich gewußt, daß unser Reisestipendium für alle Krankenkosten aufkam, hätte ich natürlich das Zimmer für 20,– Dollar gewählt.

Das Zimmer war groß und sauber. Das Bett hart und modern. Die Luft war air-conditioned, (Klimaanlage) die Fenster nicht zu öffnen. Zwei schwarze Krankenpfleger kamen und zogen mir meine Kleider aus. Im Krankenhausgewand wurde ich ins Bett gehoben. Kurz nacheinander besuchten mich fünf Ärzte, jeder mit seiner Assistenz. Fünfmal mußte ich meine Krankheitsgeschichte erzählen. Dann kam ein Bruder und sagte mir, ich solle einen der Ärzte als meinen ärztlichen Betreuer wählen. Es waren zwei Ärzte, die perfekt Deutsch sprachen. Ein Wiener, der den besten medizinischen Eindruck machte und ein Augsburger, der mir menschlich besonders sympathisch war. Er hatte in 25 Jahren die englische Sprache nur unvollkommen sprechen gelernt. Ihn wählte ich. Als er das Zimmer verließ, lag ich da und wartete. Dann öffnete sich die Tür. Ein Priester trat ein und legte mir einen Zettel auf die Bettdecke und ging. Auf dem Zettel standen die Worte: Sie sind als Patient gekommen. Ihre Krankheit kann die letzte sein. Wenn Sie beichten wollen, können Sie mich unter der Nummer X anrufen. Ich nahm mir vor, dies am folgenden Tag zu tun.
Wieder eine Weile später brachte ein freundlicher Pfleger das Abendessen. Steril verpackte Diät. Alles klappte wie am Schnürchen. Während der Nacht schlich sich ein anderer zu meinem Bett. Die Tür war nicht verschließbar. Mit einer Taschenlampe leuchtete er mir ins Gesicht. Ich hatte mich schlafend gestellt. Der todesähnliche Schlaf bis zum Morgen blieb ganz ungestört.
Am zweiten Tag setzten die ärztlichen Untersuchungen ein. Blutabnahmen, Ausdehnung des Mastdarms und was so alles dazu gehört. Alle Ärzte erhielten die Befunde. Der Augsburger Arzt war die Sammelstelle. Eine Woche dauerte die genaue Untersuchung. Ich war froh, daß mein »Kompagnon« eine andere Unterkunft gefunden hatte. Ich durfte aufstehen, sogar einen Alleinspaziergang in den weltberühmten Zoo machen und – rauchen. Die Zigarren verkaufte ein alter Pater in der Apotheke. Er war der letzte aus Deutschland stammende Alexianer.

Das Endurteil der Mediziner wurde mir nicht mitgeteilt. »Wir haben die Ursache Ihrer starken Blutungen festgestellt und den Blutverlust eingedämmt. Sie können jetzt ihre Reise fortsetzen. Den Befund teilen wir Ihrem Hausarzt mit.« Nach meiner Heimkehr erfuhr ich das Resultat. Ein Polyp an der äußeren Wand des Dickdarms hatte sich nach innen durchgefressen. Dem »Ungeheuer« war das Lebenslicht ausgeblasen worden. Ich hatte endlich Ruhe. Von der Operation hatte ich dank der Narkose gar nichts gespürt.
Bei einem Besuch meines »Gefährten« wurde der Termin der Weiterreise ausgemacht. Dankbar verließ ich Chikago.

Nach Westen

Nach einem kurzen Aufenthalt in Milwaukee setzten wir unsere Bahnfahrt nach Council Bluffs fort. Milwaukee war ein langweiliges Beispiel für radikale Stadterweiterung. Die Erinnerung ist schwach. In wenigen Tagen bekam ich Einblick in die Arbeitsweise großer Zeitungsredaktionen. Jeder Redakteur war in dem Arbeitsraum das Rädchen einer gut funktionierenden Maschine. Die Fahrt nach Council Bluffs verlief in einer für amerikanische Verhältnisse etwas überalterten Zugsgarnitur. Bequem, aber eintönig. Daher wurden wir häufig Besucher eines Bar-Ateils. Dort wurde meiner Fotografierleidenschaft ein böser Dämpfer aufgesetzt. Die Kellner waren Schwarze in sauberer schneeweißer Bekleidung. Die Neuigkeit reizte mich; ich wollte die Bedienung fotografieren. Meine Absicht empörte die Männer. Sie empfanden es als Beleidigung, Objekt meiner Neugierde zu sein. Sie empfanden es empörend, daß man sie als Schwarze sah. Sie waren amerikanische Staatsbürger und keine Sehenswürdigkeit für Reporter. Für Council Bluffs waren drei Wochen Aufenthalt vorgesehen. Die einzige Zeitung am Platze wurde von einem deutschstämmi-

gen Verleger geleitet, mit dem ich auch nach der Heimkehr korrespondierte. Unsere Unterkunft war ein gut geleitetes modernes Hotel. Schon in der ersten Nacht wurde ich mit der seltsamen Persönlichkeit meines Reisebegleiters bekannt. An Händen und Füßen trug er kostbaren Schmuck, Ringe – sogar um die Knöchel – Armbänder und Ketten. Jedes Stück zog er mit fast ritueller Sorgfalt ab und legte es auf den Tisch. Ehe er einschlief, unterhielt er mich mit der staunenswerten Rezitation von Monologen aus klassischen Dichtungen. Diese Leistung hatte er bestimmt nicht aus einem KZ-Aufenthalt. Er war, wie sich nach und nach herausstellte, 14 Jahre im Zuchthaus von Rottenburg a. N. Dorthin war er von einem Nazigericht gebracht worden. Politisch verfolgt? Nein, er hatte im ersten Jahr der Machtübernahme die streng geheimen Mitteilungen über Deutschlands Kriegsvorbereitungen gegen Geld an den französischen Geheimdienst verkauft.
Die Nacht war nicht ungestört. In der Stadt zerstörte ein Großbrand eine Fabrik. Außerdem wurde der erste Mord in der Stadtgeschichte verübt. Schlagzeile der Morgenzeitung: Zwei Deutsche – ein Mord – ein Brand.
Mein Bettnachbar zog sich in der Früh ebenso rituell an wie er sich am Vorabend ausgezogen hatte. »Es ist alles da, kein Stück fehlt,« sagte er mit einem seltsamen Blick auf mich.
Die drei Wochen in Council Bluffs waren reich an Erlebnissen und Begegnungen. Nur eine kleine Auswahl: Durch die Freundschaft mit der Verlegerfamilie M. wurden uns viele Fahrten in die Umgebung ermöglicht. Eine Musterfarm. Deutsche Eltern und ihre Kinder, die schon kein Wort Deutsch mehr verstanden. Eine Gärtnerei, wo ich viele Kerne des giftigen Kaffeebaums mit nach Hause brachte. Nur einer davon wurde später in Hohenheim zum Aufgehen gebracht. Heute ein schönes Bäumchen in Neuhausen. Blaue Blüten. Dann ein Besuch bei der emanzipierten Gattin eines reichen Futtermittelhändlers. Sie erledigte ihre Aufgabe als Gastgeberin und Hausfrau damit, daß sie eine Menge

Sandwiches auf den Tisch stellen ließ, dazu eine Batterie Flaschenbier. Dann verabschiedete sie sich: »Ich gehe jetzt in meinen Club. Sie können bleiben, so lange wie Sie wollen. Bye, bye!« Ihr Mann war auch nicht da. Er wurde mir als platonischer Verehrer Adolf Hitlers bekannt, wußte aber nicht einmal, wo Berlin lag. Eine interessante Bekanntschaft brachte uns mit einem reichen Bäckermeister aus Mühlhausen bei Stuttgart zusammen. Auch er war wie alle »Honoratioren« der Stadt Logenbruder, spielte aber in seiner Loge keine Rolle. Nur sein Beitrag genoß Ansehen. Er beklagte seine gesellschaftliche Isolation. Mit dem reichen Bäcker fuhren wir einmal nach Omaha hinüber. Dort sahen wir die mindestens zweitgrößte Viehverarbeitungsfabrik der Welt. Ununterbrochen wurde das Herdenvieh in das Fabriksgelände getrieben. Was herauskam, war paketiertes Fleisch und Dosen mit Knochenmehl. Es ging nichts verloren, auch nicht der Mist.

Zwei Tage Denver

Schöne Lage am Fuße der Rocky Mountains. Günstiger Einkauf von Goldwaren. Ich besorge die Eheringe für meinen Ältesten. Imponierender Eindruck vom Museum mit den Skeletten riesiger Saurier. Sehr interessierte Schulklassen. Ich kaufe ein kleines bronzenes Modell des Tyrannosaurus, Cowboyhut u. a.
Auffahrt zum Gebirge. Gewagte, leichte Brückenbauten über tiefe Schluchten. Ich lag oft am Waggondach in bequemen Liegestühlen ohne Furcht vor Tunnelgewölben. Kräftiger Luftgenuß. Dann hinunter zum großen Salzsee nach Salt Lake City.
Die Hauptstadt des Bundeslandes Utah hat eine schöne Lage und die gesündeste Luft, die ich je erlebte. Eine merkwürdige Stadt. Die meisten Adressen im Telefonbuch lauteten auf den Namen des »Propheten« Smith. Er war der Gründer der Mormonensekte und der Stadt. Ein Engel, so sagte er, habe ihm auf goldener Tafel

das Buch Mormon übergeben, das angeblich im großen Tempelschatz aufbewahrt wird. Dieser Tempel ist ganz aus Holz, ohne Verwendung von Nägeln oder anderen Metallteilen erbaut. Der ideale Bau für Klangreinheit. Heute finden hier weltberühmte Konzerte statt. »Prophet« Smith erlaubte die Vielweiberei in der klugen Absicht, die Zahl seiner Anhänger rasch zu vermehren und das Land Utah zu besiedeln. Den vor ihm missionierenden Franziskanern bewies er Toleranz und ließ die Standbilder der bedeutendsten Franziskaner in Überlebensgröße aufstellen. Die Zahl der Sehenswürdigkeiten ist groß: Eine berühmte Universität, ein Kapitol, aus edlen Steinen aller amerikanischer Bundesstaaten errichtet, ein großer Tempel der Freimaurer u. v. a. m.
Beim Mormonentempel wird das Buch Mormon massenweise verkauft. Auch ich wollte ein Exemplar, knüpfte aber meine Kaufabsicht an die Bedingung, das goldene Urbild sehen zu dürfen. »Das ist nur für Heilige,« sagte die Verkäuferin. »Also nichts für mich«, war meine Antwort. Gleichwohl erwarb ich ein Exemplar. Aus Interesse für die erfolgreichen Sektengründungen in der Neuen Welt. Der Inhalt des Buches ist ganz im Stile der Bücher Moses geschrieben. In blühender Phantasie wird das Ziel des Sektengründers vorausgesehen. Wirklich ein hochinteressantes Gebiet für Religionsforscher.
Gerne wäre ich länger in Salt Lake City geblieben; doch die Zeit drängte. Auf der Fahrt nach San-Francisco (kurz: Frisco) machte ich noch in einer kleineren Stadt halt, wo ich Offiziere des ehemaligen Gefangenenlagers meines ältesten Sohnes traf. Einer erinnerte sich noch an ihn, als er dort gearbeitet hatte. Das Wunderland Kalifornien nahm uns auf. Die Eindrücke seiner Natur waren kaum zu erfassen. Schönes wechselte mit noch Schönerem. Dann waren wir in der Hauptstadt, die nach dem großen Erdbeben prächtig wiederaufgebaut worden ist. Trotzdem wirkte sie schon wieder überaltert. Viele Straßen erinnerten an das Berlin der Vorkriegszeit. Erträgliche Unterkunft fanden wir in einem

christlichen Heim. Auffallend war der Lärm und das ständige Aus und Ein. Den kurzen Aufenthalt in Frisco benutzte ich zum Besuch des Chinesenviertels, zu einem Ausflug ans Meer, wo ich den Blick auf eine kleine Insel genoß, auf der eine Kolonie von Seehunden sich gegenseitig das Leben schwer machte. Ein Teil der Tiere mußte immer ins Wasser springen oder gestoßen werden, um den anderen ein Ausruhen an der Sonne zu ermöglichen. Auf der Weiterfahrt nach Los Angeles machte ich in einer kleinen Stadt Pause, um dem ehemaligen Presseoffizier in Stuttgart einen Besuch abzustatten. In seiner Heimat war er Redakteur einer kleineren Zeitung. Er vermittelte – für ihn und mich – gut bezahlte Interviews, auch einen Besuch im Gefängnis. Hier lernte ich die harte Behandlung von betrunkenen Personen kennen, die Alkohol an Jugendliche abgaben. Man machte kurzen Prozeß. Betrunkene wurden zur Ausnüchterung stehend mit Ketten an die Wand geschlossen und erst am Morgen wieder freigelassen.

Los Angeles

Mit der Ankunft in der Großstadt änderte sich der Charakter meiner Reise völlig. Meine Interessen und die meines lästigen Begleiters waren so verschieden, daß das Zusammenbleiben unmöglich wurde. Er wollte nur die Filmzentrale Hollywood und schöne Mädchen sehen. Ich interessierte mich für den alten Stadtkern und die Denkmäler der spanischen Missionierung des Südstaates. Die Trennung war endgültig.
In diesen Tagen war der Koreakrieg ausgebrochen. Die mobilisierten Cowboys »ritten« in die Stadt ein und der Bahnhof, in dem ich nächtigte, wurde gänzlich überfüllt. Die Masse der Einrückenden war leidenschaftlich gegen die »Roten«, die Sowjetunion und Nordkorea. Staunend sah ich den ununterbrochenen Luftverkehr und die Landung von Hubschraubern auf den Dächern des

Bahnhofgebäudes. Die Weiterfahrt zum Gran Cañon konnte ich in einem fast leeren Zug zurücklegen. Wir durchfuhren unübersehbare Ananasfelder. An einem dunklen Abend kam ich auf den kleinen Bahnhof W. an, von wo ich am nächsten Tag mit der Stichbahn zum Naturwunder fahren wollte. Der Vorplatz der Station war um diese Stunde fast menschenleer. Eine gräßliche Hundekreuzung mit löwenähnlichem Kopf starrte mich drohend an, tat mir aber nichts. Ich fand ein einfaches kleines Hotel, eine bescheidene Unterkunft, duschte mich und schlief fest bis zum Sonntagmorgen. In der katholischen Pfarrkirche wohnte ich der heiligen Messe bei, glücklich, durch die lateinische Sprache das katholische Heimatgefühl zu erleben.

Bei der Ankunft in der Endstation Gran Cañon wurde ich ebenso überrascht wie enttäuscht. Von dem Naturwunder war gar nichts zu sehen. Ich befand mich in einer bunten Umgebung von Restaurants. Indianer in »voller Kriegsbemalung« führten eine Show vor, die aber auch an das unglückliche Los der Ureinwohner erinnerte. Überall wurden kitschige Andenken und Dias vom Naturwunder feilgeboten. Zahllose Reisende bevölkerten den Platz zwischen den Buden und Zelten. Mich drängte es, die Natur zu suchen. Einen Führer lehnte ich ab. Mutterseelenallein ging ich auf dem Waldpfad zum Cañon. Rechts und links weideten große »Dears«, Rehe und Elche. Sie hatten keine Scheu vor dem einsamen Wanderer. Dann – wie es Schillers Wilhelm Tell vorschreibt – öffnete sich der Prospekt und ich befand mich über dem 2000 m tiefer tosenden Rio Colorado-Fluß. Der Anblick war überwältigend. Ein Schwindelgefühl ergriff mich. Die steilen Felswände strahlten in einem Glanz von Farben und Licht. Ich wagte es aber nicht, den Felsenweg nach unten weiterzugehen. Ohne Führer wäre die Fortsetzung des Abstiegs lebensgefährlich gewesen. Ich ging wieder zurück, kaufte einige Dias und fuhr zurück nach W., wo ich den Zug nach Albuquerque bestieg.

Albuquerque

Am Bahnhof fand die ausgemachte Begegnung mit meiner New Yorker Cousine statt. Sie wollte mir die sehr interessante Stadt und eine Indianerreservation zeigen. Anschließend wollten wir gemeinsam zu ihrer Tochter und kleinen Enkelin Gayle weiterreisen.

A. ist ein Musterbeispiel für den Gärungsprozeß, dem die Vereinigten Staaten bis heute unterliegen. In A. war das Neben- und Miteinander des spanischen, indianischen und neuenglischen Bevölkerungselements an allen Ecken unverkennbar. Das schwarze Element war damals kaum vertreten. Die sich akklimatisierenden Indianer waren clevere Geschäftsleute geworden, bei denen man original indianische Kleider und Ausstattung zu sündhaften Preisen kaufen konnte. Ich konnte mir nur ein silbergraues Squirrel (Eichhörnchen) für Gayle, die zweijährige Enkelin der New Yorker Cousine käufen. Ein niedliches Spielzeug, das durch die Zimmer hupfen und tanzen konnte. Außer verschiedenen Stilarten der Häuser und Straßen gibt es in A. keine bemerkenswerten Baudenkmäler. Die Stadt leidet sichtlich darunter, daß sie von den großen texanischen Ölfeldern zu entfernt liegt und nicht Hauptstadt ist. Leben und wirtschaftlichen Aufschwung brachte das benachbarte fast internationale Atomversuchsgelände. Soldaten aus allen NATO-Ländern besuchten gerne das Vergnügen einer Stadt wie A.

Mit meiner Cousine konnte ich auch das nahe Minireservat von Pueblo-Indianern besuchen. Hier lebten unter Zwangsbedingungen einige Tausend Ureinwohner nach ihrer Art – soweit als eben möglich. Alkohol und Isolation bestimmten hier den menschenunwürdigen Lebensstil. Die Menschen lebten von Almosen und dem Verkauf billiger Indianerrequisiten. Alles in allem ein absolut falsch gelöstes Problem.

In einem etwas außerhalb von A. gelegenen Hotel vor einer eindrucksvollen Baumkulisse hatte meine Cousine unser Quartier bestellt. Das gut eingerichtete Haus bestand zu 2/3 aus behauenem Holz und 1/3 Naturquadern. Beim Eintritt wurde ich etwas unangenehm überrascht. Alle Metallklinken lösten beim Berühren einen leicht schmerzhaften elektrischen Schlag aus. Als Laie überlegte ich mir die Ursache: Das nahe Kernkraftwerk, die Nuklearwaffen des Übungsplatzes, Uranvorkommen? Niemand wußte eine Erklärung. Nach gutem Essen und angenehmer Nachtruhe setzten wir die Reise nach El Paso fort.

El Paso

Nach der Nacht im »elektrisierenden« Hotel fuhren wir nach El Paso, der größten Grenzstadt zu Mexiko. Meine Cousine führte mich zu ihrem Schwiegersohn, der Manager eines großen Ausstattungshauses war. Mit dem sympathischen Vater der kleinen Gayle sollte ich am Nachmittag in den Vorort nachkommen. So blieben mir viele Stunden, um El Paso kennenzulernen. Es gab genug Merkwürdiges und ein überraschendes Erlebnis. Die Stadt ist mehr englisch-spanisch-weiß als die Nähe der Grenze erwarten ließ. In einer Hauptstraße waren in tiefen Wasserbecken Krokodile, die auf Bissen warteten. Bemerkenswerte Gebäude gab es wenige. Zu der großen spanischen Missionskirche führte eine breite mehrstufige Treppe. Als ich meinen Fuß auf die unterste Stufe setzte, rief mich ein Priester von oben an: »Sie wollen beichten? Ich kann Ihnen helfen.« Sein Deutsch war für einen Spanier tadellos. Im gegebenen Augenblick war ich gar nicht gewillt zu beichten. Mich interessierte das Bauwerk. Aber der Zuruf traf ins Schwarze; denn seit Beginn meiner Reise in den gar nicht mehr Wilden Westen, hatte ich meine Seele umso mehr verwildern lassen. Die starken neuen Eindrücke, die Schönheit von Land und Leuten nahmen mich gefangen und wieder erstaunte ich darüber,

wie sehr mir die Welt zum Schauspiel geworden war. Ich »saß in der Loge«. Nicht mein kostbarer Glaube war in Gefahr, aber das Leben aus dem Glauben.
Der fremde Priester begrüßte mich herzlich und führte mich zum Beichtstuhl. Mir schien, als ob ein Engel oder Prophet zu mir spräche. Wo ich keine Worte fand, wußte er alles und half mir über die Klippe meines Gewissens hinweg. Ich war wie befreit und glücklich, daß ein gefährlicher Weg gesperrt war.
Groß war die Freude, als wir am späten Nachmittag in das Einfamilienhaus meiner Verwandten kamen. Wir aßen zusammen zu Nacht, dann ging das Radebrechen los. Die kleine Gayle konnte es kaum erwarten, bis wir »fertig« waren; dann holte sie mich zum Spielen mit dem grauen Eichhörnchen am Boden. Wie oft wiederholte sich das in der folgenden Woche.
Der Vorort O. war inmitten einer Sandwüste entstanden und zählte damals etwa zwanzig gleich genormte Häuser. Die von europäischen Methoden völlig unterschiedliche Bauweise konnte ich selbst verfolgen. Die Wasserzufuhr war das Erste. Vom gestauten Rio Grande del Norte hergeleitet.
Das Bauen ist so rationalisiert, daß die Häuser in kürzester Zeit errichtet werden. Kein Handwerker kommt dem anderen ins Gehege. Schon der leidige Bürokratenkram ist ausgeschaltet. Der Bauwillige zahlt 5 Dollar für ein Formular, auf dem er unterschreibt, daß er alle Bauvorschriften in der betreffenden Gegend kennt und für Verletzungen haftet. Der erste Handwerker ist der Installateur, der Leitungen hochzieht, mit den entsprechenden Öffnungen verschalt und damit das spätere Aufreißen der Wände überflüssig macht. Ebenso verfährt der Elektriker. Dann erst werden die Wände gemauert und das Dach aufgesetzt. Im Vorort O. – mehrere Meilen vom Stadtkern entfernt, konnte ich in acht Tagen mehrere Häuser »wachsen« sehen. Die Briefkästen wurden etwa 1/2 Meile entfernt an der Autobahn aufgestellt und täglich vom Bewohner entleert. Ehrlichkeit war groß geschrieben.

Die Frauen und Kinder trugen tagsüber derbe »Blue jeans«. Abends bei den nachbarlichen Cocktailparties entpuppten sich die gut aussehenden Damen als schöne Schmetterlinge. Ich sah dort keine unnötigen »Gleichberechtigungsprobleme«. Die Frauen hatten nie Langeweile. Sie waren mit Eifer bei der Kultivierung ihres Gartenanteils, erledigten Post und Korrespondenz ohne den Gast zu vernachlässigen. Das war dort und damals.
Mit dem Hausherrn fuhr ich einmal über die Grenze (eine lange Brücke führt über den fast trockenen »Riesenstrom« nach Ciudad Juarez), wo es berühmte Steaks und gute Weine gab.
Natürlich auch Souvenirs und – Briefmarken. Die Einfuhr von Wein in die USA war für die Grenzbewohner in erheblicher Menge erlaubt. Nicht erlaubt war in der mexikanischen Stadt das Fotografieren von Typen, die dem neugierigen Westeuropäer besonders interessant erschienen. Uralte Indianerinnen z. B. Es hätte nicht viel gefehlt und ich wäre meinen Apparat losgeworden und hätte Prügel bezogen. Es war auf jeden Fall wieder eine gute Lehre für mich. Das Elend der Menschen darf nicht Objekt selbstsüchtiger Neugier sein. Der fast trockene Strom wurde oberhalb von El Paso in ein riesiges Staubecken umgeleitet, die Wüstenlandschaft belebte ein tiefblauer See auf dem viele schmucke Segelboote schwammen.

Meine Verwandten nahmen mich in ihrem großen Auto einmal zu einem Picknick am Seeufer mit. Dort waren betonierte Feuerstellen und gut verankerte Zeltplätze. Der Tag war schön. Die Hitze durch die Brise vom See her angenehm gemildert. Die Zeit reichte nicht aus, den nahen Nationalpark aufzusuchen. Die mündliche Schilderung seiner Kristallhöhlen mußte genügen.
Die Tage in El Paso gingen zu schnell vorüber. Meine Verwandte sah ich nicht wieder. Doch bekam ich immer wieder Briefe. Meine Spielgefährtin, die damals zweijährige Gayle, ist heute schon selbst Mutter zweier Kinder und hat zum katholischen Glauben gefunden. Gott erhört gute Gebete.

Adieu Amerika!

Als einziger Passagier eines Abteils des Fernzugs »El Capitano« fuhr ich über Kansas City nach St. Louis. Von dort in einem überfüllten Schnellzug nach New York. Die Landschaft am Ostrand der Rocky Mountains tröstete mich in der Einsamkeit. Ich sah mich satt an den unüberschaubaren Getreideflächen des Staates Kansas. An dem späten Abend meiner Ankunft in New York fand ich ein sauberes, gemütliches Hotel. Irgendwo.
Den folgenden Tag nützte ich zu einem Abschiedsbesuch bei unserem Lehrer und Betreuer an der Columbia-Universität. Er begleitete mich nach Washington zum bekannten Militär- und Heldenfriedhof Arlington und zum Lincoln-Memorial, wo das »Grundgesetz« der USA auf den Besucher niederschaut. »Gleichheit aller Menschen, Freiheit, Humanität.« Hier fiel meine innere Entscheidung. Die magische Anziehungskraft der großen Worte, die Erinnerung an so viele schöne Tage im Land der unbegrenzten Möglichkeiten. Dann plötzlich aufkommende Kälte, die Wirklichkeit und die Erkenntnis: In diesem Land muß man entweder für immer bleiben oder rasch fliehen. Das Heimweh nach meinen Lieben daheim erfaßte mich, ich eilte zum Flughafen. Mit einer TWA-Maschine kehrte ich nach Frankfurt zurück, wo mich mein Auto erwartete. Unterwegs ergab sich ein unvorhergesehener Zwischenfall: Wegen des Londoner Nebels und eines Defektes am Flugzeug blieben wir in Shannon (Irland) eine Nacht lang liegen und durften uns kostenlos an Speise und Trank laben. Whisky und vieles andere überbrückten Stunden und Schlaflosigkeit. Dann war ich wieder daheim in Stuttgart. Mein neues Haus in Neuhausen auf den Fildern, zu dem meine Frau den ersten Spatenstich während meiner Abwesenheit getan hatte, war bis zum ersten Stock gewachsen.

14 Tage Brasilien

Zu den oft überraschenden Aufgaben der Presse zählen die Reisen. Als die Lufthansa den »Stuttgarter Nachrichten« die Einladung sandte, zur Eröffnung ihrer neuen Linie Frankfurt – São Paulo – Santiago (Chile) einen Vertreter mitzuschicken, fiel diese Möglichkeit an mich. Die »blau-rote Koalition« im Verlag sah es gerne, wenn ich auf Reisen ging. In diesem Fall gefiel mir das Angebot sehr gut. Mein Interesse am Lateinamerikanischen Halbkontinent war seit der frühesten Jugend immer sehr groß gewesen und das Fliegen war immer eine Sehnsucht.
Eine Reise reich an Eindrücken, Risiken und Entbehrungen stand mir bevor. Wieder einmal galt es, Abschied zu nehmen von der Familie. Durch Sturm und Hagelwetter flog ich zum Treffpunkt Frankfurt. Am dortigen Flughafen trafen sich einige Dutzend Berufskollegen, Vertreter von Reisebüros und Industrie. Der vorgesehene Abflug am Abend fand aber nicht statt. An der Boeing 707 wurde rechtzeitig ein Defekt entdeckt. Wir mußten in Mainz übernachten und konnten erst am Morgen starten. Die erste, kurze Etappe nach Zürich/Kloten endete wieder mit einem kurzen Zwangsaufenthalt. Wieder war ein Defekt entdeckt worden. Dann aber kamen wir wohlbehalten nach Dakar (Senegal).
Der Flug über die Alpen, Südfrankreich, Spanien, das Mittelmeer und Marokko bleibt mir unvergessen. Ich stand mit dem rechten und linken Bein »auf« dem Ost- und Westufer des Genfer Sees, die Gletscher der Alpen waren blendend und berauschend. Über dem französischen Süden fesselten mich die deutlich sichtbaren Spuren der alten Römerstraßen. Die Pyrenäen kamen nahe, fast drohend. Spanien schien trocken, durstig. Weniger Grün als erwartet, deuteten die fruchtbaren Gefilde der Orangen an. Endlich in Dakar. Die Hitze überfiel uns beim Aussteigen. Der Asphalt der Landepiste kochte förmlich. Unsere Ankunft fiel in eine ungemütliche Zeit. Die Eingeborenen streikten, selbst das Postamt

war zwar offen, aber der Beamte rührte sich nicht vom Platz, nicht einmal eine Briefmarke verkaufte er. Ein anschauliches Bild des volkswirtschaftlichen Blödsinns eines Streiks. Im Warteraum drehten sich langsam die Flügel eines Ventilators. Über den Zustand der Klosetts schweige ich.
Auch in Dakar suchten die deutschen und französischen Ingenieure nach einem Defekt. Vor dem Flug über den Ozean. Der Abend holte uns ein. Wir starteten verspätet, kreisten über dem Lichtermeer der großen Stadt und waren bald 12 000 m über dem dunklen Spiegel des Atlantik. Es war überwältigend. Unter uns die winzigen Lichter dahinschleichender Schiffe – über uns der gigantische Kampf zwischen Licht und Finsternis. Eine Orgie von Farben. Dann wurde es Nacht, die Vorhänge wurden zugezogen. Aber keine Nachtruhe! Die hellerleuchteten Kabinen wurden zur gemütlichen Gaststube. Die Vorbereitungen zur Äquatortaufe waren im Gange. Zwei Fässer mit kühlem Dortmunder Bier waren aufgestellt. Der Kapitän hielt eine Rede, die längst vergessen ist. Die Gläser wurden gefüllt und wieder gefüllt und jedem Passagier wurde ein großer Schokoladentaler um den Hals gehängt. »Wer denkt da schon ans Nachhause gehen?« Wer dachte damals, daß wir meilenweit über dem tiefen Meer dahinrasten? Wer dachte an technische Mängel und drohende Gefahr? Keiner! Alle waren wir in fröhlicher Alkohollaune und nur in der Gegenwart.
An der Küste Brasiliens von Pernambuco (Recife) bis Rio entlang fliegend kehrte wieder Nüchternheit ein und als das Flugzeug auf brasilianischem Boden ausrollte, waren alle »hellwach«. Aussteigen aber durften wir noch nicht. Eine »Kommission« in weißen Uniformen betrat die Kabine und nahm eine feierliche Spritzzeremonie vor, um die etwaige Gefahr der Tsetsefliege zu bannen. Als wir endlich aussteigen durften, flogen deutsche Stubenfliegen um die Kabinenbeleuchtung. Sie waren entweder die einzigen Fliegen oder aber viel resistenter als die Tsetses.
Die Luft am Flughafen war moderig und sehr heiß. Wir schwitz-

ten alle. Dann aber labte uns böhmisches Bier, kühl durch die Kehle rinnend. Nach mehrstündigem Aufenthalt erreichten wir in ungefähr zwei Stunden São Paulo, wo wir zunächst einige Tage bleiben wollten. Wie spät es war wußte ich nicht. Die Uhrzeit mußte erst umgestellt werden. Die Paß- und Gepäckkontrolle hatte über 1 1/2 Stunden gedauert. Die Fahrt in die Stadt zum Hotel schien uns Bettreifen endlos. Dann aber entschädigte uns dieses Hotel für alle Strapazen. Es war ein »Wolkenkratzer«. Unser Lift hielt im 84. Stockwerk. Die gestaltende Hand des Schweizer Besitzers war überall spürbar. Ausstattung und Service hervorragend. Ein fürstliches Zimmer. Der Willkomm aufmerksam. Eine Kristallschale mit dem feinsten Obst des Landes stand auf dem Tisch, Blumen und ein Brief. Nicht wie sonst legte ich meine Kleider ordentlich auf den Stuhl. Nichts wie ins Bett. Die z. T. fremdartigen Früchte hatte ich indes vorher zur Hälfte verzehrt. Bald versank ich in Bett und Schlaf. Am Morgen – wieder im Einklang mit Ortszeit und Uhr, erlebte ich eine Überraschung nach der anderen. Der Anblick auf São Paulo war wie der Blick auf einen Ameisenhaufen. Man glaubte, die Menschenameisen bauten sichtbar an einer wachsenden Stadt. Man spürte förmlich lebende Steine. – Im Zimmer war wieder größte Ordnung. Meine Kleider lagen sauber und gebügelt zur Hand. Die bei der Äquatortaufe gerissenen Hosennähte waren säuberlich geflickt. Also mußte von den acht Bediensteten, die auf einen Gast entfielen, eine als Heinzelmädchen nachts ins Zimmer gehuscht sein. Über den Kaffee in seinem Ursprungsland ist kein Wort zu verlieren. Beim Dinnieren am späten Nachmittag kam das Verhängnis, das mich für den Rest der Brasilienreise zum Asketen machte. Mein Appetit war groß. Ich kostete die ganze Palette brasilianischer Küche aus, wollte mir nichts entgehen lassen. Die Speisepartitur spiegelte das Werden einer Komposition aus indianischen, portugiesischen, deutschen und italienischen Rezepten wider. Eine Komposition mit herrlichsten Elementen der Urbevölkerung, der portugiesischen und aller anderen Einwanderer. Nichts ließ ich mir entgehen. Als Senior der Reisegesellschaft brachte ich sogar noch eine Rede zustande, Dank an die brasilianischen Gastgeber und die Lufthansa. Dann wurde es Nacht. Die Ruhe dauerte aber nicht lange. Um Mitternacht weckten mich schmerzende Magen- und Darmkrämpfe. In den Eingeweiden war ein Krieg zwischen den beim Empfangsdinner genossenen Köstlichkeiten ausgebrochen. Es kämpfte die Algenvorspeise mit den Schweinsohren in brauner säuerlicher Sauce und Bratenstücke, den Torten und verschiedenen fremdartigen Getränken. Es war kaum zum Aushalten. Der Brechreiz ohne Erfolg dauerte bis in die Morgenstunden. Dann rief ich durchs Telefon eine Bedienung und bat sie sofort einen Arzt zu holen. Ein solcher kam auch bald. Es war ein Vertreter der berühmten Wiener Fakultät. Er tastete mich ab, besah die Zunge und fand sehr schnell die richtige Diagnose. »Die charakteristische Krankheit eines Greenhorns« urteilte er. Er gab mir ein Medikament, das den Schmerz linderte. »Sie leiden unter akuter Gastritis. Ab sofort müssen Sie strengste Diät einhalten. Nichts außer Tee und Haferschleim.« »Wie lange?« fragte ich. »Mindestens zwei Wochen lang.« Das bedeutete, daß ich während unseres Aufenthaltes in Brasilien fasten mußte. Und das bei all den Köstlichkeiten, die uns überall angeboten wurden. Z. B. das Essen in einem Indiolokal, wo ein Schwein am Spieß gebraten wurde, oder beim Empfang im Deutschen Konsulat, wo ich sogar die Sandwiches an mir vorübergehen lassen mußte. Aber an ein Ausruhen war nicht zu denken. Die Besichtigungen und Empfänge rissen nicht ab. Das VW-Werk, z. T. noch im Aufbau, die Giftschlangenfarm, die Busfahrt nach Santos, dem Kaffeehafen. Dann der Flug nach Brasilia. Aus großer Höhe sah man das eintönige Dunkelgrün des Urwaldes, dazwischen rote Sandflächen, kaum eine Straße oder Bahntrasse.

Die Stewardesse, eine bildschöne Halbindianerin, versuchte auf ihre Art die drei Flugstunden zu beleben. Im Gegensatz zu ihren europäischen und anderen Kolleginnen sorgte sie für ihre Reisenden. Sie fütterte die Passagiere abwechslungsreich, setzte sich liebkosend bald diesem, bald jenem Gast auf den Schoß und sparte nicht mit »Busserln«. Es wurde viel gelacht und niemand verschmähte den ungewohnten Dienst am Kunden. Nach einer großen Schleife setzte das Flugzeug auf der Piste des noch im Ausbau befindlichen Flughafens auf.

Brasilia! Ein einmaliges Beispiel der Gründung einer Hauptstadt eines riesengroßen Staates. Die Wahl des Ortes ist von Legenden umgeben. Der Heilige Don Bosco habe den Ort bestimmt. Ein Architekt von Weltruf habe den Ort zu einer merkwürdigen Huldigung an den kommunistischen Osten gestaltet. Erklärung des Stadtgrundrisses: Ein Riesenflugzeug mit dem Bug nach Nordosten. Wie dem auch sei: Brasilia ist eine grandiose Städtebauidee. Keine Straßenkreuzungen, hindernisfreies Verkehrsnetz. Die Verlegung der Hauptstadt in die vormalige Öde brachte die Regierung nur langsam weg von Rio. Der Architekt setzte gewaltige Großbauten an die richtige Stelle. Den Regierungspalast aus Glas und edlem Stein, das Parlamentsgebäude, über dem eine gewaltige Schale aus Beton als Wasserreservoir und statisches Gegengewicht thront, eine in den Erdboden versenkte gewaltige Kathedrale – das sind die Wahrzeichen einer neuen Zeit.

Den Weg zum Regierungspalast legte auch ich zu Fuß zurück. So sahen wir die riesigen Slums der Bauarbeiter, ein schriller Gegensatz zu dem Glanz der wachsenden Hauptstadt. Wir gingen über ausgedehnte Grasflächen. Die Stewardesse führte mich sorgsam am Arm. Sie wußte um meinen Gesundheitszustand. An einzelnen Bäumen hingen wie Keramiktöpfe Nester von Insekten. »Ja nicht zerschlagen!« warnte meine Begleiterin. »In diesen Nestern wohnen Ameisen, die bösartige Angreifer werden.« Ich fragte nach Schlangen. »Gibt es hier Giftschlangen?« »Passen Sie auf, vor ihrem Fuß liegt eine.« Ich sah eine braune Otter zu einem Häufchen zusammengerollt und war froh, gutes Schuhwerk an-

gezogen zu haben. Die ganze Wiese wimmelte von den dösenden und doch so gefährlichen Biestern.
Im Nobelhotel am Platz der Regierung wurde das Essen serviert. Leider ließ ich mich verleiten, die Hungerkur zu unterbrechen. Ich aß das Menü und brach die Mahlzeit sofort ab. Nur mit Willenskraft absolvierte ich die darauf folgende Besichtigung der Meisterwerke eines modernen Meisters. Die Regierung und das Parlament waren abwesend. Ihre Amtsräume, deren Durchsichtigkeit durch Vorhänge gedämpft werden konnten, hinterließen nur den einen Gedanken: Wird Brasilia wirklich einmal eine lebendige Hauptstadt? Heute weiß man es.
Zurück zum Flughafen. Die Nacht brach herein. Das Lichtermeer der Großstadt Belo Horizonte war gewaltig, einziger Blickpunkt auf dem Flug nach Rio. (In Belo Horizonte hätte der große österreichische Architekt Holzmeister einen Dom erbauen sollen und schon geplant. Er sollte größer werden als der Petersdom in Rom. Aber das Geld des baufreudigen Erzbischofs reichte nicht aus. Die übergroße Armut zerstörte die Träume reicher Kirchenfürsten und rückte ganz andere Probleme in den Vordergrund). In Rio fanden wir ein erstklassiges Hotel direkt an dem berühmten Strand Copacabana. Wieder war ich krank, konnte nicht baden und mußte mich mit Tee und Haferschleim ernähren. So blieb mir viel Zeit zum Beobachten. Der zehn km lange Strand, der die Bucht begrenzte, war tagsüber dicht bevölkert von einer Jugend weißer und dunkler Hautfarbe. Rassentrennung gibt es nicht.
Es wurde Fußball gespielt, bunte Papiervögel stiegen zu Hunderten in die Luft. Die Badelustigen warfen sich in die anrollenden weißen Schaumkronen des blauen Meeres. Meine Wanderungen führten mich auch in die Innenstadt, wo das Angebot von edlen Steinen, Souvenirs wie kleine ausgestopfte Krokodile und andere »Mitbringsel« lockten. Schon am frühen Morgen (Tee und Hafersuppe) hatte ich eine Kirche besucht, wo ich tiefe Andacht und Besinnung für Beruf und Familie fand.

Zum Mittagessen war ich Gast des österreichischen Generalkonsuls und seiner Gattin, aß aber nur den köstlichen Apfelstrudel zu einem Glas Wein. Mit der Reisegesellschaft konnte ich eine Busfahrt zu den »berühmten« Favelas mitmachen. Man macht sich keinen Begriff von dem Schmutz um die Hunderte an den Berghang geklebten Negerhütten. Doch was für ein Leben. Die Bewohner führten uns ihr Orchester vor. Die Instrumente waren Blecheimer, Gießkannen und Trommeln. Es wurde getanzt auf schwankenden Brettern. Niemand hätte vermutet, daß die Favelabewohner während des Karnevals wie Phönixe aus der Asche (Dreck) zu dem weltberühmten Umzug durch Rio stießen, um ihre Künste als Sambatänzer zu zeigen. In den Favelas hatten sich die Neger jahrelang in konkurrierenden Gruppen auf das Fest des Jahres vorbereitet. Die Trostlosigkeit ihres Alltags lernten wir kennen, mußten mittanzen und durften uns nicht scheuen. Der Besuch gehörte zum Programm. Ich tanzte mit. Als ich an einer alten Negerin vorbei tanzte, die ein kleines Kind auf dem Arm hatte, machte ich instinktiv dem Baby das Zeichen des Kreuzes auf die Stirn. Die Folge war unerwartet. Mit einem Male kamen andere Frauen mit Babies, umringten mich und baten ebenfalls um ein Kreuzzeichen. Für was hielten sie mich?
Noch zwei unvergeßliche Ausflüge. Der eine fand mit einem kleinen Schiff der Kriegsmarine zu einer Insel hinter dem Riesenkoloß des Zuckerhutes statt. Dort war für uns eine Mahlzeit vorbereitet. Da die See unruhig war, gingen die Reisegefährten unter Deck. Ich blieb oben, um standhaft die herrliche Natur zu genießen. Der Fahrtwind erfrischte mich und mit unersättlicher Lust nahm ich die herrlichen Bilder der ungewöhnlichen Landschaft in mich auf. In schneller Fahrt näherten wir uns dem großen Massiv des Zuckerhutes. Er ragte hoch über die schmale Wasserstraße, die ins offene Meer führt. Die linke Seite, der Vorsprung einer langgezogenen Halbinsel krönte eine kleine Kapelle, die den ausfahrenden Seeleuten heilig ist.

Die Luft war duftend, frisch und heilsam. Das Schönste: Eine große Zahl Schmetterlinge im Gleitflug das Schiff umkreisend, entzückte das Auge. Die beinahe 30 cm ausgespannten Flügel leuchteten in einem satten Dunkelblau. Zutraulich ließen sich die Kinder der Tropen auch auf meine Schultern nieder.
Nach der Durchfahrt durch das Tor zur weiten Welt näherten wir uns rasch dem Mittagsziel. Eine kleine Insel, von Palmen und unbekannten Bäumen bewachsen. Fast verborgen unter der üppig blühenden Vegetation, stand nahe am Strand ein Restaurant, wo ein festlicher Lunch uns erwartete. Ich war wieder zum Zusehen verurteilt. Die medizinisch verordnete Fastenkur war noch lange nicht beendet. Ob schädlich oder nicht; ich trank mehrere Zuckerrohrschnäpse. Sie brannten im Magen wie die Hölle, ließen mich aber wach bleiben und erhöhten meine Freude. Ringsum tropisch gewachsener Hibiscus. Schmetterlinge, freche Äffchen und farbenprächtige Papageien. Ich sah mehr als die ganze Reisegesellschaft, die sich auf die Leckerbissen vor ihnen konzentrierte. Nach dem Essen und einem kurzen Rundgang am Strand, bestiegen wir wieder das kleine Kriegsschiff, wo es sehr friedlich zuging. Nach einem Haferbrei und schwarzem Tee fand ich eine der letzten Nachtruhen im Wolkenkratzerhotel.
Eine Busfahrt nach Petropolis, ehemalige Sommerresidenz der Kaiser Brasiliens aus dem Hause Bragança.
Zwischen ihr und Rio zieht sich eine langgestreckte Bergkette. Auf der Paßhöhe litt ich wieder an Übelkeit und – Hunger. Für kaum einen österreichischen Schilling kaufte ich einem armen kleinen Indiobuben eine Schachtel Quittenkäse ab. Ich suchte mit dem netten, aber traurigen Verkäufer, ein Gespräch zu führen. Ein Reisebegleiter half mir dabei. Der Bub klagte über die Armut seiner Familie und wies traurig in ein tiefes Tal zu unseren Füßen. Auf der Westseite der Bergküste war es heiß und trocken. Aber dort unten war eine Oase, grün und von Seen und Bächen glitzernd. »Dort unten wohnen die Reichen,« sagte der Indio. »Die

reichen Männer mit ihren schönen Weibern. Aber uns ist der Zutritt verboten.« In der Tat, das viele hundert Hektar große Reich der Reichen war ringsum von einem Zaun umgeben und scharf bewacht. Die Traurigkeit und der Zorn der Armen wurde mir immer mehr bewußt.

Petropolis: Eine saubere Villenstadt unter Palmen. Letzte Zuflucht Stefan Zweigs, der hier seinem ruhelosen Leben freiwillig ein Ende machte. Auch eines der Millionen Opfer des »Deutschen« Hitler.

Wir hatten wenig Zeit. Sie reichte gerade zum Besuch des protzigen Kaiserpalastes – heute Museum, zu einem Blick in das Sterbezimmer des großen Schriftstellers. Auch den Mann sahen wir, der heute Kaiser von Brasilien sein könnte. Er erfreut sich größter Hochachtung. Man lüftet vor ihm den Hut und ein freundliches Lächeln zeigt die große Toleranz der republikanischen Brasilianer.

Zurück nach Rio. Letzte Nacht im Hotel. Abflug nach Frankfurt. Zwölftausend Meter über dem dunkelglänzenden Ozean. Geschüttelt von dem gewaltigen Luftstrom in dieser Höhe. Der Sonne entgegen. Am Flughafen Frankfurt wartete meine ganze Familie. Glückliche Umarmung, Küsse und Tränen. In drei Stunden brachte uns der BMW nach Neuhausen. Ich war daheim.

NS: Unser Flugzeug stürzte drei Tage später bei einem Testflug ab. An Bord war nur das technische Personal.

Ein glücklicher Tag während der »Neuhauser Zeit«. Diese Tage waren vielfach durch die berufliche Inanspruchnahme bei den »Stuttgarter Nachrichten«, durch das Österreichische Konsulat und durch verschiedene Auslandsaufenthalte selten geworden.

Österreichischer Konsul

Heimgekehrt erreichte mich eine Anfrage des österreichischen Generalkonsuls in Frankfurt, ob ich eventuell bereit wäre, das Konsulat in Stuttgart zu übernehmen. Es war ein Donnerschlag. Die Anfrage gab mir die Aussicht auf Erfüllung meines Tätigkeitsdranges und mein Eintreten für österreichische Interessen und Menschen. In der Antwort sagte ich zu, teilte zugleich aber mit, daß ich im Begriff stehe, eine längere Fahrt durch Österreich anzutreten. Ich gab die Route an, und in Bad Aussee erreichte mich ein Telegramm, daß Außenminister Kreisky meine Ernennung zum österreichischen Konsul in Stuttgart mit dem Bereich von Baden-Württemberg und Hohenzollern ausgesprochen habe. – Ich kehrte sofort zurück.

B. billigte mit unverkennbarem Neid meinen Entschluß. Er versprach sich Vorteile für das Ansehen der »Stuttgarter Nachrichten«. Die notwendigen Formalitäten waren bald erledigt. Ich machte meine Besuche bei den konsularischen Vertretungen anderer Staaten, in Stuttgart und nahm dann die Tätigkeit energisch auf. Im allgemeinen verlangten die Zentralen von Honorarkonsuln nicht viel Tätigkeit. Der Wert und die vielen Möglichkeiten der Konsulate im Interesse des Staates wurden sehr unterschätzt. Mit dem Abstempeln von Visaerteilungen fand ich nicht das Genüge. Ich besuchte österreichische Gefangene im Gefängnis, lud österreichische Musiker ein und besuchte die vielen Treffen von Landsmannschaften. Einer Österreicherin, die bei einem Verkehrsunfall umgekommen war, verhalf ich zu einem würdigen Begräbnis. Man hatte die Arme in einen Karton gestopft und neben dem Friedhofmüll auf die Vergrabung warten lassen.

Ein Höhepunkt war meine Veranstaltung der ersten österreichischen Woche in Stuttgart, die ein riesiger Erfolg wurde. Ein gemütliches Beisammensein mit dem Oberbürgermeister nützte ich dazu, ihm die Benennung eines Verkehrsknotenpunktes als

Österreichplatz nahezulegen. Als Wiedergutmachung für die Benennung der Straßen eines Vorortes mit Städten und Landschaften des eroberten Österreichs 1938.

Das gesellschaftliche Leben der Konsulate brachte viel Abwechslung und Aufwand. Die österreichischen Parties waren sehr beliebt und immer sehr zahlreich besucht. Sie förderten leider auch meinen Alkoholkonsum, denn alle Getränke wurden zollfrei geliefert. Durch den billigen Konsum von starken Getränken wurde aber meine Gesundheit sehr angegriffen.

Eine Reise nach Venedig – Murano, die ich als Mitglied des Kirchengemeinderats unternahm, brachte die Wende. Als am Vorabend der Abfahrt Papst Johannes XXIII. starb, trat ich im Gebet mit ihm in Verbindung. Ich bat ihn, als er im Sterben lag, mir als Zeichen seiner Aufnahme in die Glorie des Himmels die Gesundung meiner Leber zu erbitten. Nach der Heimkehr ließ ich mich in der Universitätsklinik Innsbruck untersuchen. Meine Erleichterung während der Fahrt fand ihre Bestätigung. Meine Leber war wieder gesund.

Unter den Kollegen der Stuttgarter Konsulate fand ich liebe Freunde; darunter vor allem der französische Generalkonsul, der mir in den damaligen großen Familiensorgen viele gute Ratschläge gab. Die Sorgen betrafen nicht nur meine Frau, die seit ihrer Totaloperation nie mehr recht gesundete sondern auch meine Tochter Luitgart, die in Dublin einen irischen Ingenieur geheiratet hatte und deren Ehe am Zerbrechen war. Dieser Schwiegersohn hatte vor der Ehe einen Autounfall, der sein Gehirn beschädigte, was sich später in einer Art Tobsuchtsanfällen äußerte. Er mißhandelte meine Tochter immer wieder, so daß ich sie oft mit blauen Augen wiedersehen mußte. Einmal warf er Luitgart durch eine Glastür, wobei sie sich die Pulsader aufschnitt. Sieben Male flog ich nach Irland. Immer wieder bat mich Luitgart's Mann auf den Knien, Geduld mit ihm zu haben; er wolle sich bestimmt bessern. Sein Zustand erlaubte das jedoch nicht. Da in Irland die

Ehescheidung nicht möglich war – das kirchliche Gesetz war maßgebend – kam es zur Trennung von Tisch und Bett. Ich hätte vielleicht die Annullierung der Ehe durchsetzen können. Wegen Luitgart's fünf gesunden und bildschönen Kindern konnte ich mich nicht dazu entschließen, den Schritt zu tun.
Meine Tätigkeit als Konsul und die Arbeit für die Interessen der Auslandsösterreicher, half mir über viel Leerlauf und Ärger im Zeitungsverlag hinweg. Es gab auch bittere Enttäuschungen, deren Tragweite später offenbar wurde. Die Zunahme der Fremdarbeiter in der Bundesrepublik, besonders aus Jugoslawien und arabischen Staaten vermehrten die Konsulatsarbeit. Man hoffte, in Stuttgart leichter zu einem Visum zu kommen als in München. Da wir aber die Kontrolle sehr ernst nahmen und jedem Namen im Fahndungsverzeichnis nachgingen, stauten sich die Antragsteller bis zur Unerträglichkeit, was in unseren Räumen zu Beschwerden und Klagen führte. Manchmal mußte ich die Polizei bitten, helfend einzugreifen. Eines schönen Tages beging meine Sekretärin einen unverzeihlichen Fehler. Sie, die sich anfangs um die ihr interessant scheinende Konsulatsarbeit im Büro gerissen hatte, wagte es, zu meinem Kollegen B. zu gehen und sich über die Arbeitslast zu beklagen. Sie tat es heimlich, ohne vorher mit mir über Abhilfe zu sprechen. Die Enttäuschung war für mich umso schmerzlicher, als ich bis zu jenem Tag der Treulosen stets meine (zu große!) Zuneigung bewiesen und an ein Vertrauensverhältnis geglaubt hatte. Ich hatte ihr auch Zutritt zu den vielen gesellschaftlichen Veranstaltungen verschafft und ihr meinen langjährigen ungarischen Freund, P. E. Schw., der auf der Reise ins Burgenland Hilfe benötigte, anvertraut. Sie nützte aber jede Gelegenheit aus, sich in diese Freundschaft einzudrängen und ihren Vorteil zu suchen.
Schon bald kam dann ein Ereignis, dessen Tragweite sich später zeigte. Der Mitgesellschafter B. erkrankte sehr schwer. Ich erhielt seinen Anruf aus der Universitätsklinik Würzburg: »Es geht mit

mir zu Ende, versprechen Sie mir, für meinen Sohn zu sorgen.«
Nachdem B.'s Leichnam umringt von der Kette seiner Logenbrüder in die Flammen des Krematoriums versenkt worden war, hatten Schoettle und ich die Aufgabe, über die künftige Stellung des Erben im Verlag zu entscheiden. Es lag ganz in unserer Macht, dem jungen B. jede Tätigkeit in Verlag und Redaktion zu verweigern. Vom Konsulat voll ausgelastet und dem Versprechen, das ich dem sterbenden Vater gegeben hatte, entsprechend, hatte ich nichts einzuwenden, daß die Geschäftsführung und Mitarbeit in der Redaktion für den Sohn gebilligt wurde.
Eine andere große Enttäuschung war damals die Behandlung meines sehnlichen Wunsches: Ein Österreichhaus in Stuttgart, durch die Wiener Zentrale. Das Haus sollte permanente Ausstellungen österreichischer Produkte, Konferenzräume und Gästezimmer einschließen. Eine bedeutende Architektin entwarf einen ausgezeichneten Plan für das Gebäude. Die Stadt Stuttgart stellte den Bauplatz bei der Marienkirche und war bereit, sich mit 50 Prozent an den Gesamtkosten zu beteiligen. Ein Mittelsmann in Wien verschaffte sich einen »Projektzuschuß« in Millionenhöhe vom Finanzministerium. Es wurden ein paar Probebohrungen am Bauplatz durchgeführt, ein paar Reisen nach Stuttgart »finanziert«. Dann hörte man nichts mehr. Wien war tot. Die Gelder verschwanden in dunklen Kanälen. So groß meine dankbare Freude über den Stuttgarter Oberbürgermeister Klett war, so schmerzlich traf mich das Unverständnis und die scheinbare Korruption in Wien.

Lösung von Stuttgart

Das erste Jahrzehnt meiner konsularischen Tätigkeit näherte sich seinem Ende. Es waren Jahre, die mir viele erfolgreiche Tätigkeiten und vor allem Ablenkung von der sterilen Arbeit im Verlag der »Stuttgarter Nachrichten« gegeben hatten.

Die große Enttäuschung, die mir das Verhalten der Zentrale in Wien zum Plan des Österreichhauses bereitet hatte, wirkte sich für mich deprimierend aus. Trotz des großzügigen Angebots der Stadt Stuttgart (1/2 Beteiligung) verhielt sich Wien hinhaltend, ja ablehnend. Die Verleihung des persönlichen Titels Generalkonsul war ein schlechter Trost von Seiten Kreiskys. Dazu kam die Überforderung des personalarmen Konsulates durch die zunehmende Zahl der Gastarbeiter, die uns mit Visaansuchen förmlich überrollten. Erst während und nach meinem Abschied brachten Verträge der beteiligten Staaten Erleichterung. Da das Klima im Kessel von Stuttgart meinem kranken Herzen immer schlechter bekam, wuchs der Gedanke, eine völlige Änderung meiner Arbeit und meines Wohnortes – Neuhausen / a. d. F. – ins Auge zu fassen. Auch meine Frau litt noch immer an den Folgen ihrer Operation und unter meiner häufigen Abwesenheit von der Familie. Das Verhältnis zur CDU war schon immer getrübt durch meinen Willen zur Unabhängigkeit. Mein »Erbfeind« B., der vergebens meinen Beitritt zur Loge erreichen wollte, hatte bei Lebzeiten mit Erfolg versucht, daß die CDU ihm mehr Glauben schenkte als meiner Darstellung der tatsächlichen Verhältnisse. Daran änderte die Erfüllung seines letzten Wunsches für seinen Sohn nichts. Ich hielt mein Versprechen und ließ den unerfahrenen »Erben« im Verlag verbleiben.

Wie aber sollte ich aussteigen? Unser Gesellschaftsvertrag war ein Gefängnis. Der Anteil an der Zeitung konnte nur an einen nahen Verwandten abgetreten werden. Mein ältester Sohn wäre zweifellos eine wertvolle Kraft in der Redaktion geworden, doch

was sollte aus mir werden ohne Ablöse? Aus der CDU kamen geradezu lächerliche Vorschläge. Man bot mir ein Darlehen (!) von DM 400 000,– zu 4 % Zinsen, wenn ich meinen Anteil verkaufen wollte. Das verbot der gesunde Menschenverstand und der Wortlaut des Gesellschaftervertrags. Ein eher lustiger Vorschlag kam vom Finanzverwalter eines oberschwäbischen Adelshauses: Ich sollte meinem Sohn den Anteil abtreten. Der betreffende Fürst sollte dann meinen Sohn adoptieren (!) und mir sollte eine höhere Summe als Preis ausgezahlt werden. Ich weiß nicht, ob der Fürst von Waldburg-Zeil von dem Projekt seines Finanzverwalters überhaupt eine Ahnung gehabt hatte.
Also blieb keine andere Möglichkeit als den Anteil an eine den Kollegen passende Persönlichkeit zu verkaufen. Diesbezügliche Verhandlungen führte mein Anwalt, der es nach monatelangem Bemühen erreichte, in dem Verleger D. der »Süddeutschen Zeitung« einen potenten Interessenten zu finden. So wurde ich endlich frei und konnte daran gehen, mich ganz der Schriftstellerei zu widmen; vor allem der Niederschrift des Romans »Der Papst im Bergwerk«.

In Bairbach, Marktgemeinde Telfs

In Bairbach bei Telfs erbaute ich ein Ferienhaus, das später mein letzter Wohnsitz wurde. Der Staat Österreich nahm seinem treuen Vertreter die Hälfte der Kaufsumme (Einkommensteuer). Jedem meiner Kinder konnte ich einen großen Beitrag zur Errichtung eines Hauses zur Verfügung stellen. Der kleine Rest und die Pension verblieben mir.
Das Haus in Tirol entwarf ich selbst, die Bauaufsicht hatte mein Ältester, der Oberstudienrat an einem Innsbrucker Realgymnasium ist. Schon kurz nach Baubeginn plante ich die Errichtung einer Kapelle in Bairbach, da ich Schwierigkeiten beim Gottes-

dienstbesuch in Telfs angesichts meines Alters vorausahnte. Professor Holzmeister hat sich bei einem gemütlichen Beisammensein in Stuttgart bereit erklärt, die Kapelle unentgeldlich zu planen. In zehn Minuten zeichnete er seine Vorstellung von der Gestaltung des Kirchleins auf ein Blatt Papier. Es sollte eine Maria-Himmelfahrtskapelle und auch Andenken an den Märtyrerpapst Pontianus sein, auf den ich als einen Leidensgenossen gestoßen war. Die Kapelle sollte dem Weiler Bairbach und seiner Umgebung dienen und mein Gelöbnis für meine Rettung aus Kriegsgefahr und KZ erfüllen.

Meine Frau lebte sich schwer im Gebirge ein. Sie meinte immer, die Berge stürzten auf sie nieder. Deshalb kehrten wir die ersten zwei Winter nach Neuhausen zurück. Den dortigen Bungalow, den ich mir zuerst als mein Altersheim gedacht hatte, übereignete ich aber an meine jüngste Tochter, deren Ehe unglücklich verlief. Das Pensionistenleben entsprach nicht ganz meinen Erwartungen. Mein Vorsatz war es, die vergönnte Zeit ganz der freien Schriftstellerei zu widmen. Nicht ohne Hoffnung auf finanzielle Erfolge.

In Bairbach hatte ich Haus und Kapelle für mein Alter erdacht und errichtet. Das Haus wurde bald zu groß. Die »Kinder« bauten ihr eigenes Nest, so daß die Eltern bald einsam wurden. Die ersten Boten des Alters stellten sich ein. Meine liebe Frau litt schwer unter einer zunehmenden Arthrose. Auch ich spürte die Jahre und verbrachte nach Operationen Wochen in der Klinik. Aber wir beide hielten uns aufrecht. Margarete hatte nie die Hände in den Schoß gelegt. Sie versorgte das Hauswesen aufmerksam und machte wunderschöne Handarbeiten für das Heim, für die Söhne und Töchter, Freunde und die Mission. Die Pflege der Kapelle und unseres Gartens war ihr Pflicht und Freude. Der Besuch von Heilbädern brachte nicht die erhoffte Heilung, war aber immer wieder eine wohltuende Abwechslung. Als eine starke treue katholische Frau starb Margarete am 3. Juni 1981 in meinen Armen.

Für das Buch »Der Papst im Bergwerk« reiste ich zweimal nach Sardinien, wo ich die römischen Bergwerke fand, in denen Papst Pontianus das Martyrium erlitt (von dort brachte ich die drei Steine, die im Altar eingemauert sind). Von einem Professor der Universität Cagliari und Historikern in Iglesias unterstützt, erschloß sich mir das Schicksal des hl. Pontian. Das Buch fand einen Verlag, der aber so gut wie nichts tat, um es bekannt zu machen. Selbst die heimischen Ausstellungen beschickte er nicht. Dabei hatte ich gute Rezessionen und sehr begeisterte Leserzuschriften erhalten.

Als nächstes Buch begann und vollendete ich den historischen Roman »Der Ketzerfürst«.

Fra Dolcino war ein entsprungener Mönch, der seine Irrlehren in Italien verbreitete und dann zum Revolutionär und Kondottiere wurde. Das Buch sucht noch heute einen Verleger. In seiner Entstehungszeit war es dem einen »zu katholisch«, den anderen zu »modernistisch«. Theologischer Nonsens war damals »in«, katholische Grundhaltung aber nicht nach Geschmack. Wieviel Mühe kosteten mich die Vorarbeiten, die zweimaligen Reisen ins Sesiatal, wo sich Fra Dolcinos Schicksal erfüllte. Den Kirchenhistorikern hätte ein Vers aus der Göttlichen Komödie die Augen öffnen können. Dante war, wie viele seiner Zeitgenossen, eine Zeitlang »Sympathisant« des Ketzerfürsten. Die Wetterzeichen einer falschen Reformation waren deutlich, ihre Ursachen erkennbar.

Der Jahrhunderte dauernde Kampf der Kirche gegen Fehldeutung und Mißbrauch des Kaisertitels hatte Europa vor der riesigen Gefahr einer cäsaropapistischen »deutschen« Zentralmacht gerettet. Das Schicksal Konstantinopels blieb den Europäern erspart. Deutschland von damals wahrte sich aber den Titel des Kaisers. Ein Titel, der verbarg, was er einst symbolisch und praktisch bedeuten sollte: Schutz und Schild der Kirche zu sein. Die nie fixierten Grenzen des Imperiums wurden immer durchlässiger. An allen Fronten erwuchsen dem Titelkaiser nationale Widersacher. Fra Dolcinos Auftreten fiel gar in eine kaiserlose Zeit und fand Freunde bei unzufriedenen Massen und »Intellektuellen«. Rückblickend kann man das schreckliche Patt mit dem der Kampf zwischen Kaiser und Papst geendet hatte, nicht übersehen. Eine klare, auch im 20. Jahrhundert gültige Grundwahrheit, nämlich die Unterstellung aller Politik unter die Gesetze des Glaubens und der Moral, war zu einem emanzipierten Politikum geworden und damit unwirksam. Auf der Strecke blieben der Friede, die soziale und kulturelle Höherentwicklung der Christenheit. Überall Trümmer.

Ein anderes Bild trat vor meine Augen. Die Kirche der Vorreformation. Gleich einem Dampfschiff ohne Dampf, mitten im Ozean der Zeit. Ihre Kapitäne und Offiziere merkten nicht den Stillstand und die aufziehenden Fluten. Sie sorgten streng für Ordnung und Disziplin. Die neunschwänzige Katze der Inquisition schlug auf Ketzer und Meuterer mit voller Wucht. Es war nicht mehr das Fortschreiten durch die Jahrhunderte, Mangel an Verständnis für Nöte und Bedürfnisse des Gottesvolkes. Eine verknöcherte, stillstehende Kirche, der überall das Wichtigste fehlte: Die Liebe. Eine Gegenwart, die als ewig gültig angesehen wurde, verpaßte die Zukunft. Mit solchen und vielen anderen Gedanken und Gleichnissen arbeitete ich am Buch Fra Dolcino, der durch viele Jahre hindurch die Welt bewegte, aber einem Kreuzheer unterlag. Er endete auf dem Scheiterhaufen, nicht als Märtyrer des Glaubens, sondern als Rebell.

Kurz nach Baubeginn meines Hauses in Bairbach, Marktgemeinde Telfs, plante ich die Errichtung einer Kapelle. Diese sollte dem Weiler Bairbach und seiner Umgebung dienen und mein Gelöbnis für meine Rettung aus Kriegsgefahr und KZ erfüllen sowie im Alter den Besuch des Gottesdienstes ermöglichen. Der vor kurzem verstorbene Professor Holzmeister plante die Kapelle. Die Maria-Himmelfahrtskapelle ist dem Andenken an den Märtyrerpapst Pontianus geweiht. Am 10. August 1980 durften wir hier nach 60jähriger Ehe (Diamantene Hochzeit) das Ehegelöbnis wiederholen: »... bis daß der Tod Euch scheidet!«

Die Kirche Christi überdauerte. Sie blieb das Gefäß der Wahrheit und Gnade; ihre Amtsträger machten es aber den treuen Gläubigen oft bitter schwer, nicht irre zu werden und am Glauben festzuhalten; ihr Volk hörte nicht auf, große Werke der Liebe zu verrichten, Heilige hervorzubringen und die Mission fortzusetzen, die der Kirche von ihrem göttlichen Stifter aufgetragen ist.
Eine Erkenntnis österreichischer Steuerweisheit traf mich hart. Sie sprach mir die Eigenschaft als Schriftsteller ab, »weil ich keine Einnahmen erzielte«. Ich wollte aber nicht müde werden sondern schrieb weiter und vollendete den »Ketzerfürsten«.

Rückblick auf mein Leben

Dann begann ich dieses Buch, das mein Leben beschreibt. Die Vollendung fällt mir schwer. Vor Eigenlob hüte ich mich. Ich will sehen und erkennen. Die Jahre der Einsamkeit waren nicht ohne Lichtblicke aus Familie und Umwelt. Aber der Kampf gegen die Sünden der Jugend hört auch im Alter nicht auf. Angesichts der Krankheit meiner Frau lockte mich immer wieder Schönheit und Reiz des weiblichen Geschlechts: »Ich will nicht sündigen!« hörte ich einmal einen priesterlichen Freund rufen, bei dem ich zu Gast war. Auch ich wollte nicht sündigen; meine Ehe bis zum Ende treu halten als das Sakrament, das ich für gute und böse Jahre beschworen hatte. Es gab viele, erklärliche Mißhelligkeiten, Streit und Zorn, aber was uns hielt, das soll hier gesagt sein: Seit mehr als 30 Jahren beteten wir beide gemeinsam den Rosenkranz. Er war im Alter unser Anker. Er gebot den Wellen der Ehe Stille. Die Treue ist kein leerer Wahn; sie ist steter Kampf gegen das Böse in und um uns. Das Sakrament der Buße, das Aufstehen nach jedem Fall ist das Heilmittel gegen die Zerstörung unserer Persönlichkeit.
Der Empfang des Buß-Sakramentes und die hl. Kommunion öff-

neten meine Augen für die vielleicht befremdende Bezeichnung: »Gott der Scherbenflicker«. Noch ein Heilmittel gegen das Leiden im Alter: Im Gebet für die Mitwelt, gegen Gefahren der Menschheit und für Nähe und Ferne, führt zur Erkenntnis der großen Macht, die uns anvertraut ist. Es beraubt die Einsamkeit ihrer Gefahren. Wir sind im Gebet nichts weniger als verlassen.

Konversion

Wer seinen Glauben wechselt oder gewechselt hat, muß Rechenschaft geben und geben können. Ich will es hier tun. Meine keineswegs vollständige Lebensgeschichte kommt zum Ende. Mit über 90 Jahren darf ich das und muß es tun. Gott ließ mir meinen gesunden Geist; nur der ermattete Körper zwingt mich zur Eile. Die endgültige Rechenschaft vor dem Barmherzigen und Gerechten steht bevor.

Oft beschäftigt mich der Gedanke: Warum machen sich die Menschen so wenig oder gar nicht Gedanken über eine offensichtliche, allgemein gültige Tatsache. Jeder Sterbliche wird mit der Geburt in eine Religion, in ein »Milieu« hineingeboren. Der eine in den Islam, der andere in den Buddhismus, in das Judentum, viele in eine der christlichen Konfessionen oder in die Glaubenslosigkeit. Der eine steht ein Leben lang zu dem ererbten Bekenntnis, eine Unzahl wird gleichgültig, überdrüssig und zum Schluß gar nihilistisch oder »bequemerweise« agnostisch. Letztere sind die Lauen, die über die wichtigste Frage des Menschen: »Ja oder Nein zu Gott« nicht nachdenken wollen und jedes Streben nach Erkenntnis für sinnlos halten. Jesus Christus, der die Herzen durchschaut »speit die Lauen aus seinem Munde«. – Er durfte das sagen, wir Menschen sollten mit unseren Urteilen vorsichtig sein. Die Seele hat so viele Nuancen.

Viele vorkommende Glaubenswechsel lasse ich hier außer Betracht. Jene z. B., die nichtsnutzig, leichtfertig, aus Eigennutz erfolgen. Es sind Konversionen, die um einer Ehe, eines Vermögensvorteils willen erfolgen und auf eine völlig religiöse Gleichgültigkeit, Unwissenheit und Unmoral schließen lassen.

Mich beschäftigt als Konvertiten der Glaubenswechsel, der als Resultat religiöser Sehnsucht und Unsicherheit erfolgt. Wahrheitssucher gehen ihren eigenen Weg, der Irrweg oder zielführend sein kann.

Der Zerfall des Protestantismus in unzählige Sekten bis zum Abfall von christlichen Grundwahrheiten beweist das weitverbreitete Ungenügen einer »Kirche«, die sich von der einen wahren Kirche getrennt hat (Gewiß nicht ohne Schuld der sog. »Amtskirche«, d. h. der Menschen, die für die katholische Kirche, die Wahrheit also, verantwortlich waren und sind).

Mein Weg zur »allein seligmachenden Kirche«, dem unzerstörbaren, von Christus, dem Sohne Gottes gewollten und geschaffenen Gefäß der Wahrheit und Gnade sei am Schluß noch einmal begangen.

Hineingeboren in die königlich württembergische Landeskirche – Grenzraum zwischen »Orthodoxie« und Kalvinismus – als Sohn eines Beamten einer Staatskirche, wurde ich in frühester Jugend mit Ungereimtheiten des »angestammten« Bekenntnisses konfrontiert: Das nahe Verhältnis meines Vaters zu den sog. Pietisten und »Stundenleuten« in der Landeskirche weckten in dem Kind früh eine tiefe Sehnsucht und Liebe zu Jesus Christus. Bald aber spürte ich die Unsicherheit, die Vater und Mutter quälten, je mehr sie sich der englischen Sekte der Irvingianer anschlossen. Das strenge Schweigeverbot über die Besuche der rituell an katholischen Vorbilder erinnernden Sekte, wurde für mich zum Beweis für die Problematik der protestantischen Religion überhaupt. Jahre später sah ich den Riß im protestantischen Lehrgebiet, als die »Tübinger Schule« das christliche Fundament zerstörte und sogar die Kanzel den Zwiespalt offenkundig machte zwi-

schen den »Liberalen« und »orthodoxen« Protestanten. Im Zeitalter der Ökumene sind die Zustände vor 100 Jahren zu wenig bekannt.
Die Erfahrung meines langen Lebens berechtigt mich zu der Feststellung, daß die Konversion zum katholischen Glauben unmöglich ist ohne das Eingreifen der göttlichen Gnade. Unsere körperliche Beschaffenheit, unsere Fähigkeit zu denken und zu beobachten, sind Gnadengaben des Schöpfers. Wem viel gegeben wurde, ist zu vielem verpflichtet.
Alle Begegnungen sind nicht zufällig, sondern Anspruch Gottes an unseren mehr oder weniger freien Willen. Insofern ist Erkenntnis der Wahrheit Dankesschuld und Verantwortung. Das bedeutet, daß dem zur Kirche Jesu Christi gelangten Menschen kein Recht gegeben ist, über die anderen zu triumphieren oder sie pauschal als Irrende zu verurteilen. Irrtum zu verurteilen ist das Recht der Kirche, aber seinen Nächsten soll man lieben, sagt der heilige Augustinus. Wie war es nun bei mir?
Gott hat mir eine gesunde körperliche Natur verliehen. Er schenkte mir eine scharfe Beobachtungsgabe und die Fähigkeit logisch zu denken. Mein Interesse für die Geschichte, speziell für Wesen und Geschichte der Kirche war mein Streben. Er ermöglichte mir viele Begegnungen, die mir halfen.
In Familie, ihrer näheren und weiteren Umgebung erfuhr ich eine große religiöse Unsicherheit, die mir die Probleme eines autoritätslosen Christentums zeigten. Die Unkenntnis in Bezug auf den katholischen Glauben war damals erschreckend. Es gab ja noch nicht die Vermischung mit katholischen Mitbürgern. Trotzdem eine fast völlige Verbannung des Katholischen aus dem Gesichtskreis. Es war eine fast infernalische Ablehnung und Feindschaft gegen alles, was katholisch war. Katholische Bücher wurden als Pestträger gefürchtet. Mein Vater warf mir einen Band der Kirchengeschichte von Weiß vor die Füße. Wegen der Lektüre eines Romans von Handel-Mazzetti wurde ich beim Vater denunziert.

Ich ließ mir das Studium katholischer Literatur nicht entgehen und fand sogar in einem nichtkatholischen Buch über die Wirksamkeit katholischer Orden im vorreformatorischen Deutschland reiche Nahrung.
In Marbach wollte man von der Existenz der »Papstkirche« nichts wissen. Sie war eine »terra incognita«.
Vom Überlinger Münster führte der Weg zu einer Pietagruppe am Nordrand der Stadt. Dort traf mich das Auge der Gottesmutter und ihre Mahnung: »Sündige nicht.« Von Sünde hatte ich vorher nichts gehört.
Eine weitere Begegnung war die mit der Jahreszahl über dem Portal der Alexanderkirche. Die Kirche vor Luther, das gab zu denken. Diese Kunstliebe, die tiefe Frömmigkeit, ersichtlich aus Grabplatten. Dann der Betrug auf dem Votivbild, wo Eiferer das Bild der Gottesmutter übermalt hatten. Hatte Christus eine Kirche gewollt, die bis auf Luther quasi nicht existent war, kein Gefäß der Wahrheit und Gnade?
Als den Eltern mein Wille, katholisch zu werden, bekannt war, wurden mir allerhand unzutreffende Motive unterstellt: Liebe zur Pracht, Liebe zu einem Mädchen. Ich fühlte und fand den Reichtum der katholischen Kirche in der ärmsten Diasporakapelle. Es war die Gegenwart Christi im Altarsakrament. Das Mädchen aber war mir Mahnerin zum Studium. Es starb fast hundertjährig in einem Kloster der Steyler Missionsgesellschaft (S.V.D.) im Rheinland.
Begegnungen mit Menschen oder Ereignissen gehören der göttlichen Vorsehung an. Sie wollen den Menschen zum Glauben und Wahrheit oder zur Bewährung des Willens führen. Schon in meiner frühen Jugend erlebte ich Begegnungen, die mir Wegweiser zur Kirche wurden. Einige davon stelle ich mir noch einmal vor Augen. In der Marbacher Lateinschule war ein einziger katholischer Klassenkamerad, Sohn eines Bahnbeamten. Seine deutliche Isolation, der Spott der Mitschüler, die ihn als »Kreuzkopf«

Diese Inschrift findet sich am Turm unter dem untersten umlaufenden Gesims über dem Westportal der heutigen Alexanderkirche in Marbach: »anfangs des kors 1450 / anfang der kirchen 1463 / anfang des turns 1481«. Die vorreformatorischen Jahreszahlen waren für den Verfasser des Buches ein gewichtiger Denkanstoß. Auch die Innenausstattung der Kirche, wie Grabplatten und vor allem das übermalte Marienbild weckten mein Interesse. Die Frage tauchte auf: »Was war die Kirche vor Luther? ...«

hänselten, weckten bei mir Neugierde und Mitleid für den Außenseiter. Zeitlebens blieb mir das Mißtrauen gegen Majoritäten und Zuneigung zu unterdrückten Minderheiten.
Die freundliche Mahnung eines Priesters im Überlinger Münster: »Nimm Deinen Hut ab, Du bist an einem heiligen Ort«, erschauerte mich, lenkte den Blick zum Hochaltar. Damals schämte ich mich meines Vaters, der wie gehetzt quer durch das Münster eilte, ohne sich umzuschauen. Heute weiß ich, daß der Aufenthalt in der katholischen Bodenseestadt den Gegensatz zum hochprotestantischen Altwürttemberg – ein Schock für ihn war.

Als der Tag nahte, an dem ich »konfirmiert« werden sollte, kam ich in eine schwere Gewissensnot. Das von einem württembergischen Herzog im 18. Jahrhundert verordnete Bekenntnis zur Staatskirche war für mich weder Sakrament noch Kommunion. Sollte ich, der ich die einzig wahre Kirche erkannte hatte, ein öffentliches Bekenntnis zum Irrtum ablegen? Meinem Vater zuliebe (der ja selbst einer pseudokatholischen Sekte heimlich anhing) nahm ich an einer leeren Zeremonie teil, legte aber innerlich kein Bekenntnis ab. Das »Abendmahl« war für mich nicht das von Christus eingesetzte Sakrament. Ich war gedrückt und unfroh. Die Lutherkirche in Bad Cannstatt (wie konnte man eine christliche Kirche nach dem Kirchenfeind benennen?) war keine Heimat.

Ich suchte Versöhnung mit Gott. Im gleichen Jahr kam eine entscheidende Begegnung. In Iffezheim, wo ich mit Widerwillen gegen den blasphemierenden »evangelischen« Tübinger »Theologen« die Wirtsstube im »Stern« verließ, um allein zu sein, weckte mich die schwere Hand Gottes, es war etwa morgens um drei Uhr, führte mich ans Fenster, drückte mich zu Boden. Durch das Fenster sah ich den Priester, den der Tübinger am Abend so schmählich verspottet hatte. Der Priester trug das heilige Gefäß mit dem wahren Leib Jesu Christi, begleitet von kerzentragenden Ministranten zu einem Sterbenden. Ich betete auch. Das war die Antwort auf meinen Entschluß »sobald als möglich« mich in Christi Kirche aufnehmen zu lassen. Diesen Entschluß hatte ich am Abend schriftlich gefaßt und in eines der bäuerlichen Gebetbücher eingelegt.

Ich glaubte katholisch, sehnte mich nach der Verwirklichung meines Wunsches. Es war aber noch ein weiter Weg zum Katholisch-Leben und -Sein.

Heute sehe ich rückschauend, daß der Katholik, ob als solcher geboren oder aber als Konvertit, sein ewiges Ziel nur erreicht in hartem Ringen gegen Sünde und Ermattung, dem Willen Jesu

Christi im Leben gehorsam. Ja, mehr noch, er muß einer unerhörten Gnade entsprechend, das Gefäß seiner persönlichen Begnadigung heilig bewahren und wenn er es durch Sünde zerschlagen hat, immer wieder von dem großen, barmherzigen »Scherbenflikker« neu erschaffen lassen.

Der Blick auf mein vergangenes Leben und die Kürze der verbliebenen Jahre, Monate, Tage zeigt mir erschütternd das Mißverhältnis meines Dankes und Undankes gegen Gottes gnädige Hand, die mich auf den rechten Weg führen wollte: Ich war ein Verschwender im Umgang mit der Zeit, dem großen Geschenk der Vorsehung. Noch immer nistet der Zerstörer unserer persönlichen Gnadenexistenz in irgend einem Winkel der Seele. Wie schwer ist es, diesen Winkel auszuräumen.

Die Hilfe des Alters ist kein Verdienst. Man muß wirken solange es Tag ist. Mein Gott, ich strebe zu Dir. Du wirst mir ewige Ruhe sein.

Was kann ich noch tun? Nichts Aufregendes. Dankbar sein, treu zu Christus und seiner Kirche. Beten für die, denen ich das Gebet schulde. Täglich den Rosenkranz beten wie ich es durch drei Jahrzehnte zusammen mit meiner in die Ewigkeit gerufenen Frau getan habe. Beten für die Bekehrung der Sünder. Beten für Klerus, Volk und jene Bekenner, die in Not und Gefahr sind. Beten für Freunde, Verwandte und Bekannte, beten für alle, denen ich ein Ärgernis war. Beten, das wertvollste Almosen, das dem Alter zu geben möglich ist.

Ich denke in Liebe an alle jene, die mir im Leben nahe standen; an jene, denen die schwere Hand Gottes nicht die Last, aber auch nicht die Herrlichkeit des wahren christlichen Glaubens offenbarte. Katholisch sterben ist schön, katholisch leben eine schwere Aufgabe; denn, wem viel gegeben, von dem wird man viel fordern.

Ökumene, ein Wort zum Schluß

Ökumene ist im religiösen Raum ein vielgebrauchtes Wort. Ein Zeichen ungestillter Sehnsucht und Streben? Viel gebraucht, viel mißbraucht. Ein Streben nach dem unerreichten Ziel der Einheit der Christen, oft aber ein Streben, das in die falsche Richtung geht, weil Totschweigen von Irrtum und Schuld den Weg versperrt.

Wen beschäftigt die ökumenische Unruhe mehr als den Konvertiten, der sich, von Gott geführt, durch Erfahrung, Studium der Kirchengeschichte, logisches Denken vor allem aber durch göttliche Gnade und menschliche Schuld – im gewissen Sinn ist auch die Sünde ein apologetisches Element – zur katholischen Kirche den Weg gefunden hat? Dies zu sagen, ist nicht unbescheiden; es ist sogar Pflicht.

Die ökumenischen Bemühungen unserer Tage sind ein Beweis göttlichen Wirkens in der Menschheit. Jesus Christus, der Sohn des lebendigen Gottes, die fleischgewordene Liebe Gottes, hat durch sein Leben und Opfern am Kreuz der Menschheit die Erlösung gebracht und für alle Zukunft den Weg geebnet, die den Menschen in der Wahrheit bewahrt und zur Rettung seiner Seele führen soll und kann.

Jesus Christus war kein Religionsstifter. Er ist die Wahrheit und der Weg, der zum ewigen Leben führt.

Die Schwierigkeit der Ökumenenarbeit kommt in erster Linie aus einem falschen oder unklaren Kirchenbegriff. Die Meinung, es gelte nur verschiedene Konfessionen zusammenzuführen, verkennt das Wesen der Kirche völlig. Ja, es ist schön, das Bekenntnis der Gottheit Jesu Christi zur Grundlage gewisser Gemeinsamkeiten karitativer und humanitärer Natur zu machen. Höchste Zeit sogar angesichts des Vordringens antichristlicher Mächte! Wie soll aber der sehnlichste Wunsch Christi an uns Menschen erfüllt werden, ohne den Eintritt in *seine* Kirche. Einer Vereinigung von

Konfessionen, protestantischen Amtskirchen kann nie zum gottgewollten Ziel führen.
Die Erkenntnis der einen wahren Kirche, die der Gottessohn begründet und durch den Hl. Geist ausgerüstet hat tut not, um echt ökumenisch zu sein. Diese Kirche ist existent. »Die Pforten der Hölle werden sie nicht überwinden.« Vom Schisma der Orientalen sei hier nicht die Rede. Hier handelt es sich um die bösen Folgen staatlicher Mächte.
Wie wenig aber kannten sog. Reformatoren die klare Struktur der Kirche. Wie wenig kannten sie das Evangelium, auf das sie sich stolz beriefen. Wie wenig ist ihnen der Wert der Tradition bewußt, die für die Wahrheit bürgt. Es entspricht klarem menschlichen Denken, daß Jesus Christus seine Erlösungsbotschaft für alle Zukunft sicher stellte. So ungern viele das Wort »Amtskirche« hören: Auch sie gehört zum Wesen der Kirche. Würdige »Amtsträger« sind Stützen der Kirche; unwürdige sind ihre Feinde, aber Feinde, die nichts vermögen gegen die Wahrheit. Zur Struktur des »Reiches Gottes«, gehört das Priestertum, dem Gottesdienst und Vollmacht zur Sakramentenspendung und zur Sündenvergebung übertragen sind. Das »Amt« des hl. Petrus ist völlig eindeutig von Jesus Christus geschaffen, als Garant letztgültiger Wahrheit und Sitte. Die apostolische Nachfolge ist Garant der kirchlichen Zukunft. Die »getrennten Brüder« müssen sich darüber klar werden, daß nicht nur irrige Lehren aufgegeben werden müssen, sondern daß das Kabel, das durch die Schuld der Urheber der Trennung zerschnitten worden ist, wieder verbunden werden muß. Es handelt sich um das »Kabel«, durch das die Ströme der Gnade und Wahrheit fließen können.
Vor allem das Altarsakrament ist unauflöslich mit dem gültigen Priester, mit der apostolischen Weitergabe verbunden. Der Konvertit, der nur versuchen kann, den in einen anderen Glauben Hineingeborenen, das Glück der Sündenvergebung und den Empfang der gültigen hl. Kommunion vor Augen zu führen, kann

nur darum bitten, daß Gott die Getrennten zur Einheit in der Kirche führt. Was ihre »Amtsträger« tun können, ist nicht vorherzusehen. Es bleibt dem Einzelnen vorbehalten, zur Einheit zu finden. Maria, die Gottesmutter, die so lange den Getrennten vorenthalten, ja zum Gegenstand von Lästerungen wurde, möge den Getrennten die volle Wahrheit erflehen. Auch so viele Katholiken, die Zeugen der Erscheinungen und der Rolle der Gottesgebärerin waren oder werden können, sollten die Größe des göttlichen Heilplanes besser erkennen. Wir leben in einer entscheidungsreichen Zeit.
Wenn ich jetzt die Feder aus der Hand lege, dann tue ich es mit der Bitte an Gott, führe die Herde Deines Sohnes zusammen.

Das Theater ist aus

Der Vorhang geschlossen
Es beginnt die Kritik
Irrend und wirrend
Das Urteil spricht Gott!

Dr. Otto Färber